教育系统学习型党组织建设参考读本

重大教育政策

述评及要点摘编

2021

中国教育科学研究院　编著

教育科学出版社

·北京·

目 录

编写说明

1. 本书是 2010—2020 年的续编，形式上与往年有所不同。在中国教育科学研究院领导的指导下，经课题组讨论确定，本书以年度重大教育政策述评为主，辅之以重大教育政策要点摘编。

2. "2021 年度重大教育政策述评"分别就 2021 年的以下十五类教育政策进行了述评：学前教育政策、义务教育政策、普通高中教育政策、职业教育与继续教育政策、高等教育政策、"双减"政策、民族教育政策、体育卫生与艺术教育政策、民办教育政策、劳动教育政策、招生考试政策、教育评价改革与教育督导政策、教育信息化政策、教师队伍政策、教育党建政策。

3. "2021 年度重大教育政策要点摘编"共设有综合政策、基础教育、职业教育与继续教育、高等教育、民办教育、体育卫生与艺术教育、教师队伍、教育经费、党建思政等九个部分的内容。

4. 重大教育政策要点严格按照文件原文摘录。为了保证所摘编的政策要点的完整性，编者在部分条目中括注了说明性文字，便于读者理解。编者所添加的文字，均用脚注加以说明。

5. "附录" 部分罗列了 2021 年重要教育政策文件目录，便于读者查阅。

2021 年度重大教育政策述评

学前教育重大政策述评

党中央、国务院历来非常重视学前教育的发展。党的十九届五中全会强调，要"完善普惠性学前教育保障机制"。《中共中央 国务院关于学前教育深化改革规范发展的若干意见》指出，到 2035 年要全面普及学前三年教育。《"十四五"学前教育发展提升行动计划》明确提出："到2025 年，全国学前三年毛入园率达到 90% 以上。"学前教育经过近几年的快速发展，实现了普及普惠目标，教育质量得到提升，管理逐步规范，但是普惠幼儿园区域性、结构性短缺的矛盾依然存在。要在巩固普及普惠成果的基础上，进一步解决普惠幼儿园结构性短缺的问题，健全普惠性学前教育保障机制，不断提高幼儿园普及普惠水平，全面提升幼儿园保教保育质量。

2021 年学前教育领域的政策关键词有：普及普惠、幼小衔接、发展质量。

一、2021 年学前教育政策实施及取得的成效

（一）政策颁布与实施情况

1. 加强学前教育发展质量督导评估

为切实提高县域学前教育普及普惠率，提升幼儿园发展水平，在教育部印发的《县域学前教育普及普惠督导评估办法》指导下，各地加强了学前教育督导评估。一是科学规划。各地按照国家总体目标，结合本行政区域经济社会发展水平，制定县域学前教育普及普惠督导评估总体规划和年度计划，统筹推进督导评估认定工作。二是坚持标准。国家制定统一的督导评估指标、认定标准和工作程序，严格执行，确保督导评估内容真实、程序规范、结果可靠。三是公开透明。加强督导评估过程和结果的公开公示，接受社会监督，提高督导评估工作的权威性和可信度。四是注重实效。通过客观评估各地实际工作成效，督促引导地方政府积极发展学前教育。统筹评估项目，优化督导评估指标，简化工作流程，减轻基层负担。防止形式主义，杜绝虚假普及普惠。

2. 提升学前教育普及普惠覆盖率

为贯彻落实《中共中央 国务院关于学前教育深化改革规

范发展的若干意见》，不断提高学前教育普及普惠水平，相关部门做了大量工作。在《县域学前教育普及普惠督导评估办法》指导下，各地加强对学前教育事业的领导，幼儿园党的组织和党的工作实现全覆盖。制定幼儿园布局规划，把普惠性幼儿园建设纳入城乡公共管理和公共服务设施统一规划，列入本地区控制性详细规划，学前教育公共服务网络基本完善，小区配套幼儿园管理规范，学前教育普及普惠率和保教保育质量得到了有效保障。

3. 积极应对"双减"，做好幼小衔接

2021 年 3 月，教育部印发《关于大力推进幼儿园与小学科学衔接的指导意见》（以下简称《指导意见》），为幼儿园与小学做好衔接工作指明了方向。2021 年 7 月，中共中央办公厅、国务院办公厅印发的《关于进一步减轻义务教育阶段学生作业负担和校外培训负担的意见》，对幼小衔接提出了要求。《指导意见》强调了三方面内容：一是要树立科学衔接理念，二是要有针对性的入学准备教育，三是要"四个准备"（身心准备、生活准备、社会准备、学习准备）有机融合。另外，还要改变幼小衔接机制不健全的状况，探索建立行政推动、教科研支持、教育机构和家长共同参与的机制。

4. 提升学前教育发展质量

2021 年 12 月，教育部等九部门印发了《"十四五"学前教育发展提升行动计划》，深入研判了"十四五"学前教育发展面临的新形势和新挑战，梳理分析了需要破解的体制机制问题清单，明确了发展思路、重点任务与政策措施，对"十四五"学前教育改革发展的总体目标作出部署：到2025年，覆盖城乡、布局合理、公益普惠的学前教育公共服务体系进一步健全，普惠性学前教育保障机制进一步完善，幼儿园保教质量全面提高，幼儿园与小学科学衔接机制基本形成。

（二）取得的成效

1. 学前教育发展质量督导和保障加强

通过加强学前教育发展质量督导评估，学前教育发展质量得到提升。督导评估结果作为对县级人民政府及其主要负责人履行教育职责评价和教育发展水平综合评估的重要依据。国家将省（区、市）学前教育普及普惠情况纳入对省级人民政府履行教育职责评价的重要内容。对如期完成督导评估目标的地区，遴选典型经验加以宣传推广；对履行学前教育普及普惠工作职责不力，未如期完成督导评估目标的地区，采取约谈有关负责人、通报批评等方式予以问责。经过一年多的政策推行，学前教育普及普惠率得到了保障，保教质量明显提升。

2. 学前教育普及普惠覆盖率提高

2020年，全国学前三年毛入园率达到85%、普惠性幼儿园覆盖率（公办园和普惠性民办园在园幼儿占比）达到80%、公办园在园幼儿占比达到50%的目标如期完成。教育部发布的《2021 年全国教育事业发展统计公报》显示，2021年我国共有幼儿园 29.48 万所，比上年增加 3117 所，增长1.07%。其中，普惠性幼儿园 24.47 万所，比上年增加 1.06万所，增长 4.55%，占全国幼儿园的比例为 83.00%。学前教育在园幼儿（含独立设置的幼儿园和其他学校附设幼儿班幼儿）4805.21 万人，比上年减少 13.06 万人，下降 0.27%。其中，普惠性幼儿园在园幼儿 4218.20 万人，比上年增加135.37 万人，增长 3.32%，占全国在园幼儿的比例 87.78%。学前教育毛入园率达到 88.1%，比上年提高 2.9 个百分点。①

3. 为幼儿提供了良好的成长环境

一是幼小衔接的理念得到科学化阐释和提升。《指导意见》坚持以儿童为本，提出要关注儿童发展的连续性、整体性、可持续性，把入学准备教育看成一个循序渐进的过程，要渗透于幼儿园三年保育教育工作的全过程。二是幼儿入学准备教育有针对性地进行。根据大班幼儿即将进入小学的特殊需要，围绕社会交往、自我调控、规则意识、专注坚持等进入小学所需的关键素质，实施有针对性的入学准备教育。三是将"四个准备"有机融合。幼儿入学准备教育应注重身

---

① 教育部 . 2021 年全国教育事业发展统计公报 [EB/OL]. (2022–09–14) [2023–03–16]. http://www.moe.gov.cn/jyb_sjzl/sjzl_fztjgb/202209/t20220914_660850.html.

心准备、生活准备、社会准备和学习准备几方面的有机融合与渗透，不应片面追求某一方面或几方面的准备，更不应该用小学知识技能的提前学习和强化训练替代全面准备。幼小衔接不是在学科知识上抢跑，而是幼儿、家长、学校及社会多方面的思想和认识衔接，保障幼儿顺利实现从幼儿园到小学的过渡。

4.学前教育发展质量得到保障

《"十四五"学前教育发展提升行动计划》提出了三个方面的具体目标。一是发展目标：到 2025 年，全国学前三年毛入园率达到 90% 以上，普惠性幼儿园覆盖率达到 85% 以上，公办园在园幼儿占比达到 50% 以上。二是保障机制目标：普惠性学前教育保障机制进一步完善。三是质量目标：幼儿园保教质量全面提高，幼儿园与小学科学衔接机制基本形成。

二、2021 年学前教育政策实施及实践中存在的问题

学前教育经过近年来的快速发展，实现了普及普惠目标，但仍是整个教育体系中最薄弱的环节，也还存在着一些问题。

（一）学前教育区域发展不均衡

虽然我国学前教育的普及普惠率得到了极大提高，但是目前区域性、结构性短缺的矛盾依然存在。幼儿园的数量和质量在城乡、区域间存在较大差异，学前教育区域发展不均衡。一是大区域上的不均衡。整体来说，中西部地区毛入园率低、幼儿教师数量短缺和质量参差不齐的现象依然存在。另外，农村地区的学前教育发展质量与城镇相比还有较大差距。二是小区域内的不均衡。由于近年来"二孩""三孩"政策接连出台，人口结构发生了一定变化，小区规划建设各有差异，同一城市的新旧小区之间也存在学前教育资源供给和需求不匹配的问题。

（二）学前教育成本分担机制有待完善

近年来，国家投入学前教育的经费增速较快。根据 2021年全国教育经费执行情况统计公告，幼儿园生均一般公共预算教育经费比上年增长了 4.68%，其增速相比于普通小学的2.22%，普通初中的 1.74%，普通高中的 2.95%，中职学校的0.58%，普通高校的 1.65%，是各学段中最高的。但是，学前教育成本分担机制仍不完善。首先，幼儿园财政经费投入总量较低。2021 年，幼儿园生均一般公共预算教育经费为

9505.84 元，仅为普通高中的约一半，普通高校的约四成。①
学前教育阶段的政府分担比例低于其他学段，也与同为非义
务教育阶段的高等教育政府分担比相差较大。其次，学前教
育成本在政府分担和家庭分担中也不平衡。我国的学前教育
成本分担的典型特点是：政府分担波动大、比例小，家庭分
担比例过高。我国学前教育成本政府的分担比例不足 50%。
如果进行全口径的统计分析，政府分担比更低，因为大多数
民办园的家庭分担比都在 90% 以上。而 OECD（经济合作与
发展组织）大多数国家的政府分担比都在 50% 以上，爱尔
兰、新西兰两国政府的分担比例达到 100%。② 我国学前教育
成本分担机制亟待完善。

（三）幼儿园师资水平有待进一步提升和保障

《"十四五"学前教育发展提升行动计划》针对农村和
欠发达地区师资弱问题，鼓励各地结合实际加大幼儿园教师
培养力度，提升师资水平。但是幼儿园的师资还有待进一步
加强。有些地区未能及时补充公办园教职工，存在"有编不
补"、长期使用代课教师的现象。有些民办园未能按照配备
标准配足配齐教职工。待遇上，政策要求落实公办园教师工

---

① 教育部 国家统计局 财政部关于 2021 年全国教育经费执行情况统计公告［EB/OL］.
（2022–12–29）［2023–03–16］. http://www.moe.gov.cn/srcsite/A05/s3040/202212/
t20221230_1037263.html.
② 王海英. 学前教育成本分担机制亟待完善［EB/OL］.（2014–11–02）［2022–02–16］.
http://edu.people.com.cn/n/2014/1102/c1053–25955762.html.

资待遇保障政策，确保教师工资及时足额发放、同工同酬。但一些地方存在幼儿园教职工社会保障金缴费渠道不畅、幼儿园教职工社会保障监管不到位的问题，幼儿园教师的待遇亟待提升和保障。

三、学前教育政策完善与实施建议

（一）补齐普惠资源短板

当前，学前教育实现了基本普及目标，开始迈入全面提高质量的新阶段。"十四五"期间，学前教育改革发展的主要任务是在补齐普惠性资源短板的同时，把工作重心转移到完善体制机制和提高学前教育质量上来。

针对普惠性资源存在的区域性、结构性矛盾，未来要持续增加普惠性资源供给。一是优化普惠性资源布局。各地应充分考虑出生人口变化、乡村振兴和城镇化发展趋势，逐年做好入园需求测算，完善县（区）普惠性幼儿园布局规划。适应"三孩"政策实施需要，及时修订和调整居住社区人口配套学位标准，配建与居住区人口规模相适应的幼儿园。二是推进普惠性资源扩容增效。为了有效解决农村地区、城市新增人口和流动人口集中地区入园需求，"十四五"期间国家实施教育提质扩容工程和教育强国推进工程，各地实施幼儿园建设项目，要新建、改扩建一批公办幼儿园，鼓励支持政府机关、国有企事业单位、军队、街道、农村集体举办公办幼儿园，积极扶持民办园提供普惠性服务，多渠道增加普惠性资源供给，逐步化解和消除学前教育"大班额"现象，防止出现新的无证园。三是开展城镇小区配套园治理"回头看"，对治理成效进行全面复查，巩固治理成果，保障城镇地区普惠性资源供给的主渠道，为满足幼儿就近就便入园提供基本保证。

（二）完善投入保障机制

要完善普惠保障机制，切实落实各级政府发展学前教育的主体责任，完善投入保障机制，健全幼儿园教师配备补充和工资待遇保障制度。落实政府投入为主、家庭合理分担、其他多渠道筹措经费的投入机制，完善普惠性学前教育经费保障机制。

一是要逐步提高学前教育财政投入水平，各省（区、市）以提供普惠性服务为衡量标准，科学核定普惠性幼儿园办园成本，明确分担比例，优化完善财政补助政策。二是要进一步完善资助制度，加大资助力度，切实保障家庭经济困难儿童接受普惠性学前教育。同时，各地要切实落实相关政策要求，落实并动态调整公办园生均公用经费标准或生均财政拨款标准，完善企事业单位、集体办园财政补助政策和普惠性民办园补助标准，通过财政支持和合理收费，解决好普惠性幼儿园"保安全""保工资""保运转""保发展"问题。

在加大财政投入力度的同时，要推动完善成本分担机制，进一步加强对幼儿园收费的监管。一是合理确定公办园和普惠性民办园收费标准。各省（区、市）综合考虑经济发展水平、群众承受能力和办园成本等因素，动态调整公办园收费标准、普惠性民办园最高收费限价，改变长期以来公办园收费过低，普惠性民办园收费不规范的局面。二是加强对非营利性民办园收费的监管。各省（区、市）尽快制订完善非营利性民办园收费的具体办法，在合理核定办园成本的基础上，明确收费标准，解决长期以来非营利民办园不规范收费乱象，防止以非营利性之名行营利之实，坚决遏制过高收费和过度逐利行为。

（三）加强学前师资队伍建设

师资队伍是保障学前教育健康可持续发展的关键。为进一步提高幼儿园师资专业水平，《"十四五"学前教育发展提升行动计划》针对农村地区师资弱问题，鼓励各地结合实际加大农村和欠发达地区幼儿园教师培养力度，为这些地区幼儿园补充稳定而有质量的师资。针对培养与实践脱节的问题，要深化高等师范院校学前教育专业课程改革，完善培养方案，强化学前儿童发展、教育专业基础以及教育实践能力培养，提高师范生培养质量和水平。针对师资培训质量不高的问题，各地要制定幼儿园教师和教研员培训规划，实施全员培训，突出实践导向，提高培训实效。鼓励高校、教科研机构与优质幼儿园结对帮扶基层、边远和欠发达地区幼儿园。

同时，要解决好教师配备和待遇保障问题。针对教师配备问题，各地应及时补充公办园教职工，严禁"有编不补"、长期使用代课教师。民办园按照配备标准配足配齐教职工。针对教师待遇问题，落实公办园教师工资待遇保障政策，统筹工资收入政策、经费支出渠道，确保教师工资及时足额发放、同工同酬。公办园中保育、安保、食堂等服务纳入政府购买服务范围，所需资金从地方财政预算中统筹安排。民办园要参照公办园教职工工资收入水平，合理确定相应教职工的工资收入。针对一些地方存在的幼儿园教职工社会保障金缴费渠道不畅问题，明确农村集体办园可委托乡镇中心幼儿园代缴，农村小学附属幼儿园可委托小学代缴。针对幼儿园教职工社会保障监管不到位问题，要求社会保障、医疗保障、税务等相关主管部门依法依规对幼儿园教职工缴纳社保情况组织检查，督促各类幼儿园足额足项为教职工缴纳社会保险和住房公积金。

（四）全面提升保教质量

一是深化幼儿园教育改革。以先进实践经验为引领，提升幼儿园教师保教能力。二是深入落实《指导意见》，推进建立幼小科学衔接机制，提高入学准备和入学适应教育的有效性。三是出台《幼儿园保育教育质量评估指南》，引导幼儿园树立科学评估导向，全面提高保教质量。四是推动学前教育教研改革。进一步完善教研体系，健全教研机构，建设一支专兼职相结合的教研队伍，及时研究解决教师教育实践中的困惑和问题，完善教研制度，实现各类幼儿园教研指导全覆盖。

（彭妮娅　中国教育科学研究院教育发展与改革研究所助理研究员）

义务教育重大政策述评

2021 年，我国义务教育从基本均衡向优质均衡迈进，向公平而有质量的教育发展。自 2021 年年初《教育部办公厅关于印发〈防范中小学生欺凌专项治理行动工作方案〉的通知》到《教育部办公厅关于加强义务教育学校考试管理的通知》，至 2022 年年初的《关于开展中小学幼儿园校（园）长任期结束综合督导评估工作的意见》，国务院及相关行政部门出台了系列政策，切实减轻学生过重作业负担、家庭教育支出和家长相应精力负担，预防校园欺凌，保护未成年人健康成长，努力办好人民满意的教育，加速推进义务教育优质均衡发展。

2021 年义务教育领域的政策关键词有：教育质量评价、"双减"政策、依法治校、保护未成年人。

一、2021 年义务教育政策实施及取得的成效

（一）政策颁布与实施情况

1. 实施教育质量评价，提高义务教育发展水平

2021 年，义务教育从基本均衡向优质均衡迈进。3 月，教育部等六部门印发《义务教育质量评价指南》。8 月，《教育部办公厅关于加强义务教育学校考试管理的通知》发布。《义务教育质量评价指南》指出，义务教育质量评价包括三个层面内容。一是县域义务教育质量评价。主要包括价值导向、组织领导、教学条件、教师队伍、均衡发展等 5 个方面重点内容的 12 项关键指标和 30 个指标考查要点，旨在促进地方党委、政府坚持社会主义办学方向，加强对义务教育工作的领导，履行举办义务教育职责，促进县域义务教育优质均衡发展。二是学校办学质量评价。主要包括办学方向、课程教学、教师发展、学校管理、学生发展等 5 个方面重点内容的 12 项关键指标及 27 个指标考查要点，旨在促进学校落实德智体美劳全面培养要求，深入实施素质教育，充分激发办学活力，不断提高办学水平和育人质量。三是学生发展质量评价。主要包括学生品德发展、学业发展、身心发展、审美素养、劳动与社会实践等 5 个方面重点内容的 12 项关键指标及 27 个指标考查要点，旨在促进学生德智体美劳全面发

展，培养适应终身发展和社会发展需要的正确价值观、必备品格和关键能力。在实施质量评价的同时，《教育部办公厅关于加强义务教育学校考试管理的通知》规定：小学一二年级不进行纸笔考试，义务教育其他年级由学校每学期组织一次期末考试，初中年级从不同学科的实际出发，可适当安排一次期中考试。各地不得面向小学各年级和初中非毕业年级组织区域性或跨校际的考试；学校和班级不得组织周考、月考、单元考试等其他各类考试，也不得以测试、测验、限时练习、学情调研等各种名义变相组织考试。初中学业水平考试仍按国家和省级教育部门有关规定执行，除初中学业水平考试外不得组织任何与升学挂钩的选拔性考试。严禁校外培训机构面向义务教育阶段学生开展或与学校联合开展考试。

2. 执行"双减"政策，推动素质教育改革

为落实立德树人根本任务，减轻学生和家长负担，《关于进一步减轻义务教育阶段学生作业负担和校外培训负担的意见》《教育部办公厅关于进一步明确义务教育阶段校外培训学科类和非学科类范围的通知》《教育部等六部门关于加强校外培训机构预收费监管工作的通知》《教育部办公厅关于加强义务教育学校作业管理的通知》《教育部办公厅关于推广部分地方义务教育课后服务有关创新举措和典型经验的通知》《教育部办公厅关于支持探索开展暑期托管服务的通知》等系列政策出台。其中，《关于进一步减轻义务教育阶段学生

作业负担和校外培训负担的意见》要求，作业布置更加科学合理，校外培训机构培训行为全面规范。

一是减轻学生过重作业负担。建立作业校内公示制度，加强质量监督。严禁给家长布置或变相布置作业，严禁要求家长检查、批改作业。学校要确保小学一、二年级不布置家庭书面作业，可在校内适当安排巩固练习；小学三至六年级书面作业平均完成时间不超过 60 分钟，初中书面作业平均完成时间不超过 90 分钟。教师要指导小学生在校内基本完成书面作业，初中生在校内完成大部分书面作业。教师要认真批改作业，及时做好反馈，加强面批讲解，认真分析学情，做好答疑辅导。不得要求学生自批自改作业。

二是全面规范校外培训行为。坚持从严审批机构。各地不再审批新的面向义务教育阶段学生的学科类校外培训机构，现有学科类培训机构统一登记为非营利性机构。对原备案的线上学科类培训机构，改为审批制。对非学科类培训机构，各地要区分体育、文化艺术、科技等类别，明确相应主管部门，分类制定标准、严格审批。建立培训内容备案与监督制度，制定出台校外培训机构培训材料管理办法。严禁超标超前培训，严禁非学科类培训机构从事学科类培训，严禁提供境外教育课程。校外培训机构不得占用国家法定节假日、休息日及寒暑假期组织学科类培训。

同时强调，省级政府要制定学校课后服务经费保障办法，明确相关标准，采取财政补贴、服务性收费或代收费等方式，确保经费筹措到位。

3. 全面推进依法治校，营造中小学生成长的良好环境

为进一步推进学校依法保障学生权利和义务，《未成年人学校保护规定》《教育部关于印发〈中小学生课外读物进校园管理办法〉的通知》《教育部关于印发〈中小学少数民族文字教材管理办法〉的通知》《教育部办公厅 国家发展改革委办公厅 财政部办公厅关于编制义务教育薄弱环节改善与能力提升项目规划（2021—2025 年）的通知》《教育部关于开展中小学幼儿园校（园）长任期结束综合督导评估工作的意见》《教育部办公厅关于加强中小学生手机管理工作的通知》《教育部办公厅等六部门关于进一步加强预防中小学生沉迷网络游戏管理工作的通知》等一系列政策相继出台，为中小学生的健康成长营造了良好环境。其中，《未成年人学校保护规定》对学校、教职工和教育行政部门等主体的责任进行了系统界定。

一是对学校管理进行规范。包括：（1）学校不得设置侵犯学生人身自由的管理措施，不得对学生在课间及其他非教学时间的正当交流、游戏、出教室活动等言行自由设置不必要的约束。（2）学校在奖励、资助、申请贫困救助等工作中，不得泄露学生个人及其家庭隐私；学生的考试成绩、名次等学业信息，学校应当便利学生本人和家长知晓，但不得

公开，不得宣传升学情况；除因法定事由，不得查阅学生的信件、日记、电子邮件或者其他网络通讯内容。（3）学校应当建立留守学生、困境学生档案，配合政府有关部门做好关爱帮扶工作，避免学生因家庭因素失学、辍学。（4）义务教育学校不得开除或者变相开除学生，不得以长期停课、劝退等方式，剥夺学生在校接受并完成义务教育的权利；对转入专门学校的学生，应当保留学籍，原决定机关决定转回的学生，不得拒绝接收。（5）义务教育学校应当落实学籍管理制度，健全辍学或者休学、长期请假学生的报告备案制度，对辍学学生应当及时进行劝返，劝返无效的，应当报告有关主管部门。（6）义务教育学校不得占用国家法定节假日、休息日及寒暑假，组织学生集体补课；不得以集体补课等形式侵占学生休息时间。（7）学校不得违反规定向学生收费，不得强制要求或者设置条件要求学生及家长捐款捐物、购买商品或者服务，或者要求家长提供物质帮助、需支付费用的服务等。（8）学校以发布、汇编、出版等方式使用学生作品，对外宣传或者公开使用学生个体肖像的，应当取得学生及其家长许可，并依法保护学生的权利。（9）学校不得与校外培训机构合作向学生提供有偿的课程或者课程辅导。

二是对教师行为进行规范。主要包括：（1）教职工应当关注因身体条件、家庭背景或者学习成绩等可能处于弱势或者特殊地位的学生，发现学生存在被孤立、排挤等情形的，应当及时干预。（2）预防并制止教职工以及其他进入校园的人员实施以下行为，包括：与学生发生恋爱关系、性关系；抚摸、故意触碰学生身体特定部位等猥亵行为；对学生作出调戏、挑逗或者具有性暗示的言行；向学生展示传播包含色情、淫秽内容的信息、书刊、影片、音像、图片或者其他淫秽物品；持有包含淫秽、色情内容的视听、图文资料；其他构成性骚扰、性侵害的违法犯罪行为。

三是学校应当加强对教职工的管理，预防和制止教职工实施法律、法规、规章以及师德规范禁止的行为。

四是地方教育行政部门应当建立学生保护工作评估制度，定期组织或者委托第三方对管辖区域内学校履行保护学生法定职责情况进行评估，评估结果作为学校管理水平评价、校长考评考核的依据。各级教育督导机构应当将学校学生保护工作情况纳入政府履行教育职责评价和学校督导评估的内容，并规定因监管不力、造成严重后果而承担领导责任的校长，5 年内不得再担任校长职务。

2021 年 1 月 20 日，教育部办公厅印发的《防范中小学生欺凌专项治理行动工作方案》指出，针对中小学生欺凌行为，要依法依规严肃处置。各地教育部门和学校要建立健全学生欺凌报告制度，各地都要进一步健全责任机制，制订学生欺凌防治工作责任清单，明确省市县各级各部门职责，压实学校校长、班主任、学科教师和教职工各岗位责任。进一步健全问责机制，对学生欺凌问题突出的地区和单位进行督导检查、通报约谈，并向社会公开通报恶性欺凌事件处置情况。对失职渎职的，严肃追责问责。2021 年 1 月 31 日，《中共中央关于全面加强新时代少先队工作的意见》出台，要求持续净化网络环境，依法坚决打击网络有害、错误信息，为少年儿童营造绿色、纯净的网络空间。

（二）取得的成效

2021 年，甘肃全省通过县域义务教育基本均衡发展国家督导检查，这不仅是甘肃省教育发展史上新的里程碑，同时也标志着全国县域义务教育基本均衡国家督导评估认定工作圆满收官，我国义务教育站在了新的历史起点上。

1. 保持动态清零，教育公平取得新跨越

2021 年，全国脱贫家庭辍学学生持续保持动态清零。巩固拓展教育脱贫攻坚成果同乡村振兴有效衔接工作有效展开，实现良好开局。乡村教师队伍建设深入推进，县域内义务教育学校校长、教师交流轮岗进一步常态化。推广普通话工作成果巩固深化，"童语同音"计划完成师资培训 1.6 万人次。

2. "双减"政策落实，99% 的义务教育学校提供课后服务

2021 年暑期，中央 19 个部门组成"双减"工作的专门协调机制，陆续出台了 20 多个配套文件。随着"双减"政策

在各地落细落实，校外学科类培训大幅压减，校内服务有效提升。"双减"政策聚焦提高作业设计水平、提高课后服务水平、提高课堂教学质量，取得明显成效。一是作业总量和时长得到有效控制。学校作业总量和时长调控基本达到规定要求，在规定时间内完成书面作业的学生占比由"双减"前的46%提高到90%以上。二是课后服务基本实现全覆盖。据调查，有92.7%的学校开展了文艺体育类活动，88.3%的学校开展了阅读类活动，87.3%的学校开展了科普、兴趣小组和社团活动，课后服务吸引力显著增强。目前，有91.9%的学生自愿参加课后服务。三是课堂教学质量不断提高。99%以上的学校做到了起始年级"零起点"教学，注重做好幼小衔接、小初衔接；普遍建立了学习困难学生帮扶制度，98.7%的教师参与了辅导答疑，切实做到减负提质，保障学生学业质量。此外，学科类培训机构大幅压减，2021年末线下校外培训机构已压减83.8%，线上校外培训机构已压减84.1%。①

3. 优质教育资源可实时共享

全国中小学（含教学点）互联网接入率达到100%，拥有多媒体教室的学校比例达到95.3%。农村教学点数字教育资源全覆盖项目持续实施，整合开发英语、音乐、美术等学科数字资源6948学时，与基础教育阶段所有学科教材配套的

---

① 张滢芳. 97.3%的家长对学校新学期的减负提质工作表示满意：积极作为"双减"工作取得明显成效［N］.中国教育报，2021-12-22（1）.

资源达 5000 万条。①

二、2021 年义务教育政策实施及实践中存在的问题

2021 年是实现第二个百年目标的起步之年，义务教育的普遍性、强制性、公益性尚未得以充分实现。区域内学校间、区际、城乡间教育发展还不均衡，实现有质量的教育公平依然任重道远。

"双减"改革也面临诸多困难和挑战，主要涉及作业设计、课后服务经费保障、教师负担加重等方面。② 一是教师高质量作业设计能力亟待提高，设计高质量作业面临"作业素材与相关资源不够"和"设计分层、弹性、个性化作业的能力不强"的困难。二是课后服务经费保障机制尚未健全，尤其是乡村学校课后服务经费来源于财政补助的比例较低。三是校外培训机构仍存在违规行为，少数地方学科类培训仍然存在"提前学学科知识""占用法定节假日、周末进行培训"等现象。四是教师工作压力和负担加重。五是家长对教育期望值较高，大部分家长希望孩子接受普通高等教育而不是就读职业院校。

---

① 丁雅诵 .99% 以上的学校做到了起始年级"零起点"教学：让每个孩子都享有公平而有质量的教育［N］.人民日报，2022–01–12（7）.
② 程婷 .全国"双减"调查报告：83.5% 的学生未参加校外学科培训［EB/OL］.（2022–03–02）［2022–03–16］.https://news.ifeng.com/c/8E3KmQRTj5i.

高质量教育体系的建设，需要深化体制机制改革，需要推进依法治校。要通过法律的约束力，为未成年人的健康成长提供保护。然而，在实践中，学校的管理制度还不够健全，学校、教师及周边社区对中小学生的保护责任需要进一步细化，在操作性上也需要进一步提高灵活性和有效性。

三、义务教育政策完善与实施建议

基于以上分析，未来义务教育政策可以着重采取以下措施。

（一）加速有效推进义务教育优质均衡发展

坚持人才培养与考试招生制度改革有机结合，进一步优化义务教育资源配置。努力缩小校际教育资源配置差距，尽快改变老百姓心目中"好学校"为稀缺资源的局面，努力办好老百姓家门口的每所学校。

（二）全面推进作业体系化改革，提升教师作业设计能力

将作业设计纳入地方教研体系和教师教研规划，对教师开展作业设计专项培训；利用各级中小学智慧教育平台，汇聚共享优质作业资源；推广智能化作业平台，为教师开展学情诊断赋能，提高教师分层、个性作业设计与评价能力；健

全作业管理制度，实现对作业来源、设计、布置、批改、反馈等全流程管理；健全作业质量评价机制，教研组定期开展作业设计质量和学生作业达标情况评价。

（三）完善课后服务内容和课后服务制度

如出台课后服务课程指南，进一步强化学习困难学生的补习辅导、优秀学生的学科拓展学习和特长学生的创新创造教育，促进"三点半"前课堂教学与"三点半"后课后服务有效衔接；健全课后服务经费保障机制，尽快建立以公共财政负担为主、家庭合理分担的课后服务经费保障机制；健全课后服务资源供给机制，充分挖掘教师潜力，同时政府应加大体育、文化、科普等公共服务资源统筹力度，采取"引进来、走出去"方式解决课后服务资源不足问题。

（四）综合施策全面减轻教师负担，保障教师职业生活的幸福和尊严

具体建议包括：加强省级统筹、市级管理、城乡协同，尽快解决县城和城区学校教师短缺问题；合理安排教师课堂教学和课后服务任务，实施教师弹性上下班；通过购买服务、引进社区资源、强化志愿者服务等方式，增加课后服务校外资源供给比例；健全教师课后服务补贴机制；建立健全减轻教师非教学负担长效机制。

（五）健全完善中小学校防治学生欺凌和暴力工作制度

在全国进一步落实法治副校长制度，明确校长是学校防治学生欺凌和暴力的第一责任人，分管法治教育副校长和班主任是直接责任人；健全应急处置预案，建立早期预警、事中处理及事后干预等机制；扎实开展预防欺凌、暴力专题教育和班主任专题培训，将学校防治学生欺凌和暴力的各项工作落实到每个管理环节、每位教职工；建立中小学生欺凌和暴力事件及时报告制度，依法依规处置学生欺凌和暴力事件。

（吴景松　中国教育科学研究院教育发展与改革研究所副所长、副研究员）

普通高中教育重大政策述评

党的十九大报告再次明确"普及高中阶段教育"的目标和要求，将高中阶段教育普及攻坚计划纳入教育现代化重大工程，这不仅是我国继普及九年义务教育之后立足全面建成小康社会新阶段作出的普及更高阶段教育的重大战略决策，同时也是服务于提升国民整体素质和劳动力竞争能力、建设人力资源强国的重要举措。

近年来，我国高中阶段教育普及攻坚取得了长足发展和积极成效，同时着眼于普通高中多样化发展出台若干举措，在新高考改革背景下，统筹推进实施高中新课程和新教材。2021 年是"十四五"开局之年，为持续推进和落实《高中阶段教育普及攻坚计划（2017—2020 年）》《国务院办公厅关于新时代推进普通高中育人方式改革的指导意见》，围绕解决现阶段我国普及高中阶段教育、提高高中教育质量存在的重点和难点问题，这一年主要在规范民办普通高中招生管理、实施县域普通高中发展提升行动计划、制定普通高中学校办学质量评价指南等方面出台了若干重要政策。

2021 年我国推动和促进普通高中教育发展的政策关键词

有：规范民办普通高中招生、加强县域高中建设、出台办学质量评价指南等。

一、2021 年普通高中教育政策实施及取得的成效

（一）政策颁布与实施状况

1. 规范民办普通高中招生管理

2021 年 4 月 7 日，新修订的《中华人民共和国民办教育促进法实施条例》发布，并于 2021 年 9 月 1 日起施行。此次修订主要坚持支持与规范并重，着眼于破解民办教育领域长期存在的难点问题，保障民办学校各利益相关者的基本权益。第三十一条专门提出民办学校招生管理的相关规定，其中对于民办普通高中招生，该条例规定："实施普通高中教育的民办学校应当主要在学校所在设区的市范围内招生，符合省、自治区、直辖市人民政府教育行政部门有关规定的可以跨区域招生。"这条规定进一步细化了民办普通高中的招生权，明确指出各地应落实属地招生管理政策，规范公办学校、民办学校同步招生，从制度上限制了民办学校无序的跨区域竞争性招生、考试掐尖招生等不公平行为。

2. 实施县域普通高中发展提升行动计划

我国县域普通高中规模超过全国普通高中学校总数的一半，办好县域高中对巩固提高高中阶段教育普及水平、带动

县域义务教育优质均衡发展、服务国家乡村振兴和人才发展战略意义重大。2021 年《政府工作报告》专门提及"加强县域高中建设"的工作要求，为下一阶段我国普通高中教育发展的重点指明了方向。

2021 年 12 月 9 日，教育部、国家发展改革委、财政部等九部门联合印发了《"十四五"县域普通高中发展提升行动计划》，明确了到 2025 年的主要目标是，县中整体办学水平显著提升，市域内县中和城区普通高中协调发展机制基本健全，统筹普通高中教育和中等职业教育发展，推动全国高中阶段教育毛入学率达到 92% 以上。该行动计划围绕深化招生管理改革、加强教师队伍建设、改善办学薄弱环节、提高教育教学质量等方面提出四项重点任务及相关举措，专门提出了实施"县中托管帮扶工程""县中标准化建设工程"两大工程，统筹协调区域内优质教育资源，补齐县域高中办学条件短板，提升县域高中整体教育质量。

3. 出台《普通高中学校办学质量评价指南》

2021 年 12 月 31 日，教育部印发《普通高中学校办学质量评价指南》（以下简称《普通高中评价指南》），这是继《义务教育质量评价指南》之后出台的又一个办学质量评价指南，对深化高中育人方式改革、建立健全以发展素质教育为导向的教育质量评价体系、促进普通高中教育内涵发展和质量提升均具有重要的指导作用。《普通高中评价指南》把推动树立科学教育理念、加强普通高中学校办学和招生管理等作为重要评价内容，具体评价内容包括办学方向、课程教学、教师发展、学校管理、学生发展等5个方面，包含18项关键指标和48个考查要点，对提升普通高中办学质量具有极强的可操作性和实践指导意义。

普通高中招生对义务教育发展起着"指挥棒"作用，《普通高中评价指南》的出台，对于引导义务教育学校深化教育教学改革、促进义务教育优质均衡发展具有重要导向作用，也为更好落实"双减"政策创造了良好条件。《普通高中评价指南》把"落实公办民办学校同步招生和属地招生政策"纳入重要考查要点，有利于促进普通高中学校规范招生行为，也有利于促进县域义务教育优质均衡发展。

在评价方式方面，一是坚持结果评价与增值评价相结合，二是坚持综合评价与特色评价相结合，三是坚持外部评价与自我评价相结合，四是坚持线上评价与线下评价相结合，从而实现评价工作的科学性、针对性、有效性。

（二）取得的成效

1. 高中教育普及攻坚成效显著，贫困地区高中办学条件持续改善

2021年出台的促进高中教育发展的若干政策着力巩固普及攻坚的成果，同时攻克中西部贫困及边远地区普及高中

阶段教育的难关。2021 年普通高中办学条件明显改善：2021
年普通高中共有校舍建筑面积 64362.11 万平方米，比 2020
年增加 4312 万平方米；2021 年普通高中设施设备配备达标
的学校比例较上年均有所提高，体育运动场（馆）面积达标
学校 93.66%，体育器械配备达标学校 96.00%，音乐器材配
备达标学校 95.19%，美术器材配备达标学校 95.40%，理科
实验仪器配备达标学校 95.61%，分别比 2020 年提高 0.61、
0.90、0.88、0.99、0.70 个百分点。[①]

当前我国高中阶段教育在校生规模稳步增长，全国高中
阶段教育毛入学率也逐年攀升。《"十四五"县域普通高中发
展提升行动计划》提出，到 2025 年，推动全国高中阶段教
育毛入学率达到 92% 以上。2021 年全国高中阶段教育毛入
学率已达到 91.4%，比 2020 年提高了 0.2 个百分点，提前实
现了《国家教育事业发展"十三五"规划》制定的 90% 的目
标，同时县中办学资源也得到显著扩大。党的十八大以来，
中西部普通高中普及提升幅度最大，教育部与中西部 10 个普
及水平较低的省份签订了普及攻坚备忘录，建立了部省协同
机制，强力推进普及攻坚。[②] 通过实施消除普通高中大班额
专项规划，全国普通高中大班额控制成效明显，全国普通高

[①]　数据来源：《2020 年全国教育事业发展统计公报》《2021 年全国教育事业发展统计公报》。

[②]　教育部．十年芬芳谱华章：党的十八大以来普通高中教育改革发展成就［EB/OL］．
（2022–07–05）［2023–01–20］．http://www.moe.gov.cn/fbh/live/2022/54639/sfcl/202207/
t20220705_643408.html．

中 56 人及以上大班额比例由 2012 年的 47.76% 下降到 2021 年的 4.81%，下降了近 43 个百分点。①

2. 普通高中经费投入机制不断完善

《"十四五"县域普通高中发展提升行动计划》提出，到 2025 年，教育经费投入机制基本健全，县中办学经费得到切实保障。自 2016 年国务院办公厅出台《关于加快中西部教育发展的指导意见》以来，以财政投入为主、其他渠道筹措经费为辅的普通高中经费投入机制逐渐健全，特别是优先向县及乡村高中倾斜。当前，全国 31 个省份制定出台了普通高中生均公用经费拨款标准，其中 21 个省份和 5 个计划单列市生均公用经费拨款标准达到每生每年 1000 元以上。同时，各地积极探索适合当地的经费投入机制，如海南省建立了省与市县分级保障的经费保障机制，省属高中生均公用经费按不少于每生每年 1500 元的标准由省财政全额拨付，市县高中按不少于每生每年 1200 元的标准由市县自行确定拨款标准拨付。②

3. 普通高中招生管理日趋规范，逐步落实"公民同招"

自新修订的《中华人民共和国民办教育促进法实施条

---

① 教育部基础教育司.十年芬芳谱华章: 党的十八大以来普通高中教育改革发展成就［EB/OL］.（2022－07－05）［2023－01－20］. http://www.moe.gov.cn/fbh/live/2022/54639/sfcl/202207/t20220705_643408.html.

② 高中阶段教育普及攻坚取得积极成效［EB/OL］.（2020－04－13）［2022－01－22］. http://www.moe.gov.cn/jyb_xwfb/s5147/202004/t20200413_442965.html.

例》明确要求各地民办普通高中落实属地招生管理政策、推动公办民办学校同步招生以来，各地纷纷出台规范普通高中招生管理的相关政策。如，安徽省明确十项"严禁"，提出严禁以任何形式提前组织招生、免试招生、超计划招生、违规跨区域招生，严禁学校间混合招生、招生后违规办理转学等举措。特别提出原则上不跨区域分配指标，防止跨区域掐尖招生。河南省教育厅在发布的《关于做好 2021 年普通高中招生工作的通知》中，专门将"加强民办普通高中招生工作管理"作为重要内容，提出民办普通高中不得超计划招生，不得自行录取无档案考生，不得录取学校所在地最低录取控制分数线以下的学生，不得在招生宣传中以高额物质奖励等不正当手段招揽生源。

4.创新普通高中育人方式，新课程和新高考改革稳步推进

为健全中小学生德智体美劳全面培养体系，我国多措并举推进教育教学改革，明确了新时代推进普通高中教育改革发展的基本方向，即把立德树人融入思想道德教育、文化知识教育、社会实践教育各环节，围绕立德树人设计教学体系、教材体系、管理体系等，并强调要促进普通高中多样化有特色发展。

以育人为导向，我国同步推进新课程和新高考改革。教育部先后印发了《普通高中课程方案和语文等学科课程标准（2017 年版）》及《普通高中课程方案和语文等学科课程标准

（2017年版2020年修订）》，推动普通高中新课程改革深入实施。从2019年秋季学期起，全国各地已开始分步实施新课程、使用新教材，并于2022年秋季开学前在全国所有省份推进新课程新教材实施和使用工作，从而巩固课程教学改革成果。自2014年出台《国务院关于深化考试招生制度改革的实施意见》以来，我国开启了自1977年恢复统一高考以来最全面、最系统、最深刻的一轮高校考试招生制度改革。2021年，全国已有21个省份启动了高考综合改革试点工作，新高考改革有序推进，各试点省份分步推进选课走班，探索更为规范有序、科学高效的新型教学组织方式，促进普通高中多样化、有特色发展。

二、2021年普通高中教育政策实施及实践中存在的问题

近年来，尽管我国高中教育发展取得积极成效，但仍然存在一些制约发展的问题，主要表现为：高中教育发展和资源配置尚不均衡；育人模式单一，多样化、特色化发展不足；高中教师队伍建设亟待加强。

（一）高中教育发展和资源配置尚不均衡

受政治、文化、经济等因素影响，区域、城乡、校际高中阶段教育发展在普及水平、办学条件、教育质量等方面

均存在较大差距，教育资源配置尚不均衡，保障条件尚不完善。中西部地区、贫困边远地区、民族地区的高中教育普及水平亟待提高，农村高中教育资源相对匮乏，重点与非重点高中分治现象依然存在。

（二）育人模式单一，多样化、特色化发展不足

受长期以来智育主导、高校考试招生制度尚不完善等诸多因素影响，高中学校的人才培养模式和评价标准过于单一，学校办学自主权有待进一步落实，学校管理普遍缺乏活力，学校治理能力和水平亟待提高，在培养学生综合素养、激发学生潜力等方面尚存在较大发展空间。学校在多样化、特色化发展方面存在同质化倾向，探索和创新不足，相关激励和支持保障政策配套尚不到位。

（三）高中教师队伍建设亟待加强

当前，我国高中教师尚存在数量不足、质量不高、区域和城乡教师配置不均衡等问题。我国中西部地区和农村高中教师缺编现象较为普遍，同时整体水平亟待提高。在全面推进新课程、新高考改革的背景下，普通高中实施选课走班面临部分学科教师结构性短缺的挑战，如何统筹调配和整合区域内教师资源的问题亟待解决。

三、普通高中教育政策完善与实施建议

普通高中教育发展的重点在于继续提高普及水平，深化育人方式改革，提高教育质量，具体表现在以下几个方面。

（一）发挥政府主导作用，加强县域高中建设

在巩固前期高中阶段教育普及攻坚计划成果的基础上，充分发挥政府的主导和统筹协调作用，将高中教育改革发展纳入教育综合改革总体规划，做好顶层设计，同时加强县级人口发展规模预测和学龄人口预测，优化学校布局。落实巩固拓展脱贫攻坚成果同乡村振兴有效衔接的战略决策，以中西部地区、民族地区、边远地区和革命老区为重点，重点保障家庭经济困难学生、残疾学生、进城务工人员随迁子女等特殊群体接受高中教育的权利。进一步加大对高中教育办学条件薄弱地区高中学校的经费投入力度，扩大县域高中的教育资源供给，有序推进《"十四五"县域普通高中发展提升行动计划》确定的系列工程。启动实施县中托管帮扶工程，明确帮扶重点任务；以县中标准化建设工程为抓手，全面化解大班额问题，办好必要的乡镇高中，方便当地学生上学。

（二）深化体制机制和育人方式改革，推动多样化、特色化发展

完善和落实普通高中"公民同招"和属地招生管理政策，着力引导和规范普通高中招生秩序，为推动高中多样化发展提供条件。完善普通高中育人体系，以五育并举为导向，以选课走班为契机，规范普通高中办学管理模式，丰富人才培养模式，促进普通高中办学的多样化和科学规范化。重点加大力度对农村高中多样化、特色化发展开展专项指导和培训，引导贫困地区和农村高中结合当地实情探索综合高中、特色高中、普职融合课等多种模式。优化政校关系，健全学校内部治理制度，落实和发挥高中的办学自主权，充分借助各种社会力量参与普通高中建设，激发高中学校办学活力。推动各地全面实施普通高中新课程、使用新教材，加强国家示范区和示范校建设，研制中学生综合素质评价实施指南以及学生发展指导实施指南，进一步深化育人方式改革，强化办学特色，引领高中学校健康发展。

（三）着眼资源整合，加强教师队伍建设

全面落实国家层面关于加强新时代高中教师队伍建设的若干政策，整合"国培计划""乡村教师支持计划""教师教

育振兴行动计划""卓越教师培养计划2.0""银龄讲学计划"等相关资源，重点从教师培养、教师专业发展、教师激励和保障等方面加强高中教师队伍建设。以实施"新时代基础教育强师计划"为抓手，着力培养一批优秀的普通高中教师。着力完善高中教师校长培训体系建设，创新在线培训方式，提升教师专业化水平。以城乡统一编制为标准，科学核定教职工编制，推动各地多途径盘活用好教师资源，创新供给方式；探索建立编制周转使用机制，加强县域内教师统筹调配力度，探索区域内校际教师资源共享机制。

（李楠　中国教育科学研究院教育发展与改革研究所副研究员）

职业教育与继续教育重大政策述评

党和国家高度重视职业教育与继续教育发展，党的十八大以来，一系列政策文件相继颁布，并设定了具体的发展目标与路径，为职业教育的快速发展指明了方向。本科层次职业教育是一种建立在中等职业教育和专科层次职业教育基础上的教育，具有层次上属于本科教育，类型上属于职业教育的双重属性。^① 2019 年 1 月，国务院印发《国家职业教育改革实施方案》，明确提出"开展本科层次职业教育试点"。2021 年年初，《教育部办公厅关于印发〈本科层次职业教育专业设置管理办法（试行）〉的通知》发布，为本科层次职业教育专业建设制定了具体办法。2021 年 7 月，《教育部办公厅关于加强社会成人教育培训管理的通知》印发，这是针对近年来部分社会成人教育培训机构存在的名称使用不规范、虚假不实招生宣传、条件和质量低下等问题，特别是损害人民群众合法利益、扰乱教育培训市场秩序的不良现象制定的规范性文件。为促进职业教育更好更快发展，2021 年 10

---

① 彭爱辉，徐佳.本科层次职业教育专业设置的价值意蕴、逻辑机理与实践路径［J］.职业技术教育，2021，42（31）：6–12.

月，中共中央办公厅、国务院办公厅印发《关于推动现代职业教育高质量发展的意见》，吹响了职业教育发展的新号角，并将引领职业教育今后的发展方向。除此之外，有关开展老年人运用智能技术教育培训等文件相继出台，有力地推动了新时期职业教育与继续教育发展，成为 2021 年度职业教育与继续教育重大政策的主要内容。

2021 年职业教育与继续教育领域的政策关键词有：职业本科专业建设、成人能力教育培训、职业教育高质量发展等。

一、2021 年职业教育与继续教育政策实施及取得的成效

（一）政策颁布与实施情况

1. 加强职业教育专业建设，推动本科层次职业教育发展

2021 年 1 月 22 日，教育部办公厅印发《本科层次职业教育专业设置管理办法（试行）》，这是为贯彻落实《国家职业教育改革实施方案》，进一步规范和完善本科层次职业教育专业设置管理，引导高校依法依规设置专业等而制定的管理办法。该办法规定了设置本科层次职业教育专业须有完成专业人才培养所必需的教师队伍，需有科学规范的专业人才培养方案，需具备开办专业所必需的合作企业、经费、校舍、仪器设备、实习实训场所等办学条件，需在技术研发与社会服务上有较好的工作基础，需有较高的培养质量基础和

良好的社会声誉。特别是在教师队伍建设方面，要求：（一）全校师生比不低于 1∶18；所依托专业专任教师与该专业全日制在校生人数之比不低于 1∶20，高级职称专任教师比例不低于 30%，具有研究生学位专任教师比例不低于 50%，具有博士研究生学位专任教师比例不低于 15%。（二）本专业的专任教师中，"双师型"教师占比不低于 50%。来自行业企业一线的兼职教师占一定比例并有实质性专业教学任务，其所承担的专业课教学任务授课课时一般不少于专业课总课时的 20%。（三）有省级及以上教育行政部门等认定的高水平教师教学（科研）创新团队，或省级及以上教学名师、高层次人才担任专业带头人，或专业教师获省级及以上教学领域有关奖励两项以上。这些要求，对于各地发展本科层次职业教育，既是动力，也是压力，也必将推动职业教育的进一步发展。

2. 完善社会成人教育培训，规范继续教育管理

2021 年 7 月 5 日，《教育部办公厅关于加强社会成人教育培训管理的通知》印发，要求社会成人教育培训机构严格按照民办学校办学许可证或法人登记证照确定的经营范围开展教育培训，不得以教育咨询、科技咨询、技术咨询、企业管理咨询等各种咨询名义开展教育培训。该通知要求，要加强对社会成人教育培训机构招生管理，不得进行虚假广告和宣传，不得隐瞒或混淆机构性质。社会成人教育培训机构在

招生广告（简章）中使用简称的，应当同时在显著位置标明机构属性和全称。指导社会成人教育培训机构合理设置学员遴选条件，不得以性别、民族、宗教、身份、资产规模等设置歧视性条件，招生规模应与办学能力相匹配。严禁以教育培训名义搞"小圈子""小团体"。社会成人教育培训机构从业人员应当遵守法律法规，具有良好思想品德和相应的专业能力，对从业资格有特殊要求的还应具备相应的任职条件。聘用外籍人员须符合国家有关规定。督促社会成人教育培训机构依法建立财务、会计、资产管理和第三方审计制度，规范收费和退费行为。各地教育行政部门要会同有关部门健全社会成人教育培训机构资金监管机制，进一步降低预收资金风险。

3.加强高校非学历教育管理，规范招生培训行为

2021 年 11 月 11 日，教育部办公厅印发《普通高等学校举办非学历教育管理规定（试行）》，要求高校应按照"管办分离"原则，明确归口管理部门，对非学历教育实施归口管理。校内非实体性质的单位、职能管理部门、群团组织及教职员工个人不得以高校名义举办非学历教育。高校独资、挂靠、参股、合作举办的独立法人单位，不得以高校名义举办非学历教育；法人名称中带有高校全称或简称的，如举办非学历教育应纳入高校统一管理。高校不得以"研究生""硕士、博士学位"等名义举办课程进修班。面向社会举办的非

学历教育不得冠以"领导干部""总裁""精英""领袖"等名义，不得出现招收领导干部的宣传。高校应严格规范非学历教育招生行为，自行组织招生，严禁委托校外机构进行代理招生。高校应严格控制非学历教育合作办学，确需与校外机构开展课程设计、教学实施等方面合作办学的，应对合作方背景、资质进行严格审查。如合作方涉及本校教职员工及其特定关系人的，应在立项申报时主动申明。合作办学要坚持高校主体地位，严禁转移、下放、出让学校的管理权、办学权、招生权和教学权，严禁项目整体外包。脱产学习超过一个月的非学历教育、受委托的领导干部培训项目，一律不得委托给社会培训机构，或与社会培训机构联合举办。

4. 党中央高度重视职业教育，有力推动职业教育发展

2021年10月，中共中央办公厅、国务院办公厅印发《关于推动现代职业教育高质量发展的意见》，这是新时期指导职业教育发展的纲领性文件，对于职业教育的发展具有划时代的意义。该意见明确了职业教育的发展目标：到2025年，职业教育类型特色更加鲜明，现代职业教育体系基本建成，技能型社会建设全面推进。办学格局更加优化，办学条件大幅改善，职业本科教育招生规模不低于高等职业教育招生规模的10%，职业教育吸引力和培养质量显著提高。到2035年，职业教育整体水平进入世界前列，技能型社会基本建成。技术技能人才社会地位大幅提升，职业教育供给与经济

社会发展需求高度匹配，在全面建设社会主义现代化国家中的作用显著增强。该意见提出了强化职业教育类型特色、完善产教融合办学体制、创新校企合作办学机制、深化教育教学改革、打造中国特色职业教育品牌等一系列举措。该意见围绕贯彻落实全国职业教育大会精神，为破除职业教育改革发展的深层次体制机制障碍，推动职业教育高质量发展，指明了方向和思路。

（二）取得的成效

1. "十三五"期间取得的成就

截至 2020 年年底，全国共有职业学校 1.15 万所，在校生 2857.18 万人；中职招生 600.37 万人，占高中阶段教育的 41.70%；高职（专科）招生 483.61 万人，占普通本专科的 52.90%。累计培养高等学历继续教育本专科毕业生 5452 万人，开展社区教育培训约 3.2 亿人次。① "十三五"期间，职业教育确立了鲜明的类型地位，构建起纵向贯通、横向融通的现代职业教育体系，迈入了提质培优、增值赋能的高质量发展新阶段，培养了一大批支撑经济社会发展的技术技能人才，并将在"十四五"期间继续发挥巨大作用和贡献。

① 教育部职业教育与成人教育司. 从"层次"到"类型"职业教育进入高质量发展新阶段："十三五"期间职业教育发展有关情况介绍［EB/OL］.（2020–12–08）［2022–03–11］. http://www.moe.gov.cn/fbh/live/2020/52735/sfcl/202012/t20201208_503998.html.

2."十四五"开局之年的发展

2021 年是职业教育发展史上具有里程碑意义的一年。党中央、国务院召开了全国职业教育大会，会议高度评价了我国职业教育的战略地位，全面总结了我国职业教育的重大成就，系统梳理了我国职业教育的成功经验，科学分析了我国发展现代职业教育的历史机遇，全面部署了发展现代职业教育的政策举措。2021 年，在职业教育本科专业建设、社会成人教育培训、高校非学历教育管理、现代职业教育高质量发展的政策举措等方面，取得了重大进步。在未来职业教育发展过程中，将进一步推动职业本科教育稳中有进、推进中等职业教育多样化发展、使"职教高考"成为高职招生主渠道等，实现职业教育与继续教育又好又快发展。①

二、2021 年职业教育与继续教育政策实施及实践中存在的问题

（一）"双师型"教师队伍结构性缺编

有研究表明，职业院校专任教师总量不足，生师比不达

---

① 教育部职业教育与成人教育司.关于 2022 年职业教育重点工作介绍［EB/OL］.（2022-02-23）［2022-03-11］. http://www.moe.gov.cn/fbh/live/2022/53982/sfcl/202202/t20220223_601491.html.

标，近 70% 的院校生师比超过 18∶1，近 30% 的院校生师比超过 23∶1；专任教师数量不足 70 人的院校有 30 多所，专任教师不足 2 人的专业点有 1500 余个。[①] 与此同时，"双师型"教师严重缺乏。与 2010 年相比，中职"双师型"教师比例有较大增长，已达到《中等职业学校设置标准》中"双师型"教师占比不低于 30% 的要求，然而，职业院校整体的"双师型"教师比例与不低于 50% 的最新要求相比还有一定差距，一批职业院校"双师型"教师占比还不足 10%，"双师型"教师比例不高、结构不合理、建设经费不足、建设制度不健全等问题亟待解决。

（二）职教校企合作、产教融合仍需完善

党和国家为职业教育发展营造了较为良好的政策环境，但职业教育校企合作、产教融合程度仍然不高，特别是行业企业的积极性不高，企业在发展过程中的内生动力有待激发，政府对企业的政策性激励不够，部分企业用工需求无法有效传递到学校，没有与学校办学形成互动，企业与学校的责、权、利边界尚需进一步明确。若企业只有义务和责任，缺乏利益，那就不能进行有效的合作；若职业院校没有履行好培养职责，学生进入企业效果便大打折扣，校企深度合作

---

① 中国教育科学研究院.砥砺十年铸华章：中国教育改革发展报告（2010—2020 年）［M］.
北京：教育科学出版社，2021：273.

就会沦为空话。

（三）"职教高考"管理体制未能有效建立

因教育主管部门、人力资源和社会保障部门、行业协会等各管理部门存在部门与条块分割、人才培养与就业分割等体制机制障碍，"职教高考"制度一直未能有效建立。现行管理体制采用行政指令性的方式，在挫伤职业学校办学自主权的同时，也影响了职业教育政策法规的权威性、统一性与整体性，妨碍了职业教育管理功能的有效发挥。

三、职业教育与继续教育政策完善与实施建议

"十四五"期间，我国职业教育将全面进入高质量发展新阶段，职业教育将以习近平新时代中国特色社会主义思想为指导，落实立德树人根本任务，对标对表《中国教育现代化 2035》和《加快推进教育现代化实施方案（2018—2022年）》，以构建高质量教育体系为总目标，切实增强职业教育适应性，加快形成具有中国特色、世界水平的现代职业教育体系，奋力把习近平总书记对职业教育"大有可为"的殷切期待转化成为职业教育战线"大有作为"的生动实践，为促进经济社会发展和提高国家竞争力提供优质的技术技能人才支撑。

（一）以党建统揽全局，及时修改《中华人民共和国职业教育法》

切实加强党对职业教育的领导，大力开展职业教育宣传活动，改变不正确的职业教育观念，努力扭转以往职业教育不受重视的局面，以党的建设引领职业教育高质量发展。当前，应以类型教育为契机，及时修改《中华人民共和国职业教育法》，形成严谨配套、相互协调的职业教育法律制度体系。要进一步理顺教育与人力资源和社会保障等部门、公办与民办职业教育等的关系。同时，推动形成政府、学校、行业企业、民间组织等主要利益相关者共同参与的多元评价机制，为职业教育改革创新提供制度保障。

（二）建立和完善"职教高考"制度，加快现代职业教育体系建设

在国家新高考方案框架下，全面摸查与理清各类职业院校开设专业及课程设置情况，梳理并制定中职、高职对接融通的专业体系，形成与"职教高考"一致的学科、专业体系和教师保障体系，尽快建立区域"职教高考"制度，满足具备升学意愿和发展潜力的学生进入职业院校深造的需求。加快推进中职、高职、本科等各层次职业教育相互衔接的人才

培养体系建设，突破人才培养的"天花板"，实现纵向贯通发展。与此同时，大力推动高职教育横向融通，深化学分制教学管理制度改革，探索建立高职教育与普通教育之间学分互认及转学机制，促进职业教育与普通教育交叉融通、协调发展，加快现代职业教育体系建设。

（三）精准推进产教融合、校企合作，建立职业教育人才匹配库

一方面，由主管部门指导，协调企事业单位，共同建立未来 5—10 年的人才需求、人才标准、人才发展计划，联合职业院校实施精准订单式、一站式培养培训。在该过程中，做好高中、中职学生入学后生涯规划教育，培养学生职业意识与职业素养。建立高中、中职学生互转学业专门通道，引导学生积极融入社会，拓展学生发展空间与通道，造就未来潜在的高素质技术技能人才、能工巧匠、大国工匠。另一方面，大力推进产教融合、产训结合。为解决"招工难""就业难"结构性矛盾和问题，要不断深化产业结构调整，优化产教融合、校企合作，实现融通互惠，共谋发展。

从精准脱贫到共同富裕，在中华民族实现伟大复兴的历史征程中，职业教育发挥着极其重要的作用。在未来，要进一步加强顶层设计，宏观统筹，精准施策，全面审视职业教育的发展规律，重塑职业教育良性价值取向。要打破束缚

职业教育发展的体制机制障碍，积极解决职业教育发展中的现实难题，推进职业教育强国建设，为实现第二个百年奋斗目标贡献智慧和力量。

（杨定玉　中国教育科学研究院教育发展与改革研究所博士后）

高等教育重大政策述评

党的十九届五中全会提出"建设高质量教育体系"的目标,《中华人民共和国国民经济和社会发展第十四个五年规划和 2035 年远景目标纲要》明确了建设高质量教育体系的任务。在进入全面建设社会主义现代化国家新征程、向第二个百年奋斗目标进军的重要时刻,各部门、各地区、各高校坚决贯彻中央关于高等教育的决策部署,不断优化适应新发展格局需求的教育结构、学科专业结构、人才培养结构,大力加强高等教育质量保障,一系列高等教育重大政策相继出台,高等教育改革发展取得了重大成就。

2021 年高等教育领域的政策关键词有:教育高质量发展体系、高校思想政治工作、考试招生。

一、2021 年高等教育政策实施及取得的成效

(一)政策颁布与实施情况

1. 建设高等教育高质量发展体系

加强新时代高校思想政治工作。2021 年 7 月 27 日,教育部、国家文物局联合发布《关于充分运用革命文物资源加

强新时代高校思想政治工作的意见》，对更好发挥革命文物资源在党史学习教育、革命传统教育、爱国主义教育及高校思想政治工作中的独特作用进行了具体部署。2021 年 11 月 30 日，教育部印发《高等学校思想政治理论课建设标准（2021 年本）》，从规范组织管理、教学管理、队伍管理和学科建设等方面，进一步加强了对高校思想政治理论课的宏观指导。

改进高校法治人才培养的全过程。2021 年 5 月 19 日，教育部办公厅发布《关于推进习近平法治思想纳入高校法治理论教学体系的通知》，对各地各高校将习近平法治思想全面贯彻落实到法治人才培养的全过程和各方面进行指导，为培养德才兼备的高素质法治人才提供了根本遵循。

为高等学历继续教育发展营造良好环境。2021 年 9 月 30 日，教育部办公厅等五部门发布《关于加强高等学历继续教育广告发布管理的通知》，对高等学历继续教育广告的发布进行了规范。2021 年 12 月，教育部办公厅发布《关于加强高等学历继续教育专业设置与管理有关工作的通知》，进一步加强对高等学历教育专业设置统筹规划与规范管理，部署做好 2022 年高等学历继续教育拟招生专业备案工作。

2. 完善考试招生制度

进一步加强和改进高校体育、艺术类专业考试招生工作，推动构建引导学生德智体美劳全面发展的体育、艺术人才选拔评价体系。2021 年 9 月 7 日，教育部、国家体育总局联合发布《关于进一步完善和规范高校高水平运动队考试招生工作的指导意见》。2021 年 9 月 16 日，教育部发布《关于进一步加强和改进普通高等学校艺术类专业考试招生工作的指导意见》。

3. 实施教育数字化战略行动

为加强关键信息基础设施保障，提升个人信息保护水平，2021 年 3 月 12 日，教育部发布《高等学校数字校园建设规范（试行）》。2021 年 10 月 28 日，《教育部办公厅 工业和信息化部办公厅关于提高高等学校网络管理和服务质量的通知》印发，对提高高等学校网络管理和服务质量，提升校园网络用户上网体验，保障校园网络安全等工作作出了具体部署。

（二）取得的成效

1. 高校思想政治工作成效显著

高等教育肩负着培养社会主义事业建设者和接班人的重任，必须坚持正确的政治方向。自 2016 年 12 月全国高校思想政治工作会议以来，全国高校思想政治工作不断加强，建立健全了思想政治工作的机制，教育部门和各高校普遍出台了相关的文件、制度，形成了务实有效的工作机制，构建起了各部门齐抓共管的高校思想政治工作大格局，思政课程、课程思政建设取得显著成效，马克思主义学院得到了前所未有的加强，师资队伍建设取得了突破性进展，思政课教师和辅导员数量大幅增长。截至 2021 年 11 月底，登记在库的高校思政课专兼职教师超过 12.7 万人，其中专职教师超过 9.1 万人。与 2016 年相比，思政课教师总数增加 6 万人，其中专职教师增加 4.5 万人。截至 2021 年 9 月，全国高校专兼职辅导员共有 21.87 万人，比 2017 年增加 7 万人，师生比达 1∶171。此外，全国高校马克思主义学院也由 450 余家发展到 1400 余家。[①]

2. 高等教育体系建设不断完善

高等教育普及率日益提高，高等教育进入普及化阶段。"十三五"以来，高等教育毛入学率逐年提高。2021 年，全国共有高等学校 3012 所，各种形式的高等教育在学总规模 4430 万人，高等教育毛入学率 57.8%，[②]建成了全球最大规模的高等教育体系。

---

① 高众，欧媚.格局性变化 历史性成就：教育部召开发布会，介绍 5 年来贯彻落实全国高校思政会精神工作成效［EB/OL］.（2021–12–08）［2022–03–17］. http://paper.jyb.cn/zgjiyb/html/2021–12/08/content_602851.htm? div = –1.

② 教育部发展规划司.2021 年全国教育事业统计主要结果［EB/OL］.（2022–03–01）［2022–03–17］. http://www.moe.gov.cn/jyb_xwfb/gzdt_gzdt/s5987/202203/t20220301_603262.html.

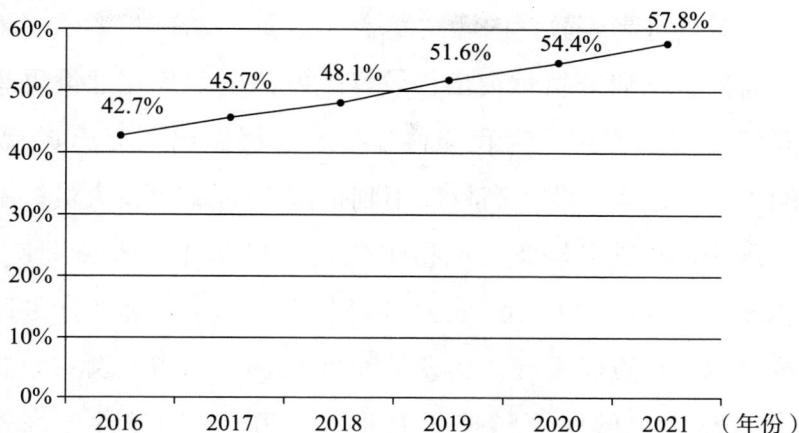

2016—2021 年高等教育毛入学率

（数据来源：2016—2021 年《全国教育事业发展统计公报》）

高校学科体系、教学体系日益完善。新工科、新医种、新农科、新文科"四新"建设交织融合引领发展，新工科全面深化，新医科融合发展，新农科高位推进，新文科布局未来，带动了高校人才培养范式变革，高等教育人才培养体系全面创新。

3. 高等教育发展质量不断提升

"双一流"建设稳步推进。"双一流"建设对于各高校人才培养、师资队伍建设、科技创新、文化传承、国家战略服务、国际合作交流等方面提升作用明显，带动了多个新兴学科的快速发展，推动了科学技术成果转化和应用。2021 年，高等教育完成首轮"双一流"建设成效评价，避免简单以条件、数量、排名变化作为评价指标，并实施了一流学科培优行动，对促进高等教育内涵式发展具有重要意义。

高校科学研究贡献突出，较好地发挥了现代化建设思想库和智囊团的作用，为我国科学技术发展做出了突出贡献。党的十八大以来，我国高校以不到全国 10% 的研发人员、不到全国 8% 的研发经费，承担了全国 60% 以上的基础研究；承担了全国 60% 以上的重大科研任务，包括"863 计划"、科技支撑、重点研发等；建设了 60% 的国家重点实验室；获得了 60% 以上的国家科技三大奖励。2012—2017 年，高校占据了国家科技三大奖的半壁江山（总占比 55.08%），其中自然科学奖以及技术发明奖主要来自高校。[①]

4. 考试招生制度进一步完善

2021 年，第四批高考综合改革正式启动，艺体高考进一步规范。2021 年 9 月，黑龙江、甘肃、吉林、安徽、江西、贵州、广西 7 个省区公布"新高考"改革方案，至此，全国已有 29 个省（区、市）启动了高考综合改革，"新高考"平稳落地，进一步体现了德智体美劳全面发展的要求，加强了对学生关键能力的考查。同月，《教育部 国家体育总局关于进一步完善和规范高校高水平运动队考试招生工作的指导意见》和《教育部关于进一步加强和改进普通高等学校艺术类专业考试招生工作的指导意见》发布，扩大省考国考范围、

---

① 教育带动未来 新中国高等教育改革发展历程［EB/OL］.（2021–01–06）［2022–03–18］. http://about.china.com.cn/2021–01/06/content_75912031.htm.

改变"重专业轻文化"倾向、保证招考公平公正成为改革的方向，进一步健全了体育、艺术招生考试制度，提高了体育、艺术人才选拔质量。

二、2021 年高等教育政策实施及实践中存在的问题

（一）新兴信息技术给传统高等教育带来挑战

信息技术的运用突破了学习时间与空间的限制，拓展了高等教育普及化概念的内涵。高等教育的知识权威和学术垄断地位受到冲击，教育效能受到影响。

（二）高等教育规模扩张对教育系统内外形成挑战

进入普及化阶段后，学生背景日趋多样化，对提高教育质量的诉求更强，对师资队伍、教学资源等提出更多更高的要求，给高校提高办学水平和人才培养质量带来了新的挑战。同时，高等教育规模扩张要求各级政府进行相应的配套支持，相应的高等教育经费大幅增加，对政府公共财政形成较大压力。

（三）教育国际化给高等教育的结构与功能带来挑战

在教育国际化背景下，国际化课程、教材和课件等教学资源流动加速，现代的教学与学习方式、科学的教学管理和学生事务管理模式广泛传播，这要求对高等教育的结构与功

能做出相应的调整和应对。

三、高等教育政策完善与实施建议

（一）全面贯彻党的教育方针，构建开放多元的高等教育体系

优先发展教育事业，坚持立德树人，培养德智体美劳全面发展的社会主义建设者和接班人。构建开放多元的高等教育体系，优化结构，强化内涵，不断提高高等教育普及化发展水平。

（二）引导高等学校分类发展，优化高等教育结构体系

建立科学的高等教育分类发展政策体系，推动研究型高校科研创新，培养高层次创新型人才；推进地方本科高等学校转型发展，培养高层次应用型人才，支撑区域经济社会建设和重点产业发展。

（三）分类引导和评价高校，加强高等教育质量保障

发挥教育评价的指挥棒作用，科学合理地开展分类支持、引导和评价，鼓励不同高校特色发展、差异化发展，既关注对高校现有办学水平和办学绩效的客观评价，也注重高校纵向成长发展评价，不断提高办学水平和办学绩效，不断提升高等教育质量。

（四）深化高考招生制度改革，改革高校人才培养模式

深化分类考试、综合评价、多元录取的高考综合改革，拓展高等教育入学机会，让更多的学生进入适合自己的高校深造。构建多样化培养模式，完善通识教育人才培养模式，改善教学质量和效率。

（五）深化高等教育综合改革，推进教育治理体系和治理能力现代化

深化"管办评"分离、"放管服"结合的改革，扩大和保障高校办学自主权。建立健全社会公众参与教育决策机制，保持信息公开透明和参与渠道畅通。积极培育第三方评价主体，提高质量评价的专业水平和公信力。

（朱富言　中国教育科学研究院教育发展与改革研究所助理研究员）

"双减"重大政策述评

近年来，中小学生的作业负担和校外培训负担越来越重，已经影响到这一群体的身心健康发展。为此，2021 年 7 月，中共中央办公厅、国务院办公厅联合发布《关于进一步减轻义务教育阶段学生作业负担和校外培训负担的意见》（以下简称《意见》）。"双减"指要减轻学生过重作业负担和减轻校外过重培训负担。学校教育承担培养和教育下一代的公共职责，而校外教育是学校教育的有益补充。《意见》的出台是为了让学生学习更好地回归校园，全面规范校外培训机构培训行为，强化学校教育的主阵地作用，解决中小学生学业负担过重问题，还青少年学生一片生动、活泼、主动发展的自由空间。[①]

2021 年"双减"政策的关键词有：强化学校教育、严格规范校外培训、推进家校协同、明确学生的主体地位、以学生为中心、真正减轻学生负担。

---

① 项贤明.七十年来我国两轮"减负"教育改革的历史透视［J］.华东师范大学学报（教育科学版），2019，37（5）：67-69.

一、"双减"政策实施及取得的成效

（一）政策颁布与实施情况

《意见》发布后，教育部陆续印发 16 条通知，以确保"双减"政策有效落实。各地也相继颁布了有关配套落实政策，具体实施的情况如下。

1. 全部省份按时出台相关文件或转发教育部文件

各省份相继依据当地情况颁布实施方案或转发教育部相关通知，各地共出台 46 个文件保障"双减"政策的有效落实，基本构建了"1+N"的"双减"政策制度体系："1"即以《意见》为方向性、宏观性的"双减"工作总纲领，"N"指落实过程中需要对一些概念进行科学界定，对一些工作要求进行细化，以指导各地更好地抓好贯彻落实工作。

2. 部分省份明确出台行动计划文件

各地落实责任，注重实效，强化统筹，积极推进"双减"工作，部分省份明确做出一年计划或三年计划。例如，辽宁省2021 年 11 月发布《关于落实义务教育学校校内"双减"三年行动计划（2021—2023 年）》；湖南省提出到 2021 年 12 月 31日前全面完成义务教育阶段学科类培训机构"营改非"任务，力争压减线下学科类校外培训机构比例等考核指标有较大跃升，等等。

3.各地注重典型引领，开展试点工作

《意见》颁布后，各地认真贯彻落实，通过试点城市、试点学校扩大示范引领，供各地学习借鉴。中央选择北京市、上海市、沈阳市、广州市、成都市、郑州市、长治市、威海市、南通市九地作为试点城市，针对治理中的难题，率先试验，进行突破。除中央选择九地区作为试点城市外，各省份也根据教育部要求确定至少一个试点城市，将压减学科类校外培训、合理利用校内外资源、规范培训收费作为试点内容。

（二）取得的成效

《意见》颁布后，各地各部门高位统筹协调，根据《意见》要求，制定各地"双减"实施方案，保障"双减"政策有效实施。建立省级协调机制，重点组织开展专项治理行动。各省级教育行政部门设立"双减"协调机制专门工作机构，加强工作指导；各地市按照"双减"工作目标，明确责任人，制定专项治理行动路线图、时间表，"双减"政策取得丰硕成果。

1.学科类校外培训得到压减

校外培训应定位为学校教育的补充和辅助，对学校教育形成积极的支持。校外培训机构规范发展是中央关心、家长关切、社会关注的热点问题。《意见》第24条指出："坚决压减学科类校外培训。对现有学科类培训机构重新审核登记，逐步大大压减，解决过多过滥问题；依法依规严肃查处存在不符合资质、管理混乱、借机敛财、虚假宣传、与学校勾连牟利等严重问题的机构。"

各地陆续出台落实文件或转发《意见》，并制定目标任务，学科类校外培训实现大幅压减。例如，辽宁省全省线下学科类校外培训机构暂停、转型或注销比例达 74.18%，试点城市沈阳市压减率达 76.9%。

2. 作业管理水平得到提高

"双减"最该减去的是重复的课业负担，即校外培训中的学科培训与校内教学重叠的部分。《意见》第 4—8 条就压减作业总量和时长，减轻学生过重作业负担提出了具体要求。各地也就提高作业管理水平出台相应政策，切实把义务教育学校作业管理工作落地落实，有效解决学生作业数量过多、质量不高、重复性强、功能异化等突出问题。

江西省出台的《关于进一步减轻全省义务教育阶段学生作业负担和校外培训负担的若干措施》提出推广完善"智慧作业"，得到教育部点赞。陕西省 100% 的学校出台了作业管理办法，99.88% 的学校建立了校内作业公示制度。四川省成都市锦江区出台《关于加强学生作业管理的指导意见》等文件，并构建了"一评两控三提四督"多层次、立体化工作体系。黑龙江省牡丹江市着力抓"作业管理"这个核心，一是出台作业管理相关规定，严格执行落实；二是落实作业公示制度，定期进行作业公示，做到"三公开"——公开作业内容、作业总量、作业方式，接受社会与家长的监督。

3. 部分省份已经实现课后服务全覆盖

课后服务是指学校学科教育完成后，由学校、家庭和社会等多个部门提供的与学科教育不同的教育服务活动。[①] 习近平总书记高度重视课后服务工作，在相关会议或地方调研时多次强调要鼓励支持学校开展各种课后育人活动，让学生有丰富多彩的学校生活，满足学生全面发展的要求。2021年6月，教育部办公厅发布《关于推广部分地方义务教育课后服务有关创新举措和典型经验的通知》。

吉林、黑龙江、辽宁、海南、陕西等省均实现课后服务全覆盖。辽宁省全省4000余所中小学校中，87.4%的学校（3700所）建有不同规模的"三队两组"（合唱队、舞蹈队、乐器队、美术组、书法组）学生艺术社团，74.5%的县区（82个）建有2—3个建制完整的合唱团、乐团（民族管弦乐团或西洋管弦乐团）、美术社团。

4. 教育教学质量得到提高

各地坚持学校教育的主体地位不动摇，聚焦课堂主阵地，深化基础教育综合改革，强化课程教学实施，以教师队伍整体素质的提升促进减负提质。各地各学校不断提升自身

---

① 李醒东，赵伟春，陈蕊蕊. 对义务教育阶段学生课后服务的再思考［J］. 中国教育学刊，2021（11）：61.

教育水平，缩小学校间的差距，建设教育教学资源库，加强教师队伍建设，加强师德师风建设，深化教师队伍对"双减"工作的思想认识和行动自觉，落实因材施教要求。

例如，山东省出台《山东省普通中小学强课提质行动实施方案》，提出要通过 3 年努力，构建起优秀课程资源和师资支撑体系和健全的制度环境，在区域内形成示范带动、整体推进、充满活力、全面提升的良好教学改革局面，努力办好人民满意的教育。

5. 推进家校协同育人

密切家校沟通，采取家长学校、家长会、致家长的一封信等方式，宣传"双减"精神和学校作业管理办法，引导家长丰富孩子课余生活，配合学校落实减负任务，形成育人合力。教育部门会同妇联等部门，办好家长学校或网上家庭教育指导平台，推动社区家庭教育指导中心、服务站点建设，指导学校建立定期家访制度，完善家长培训体系，引导家长树立正确的育儿观、成才观，努力形成减负共识，为学生成长营造良好环境。

例如，海南省凝聚家校合力，实施家校联动"双减四个一"行动，要求各义务教育阶段学校召开一次"双减"专题家长会、组织一次全覆盖家访活动、开展一次课后服务家长开放日活动、发动家长收看一周一期的《海南家庭教育微课堂》，切实加强家校合作和沟通，合力推进"双减"政策落到实处、发挥作用。

再如，北京市为落实"双减"政策，推出了一系列举措取得了显著效果。（见下表）

北京市"双减"政策实施举措与效果

序号	实施方针	实施举措	效果
1	高位统筹，建立完善体制机制	组成4个督导组,把"双减"列为督导工作的"一号工程"。在市教委新设校外培训工作处，建立市区两级"双减"工作专班	北京市中小学幼儿园责任督学挂牌督导，每月开展一次"双减"挂牌督导，充分发挥了教育督导的"利剑"作用
2	颁布系列政策	出台"双减""营转非""预收费管理"三项政策	规范校外培训机构，构筑资金监管防火墙
3	坚决压减学科类培训机构	对线上线下校外培训情况以"四不两直"等方式每周开展执法检查，发现问题及时通报和转办	线下学科类无证机构压减率达98%，原有各类培训机构压减比例达60%，12个区实现无证机构动态清零。累计对120多家机构予以通报，对多名无证教师调离教师岗位，对多家违规企业顶格罚款1500余万元

续表

序号	实施方针	实施举措	效果
4	坚决压减学科类培训机构	建立学科类校外培训机构管理平台，用信息化手段推进科学管理，实现资金、学生、教师、课程、机构"五个管起来"	从严整顿校外培训营销乱象，市属媒体、公共场所等全面停播培训广告
5	坚决压减学科类培训机构	陆续公布学科类培训机构白名单	多区公布学科类培训机构白名单，对家长进行消费提醒
6	强化学校教育	组织优秀教师答疑、辅导	全市特级教师、市区学科带头人和骨干教师参与答疑、辅导超过 1.5 万人次
7	强化学校教育	完成全学科全学段"空中课堂"资源建设	建设了线上线下融合的"双师课堂"，开展中学教师开放型在线辅导，覆盖全市初中学生。不断丰富课后服务供给，做到义务教育学校全覆盖、学生全覆盖、周一至周五时间全覆盖。组织开展暑期托管服务，为家长分忧

序号	实施方针	实施举措	效果
8	强化学校教育	有效减轻学生过重作业负担	全市 98.62% 的学校确保学生每天作业时间不超标，超 95% 的学生表示自己能独立完成绝大部分作业
9	强化学校教育	轮岗被定义为落实"双减"的重要举措	大面积大比例推进教师轮岗，促进优质的教育经验共建共享，提升整体教育教学水平

二、2021 年"双减"政策实施及实践中存在的问题

（一）校外培训机构仍存在打"擦边球"现象

"双减"政策的出台使校外培训机构得到一定程度的规范，但部分家长对孩子的培训需求并没有减少，"望子成龙、望女成凤"的心愿并没有改变，部分校外培训机构以更加隐蔽的形式出现，例如"一对一""高端家政""众筹私教""住家教师""地下室""自习室""私下开班"等以非学科培训名义行学科类培训之实等隐形变异违规行为仍然存在。

（二）学科类教师失业再就业平台存在缺失

"双减"政策落地见效的同时，学科类培训机构教师如何再就业成为亟待解决的问题。大部分学科类培训机构教师面临"失业"，为了生计，只能"另寻他岗"。大规模教师失业，若不能有妥善的应对措施，是人才的流失，也是国家的损失。

（三）教师任务增多，教师减负需与学生减负同向而行

各地实行课后服务以来，学校普遍反映教师负担明显增加。很多教师在校工作时间明显超出原来的 8 小时，班主任、骨干教师与学校管理干部更是如此。过长的工作时间，导致教师身心疲惫、工作压力过大。相对于学生过重负担而言，教师工作负担过重问题还没有引起全社会的广泛关注。

三、"双减"政策完善与实施建议

（一）加大违规行为查处力度，严格规范校外培训机构

针对隐形变异违规培训行为，有关部门需强化配合，加大查处力度，持续追踪各地工作进展，进一步压实地方责任，适时开展"双减"大督查，对工作进展缓慢的省份进行针对性指导帮扶，对履职尽责不到位的地方和人员严肃问责。值得注意的是，治理校外培训机构，不是"一刀切"式

地消灭培训机构，而是让校外培训机构回归作为学校教育的补充的定位上，加快研制校外培训机构治理的数据标准。同时，正视家长对孩子的培训需求，引导家长选择"白名单"内的培训机构，让孩子在规定时间内接受符合孩子身心健康发展需求的课外学习。

（二）积极搭建就业平台，为培训机构失业教师提供就业新入口

为解决培训机构失业教师再就业问题，各省应积极出台相应对策，积极搭建就业平台，适当放宽招聘年龄，为失业教师提供就业新窗口。值得借鉴的是，北京在全市范围内组织开展了为期 3 个月至半年的"教培行业人才专项服务季"活动。除此之外，针对学科类培训机构员工再就业问题，北京市 16 个区共提供编制内教师岗位 366 个。

（三）教师减负与学生减负同向进行

"双减"的关键是提升学校教育质量，提升学校教育质量的关键是让教师，将时间与精力回归教书育人本位，回归课堂，减少繁杂的非教学工作。这就需要各校在制定减负政策时，考虑减负政策的合理性，实施方案应尽量简化教师工作流程，简洁明了地让教师明确学校的减负政策与方针。在

落实中要关注教师的工作量，真正有效为教师减负，与学生减负同向进行，切实保障教师进一步提升教育教学水平。

（赵倩倩　北京邮电大学网络教育学院硕士研究生；吴霓　中国教育科学研究院教育发展与改革研究所所长、研究员）

民族教育重大政策述评

我国已进入新的发展阶段，教育发展由注重规模、速度、技术为主转向注重公平、质量和效能的内涵式发展阶段。民族教育作为教育高质量发展的重要组成部分和重要环节，更需立足"十三五"既有发展的基础和成效，对标《中华人民共和国国民经济和社会发展第十四个五年规划和2035年远景目标纲要》（以下简称"十四五"规划）对建设高质量教育体系作出的全面部署，以及《加快推进教育现代化实施方案（2018—2022年）》和《中国教育现代化2035》确定的目标任务，稳步持续推进发展与改革。这要求既重视民族教育中"民族"的重要性，又遵循"教育"的规律性，聚焦教育现代化在新时代的突出标志和努力方向，科学研判，提出对策建议，推动民族教育高质量发展。

2021年民族教育领域的政策关键词有：民族团结进步教育、铸牢中华民族共同体意识、统编教材、国家通用语言文字教育。

一、2021 年民族教育政策实施及取得的成效

（一）政策颁布与实施情况

1. 深化民族团结进步教育，加强"五个认同"

全面建成小康社会，全面建设社会主义现代化国家，一个民族也不能落下。2021 年 2 月 3 日至 5 日，习近平总书记赴贵州看望慰问各族干部群众时指出，"要支持少数民族和民族地区发展特色优势产业，繁荣发展少数民族文化"。3 月 5日，习近平总书记在参加十三届全国人大四次会议内蒙古代表团审议时指出，"要围绕共同团结奋斗、共同繁荣发展，牢记汉族离不开少数民族、少数民族离不开汉族、各少数民族之间也相互离不开，在促进民族团结方面把工作做细做实，增强各族群众对伟大祖国、中华民族、中华文化、中国共产党、中国特色社会主义的认同"。3 月 7 日，习近平总书记在参加十三届全国人大四次会议青海代表团审议时指出，"要全面贯彻党的民族政策和宗教政策，加强民族团结进步教育，加快民族地区发展，多为各族群众办好事、办实事、解难题，促进各族群众共同富裕，促进各族人民大团结，携手共建美好家园"。

2. 推进统编教材使用，加强课程教材建设，铸牢中华民族共同体意识

2021 年 3 月 5 日，习近平总书记在参加十三届全国人大

四次会议内蒙古代表团审议时指出，"文化认同是最深层次的认同，是民族团结之根、民族和睦之魂。要认真做好推广普及国家通用语言文字工作，全面推行使用国家统编教材。要在各族干部群众中深入开展中华民族共同体意识教育，特别是要从青少年教育抓起，引导广大干部群众全面理解党的民族政策，树立正确的国家观、历史观、民族观、文化观、宗教观，旗帜鲜明反对各种错误思想观点"。2021 年 8 月 30 日，教育部印发《中小学少数民族文字教材管理办法》，就进一步加强中小学少数民族文字教材管理，切实提高教材建设水平进行部署。该办法指出："民族文字教材必须体现党和国家意志，坚持马克思主义指导地位，体现马克思主义中国化时代化大众化要求，体现中国和中华民族风格，体现党和国家对教育的基本要求，体现国家和民族基本价值观，体现人类文化知识积累和创新成果。"

3. 全面推行国家通用语言文字教育，助力教育高质量发展与乡村振兴

习近平总书记在十三届全国人大四次会议期间的系列重要讲话高度概括了党的十八大以来党的民族理论与政策体系创新的基本内容，清晰阐释了全面推行国家通用语言文字教育、使用国家统编教材与增强各族人民"五个认同"、铸牢中华民族共同体意识的内在联系。习近平总书记强调，"在各族干部群众中深入开展中华民族共同体意识教育，特别是要

从青少年教育抓起"，这为民族教育工作指明了方向、提出了新的要求。国家通用语言文字是各民族之间交往交流交融的媒介与工具，国家通用语言文字教育是民族团结进步事业的基本条件，是铸牢中华民族共同体意识进而实现中华民族伟大复兴中国梦的基础性工程。为推进新时代语言文字事业改革发展，2021 年 11 月 30 日，国务院办公厅印发了《关于全面加强新时代语言文字工作的意见》，这是新中国成立以来第一次以国办名义下发的全面加强语言文字工作的指导性文件。该文件强调，新时代语言文字工作要坚持以习近平新时代中国特色社会主义思想为指导，坚持以人民为中心的发展思想，以推广普及和规范使用国家通用语言文字为重点，加强语言文字法治建设，推进语言文字规范化、标准化、信息化建设，科学保护各民族语言文字，构建和谐健康语言生活，传承弘扬中华优秀语言文化，提升国家文化软实力。该文件明确了今后一个时期语言文字事业的发展目标，即到 2025 年，普通话在全国普及率达到 85%。

2021 年 12 月 23 日，教育部、国家乡村振兴局、国家语委印发了《国家通用语言文字普及提升工程和推普助力乡村振兴计划实施方案》，对推广普及国家通用语言文字进一步提出了新要求，作出了新部署。该方案通过实施"三大行动"，分类明确目标任务、实施路径和政策举措。一是聚焦民族地区实施推普攻坚行动，重点是解决学前儿童、教师、青壮年劳动力、基层干部等四类重点人群在使用普通话和通用语言文字方面的短板弱项问题；二是聚焦农村地区实施推普助力乡村振兴计划，提出推普在助力乡村教育、文化、产业、人才、组织振兴等五个方面的任务和要求；三是聚焦普通话普及率已达到 85% 的省份和基础较好的城市地区，开展国家通用语言文字高质量普及行动，以更全面更充分普及为目标，统筹部署国家通用语言文字教育教学、社会领域用语用字规范化、语言文字科技赋能、语言文字服务能力等四个方面提升任务。

（二）取得的成效

1. 多样化的民族团结进步教育课程与活动不断丰富，成为各族学生加强交往交流交融的有效载体

自 2014 年教育部办公厅印发《关于开展新疆和援疆省市学校"千校手拉手"活动的通知》以来，援疆省市与受援地学校之间建立起了多种形式的友好学校（班级）关系，加强教育教学教研交流，组织友好学校（班级）夏令营以及互相考察学习活动等。2019 年全国青少年校园足球联赛（内地西藏新疆班组）采取内地西藏高中班、新疆高中班两类班校混合比赛，通过体育赛事促进民族团结。将中华民族共同体意识培育纳入教育教学改革体系，完善培育模式，创新方式方法，找准教与学的心理契合点、情感共鸣点、价值结合点，

突出铸牢中华民族共同体意识主线，扩大覆盖面，点线面有机结合，增强民族团结进步教育实效。①

2. 稳妥有序地分类推进民族教育政策落地

教育部民族教育司在教育部党组的领导下，在分管部领导的直接指挥和各司局、各地教育行政部门的大力支持与配合下，稳妥有序推进民族教育政策落地。一是全面加强民族地区国家通用语言文字教育，指导地方制定国家三科统编教材使用和国家通用语言文字教学全覆盖工作方案。推进从 2020 年秋季学期起，义务教育学校全面使用三科统编教材。二是进一步加大民族地区教师队伍建设支持力度，"特岗计划"、各类支教计划继续向民族地区倾斜。通过西藏、新疆等地区教育特殊补助专项资金，支持民族地区学校教师培训，按照国家保底培训、省（区）重点培训、市（地、州）普及培训、县（市、区）指导学校抓校本培训，建立健全校长、教研员、骨干教师和学科教师分类分层培训制度，重点加强国家通用语言文字和学科专业培训，实施全员培训。三是按照《全国大中小学教材建设规划（2019—2022 年）》和《中小学教材管理办法》，制定《中小学少数民族文字教材管理办法》，全面加强少数民族文字教材管理，把好教材政治关、质量关。②

---

① 王学男，李楠，彭妮娅. 我国民族教育发展的成就、挑战与对策：《教育规划纲要》十年回顾与展望 [J].民族高等教育研究，2021，9（6）：52-59.

② 中国教育科学研究院.砥砺十年铸华章：中国教育改革发展报告（2010—2020 年）[M].北京：教育科学出版社，2021：335-362.

3. 大力实施"学前学会普通话"行动

针对推广普及国家通用语言文字不平衡不充分的短板，近几年，中西部地区特别是民族地区、农村和边远地区，按下"快进键"，跑出"加速度"，开启"新征程"，大力实施"学前学会普通话"行动不仅显著提升了学前儿童普通话水平，也提升了学前教育师资水平和教育质量，进一步增强了铸牢中华民族共同体意识的社会基础。例如，四川省凉山彝族自治州从2018年5月启动"学前学会普通话"行动试点工作以来，通过整合资源、多方筹措，累计投入各类资金约40亿元，惠及学前儿童40余万人，共创新设立"一村一幼"2800多个，开办"一乡一园"348所，学前三年毛入园率从2015年的55.4%提高到2021年的85.02%。

二、2021年民族教育政策实施及实践中存在的问题

（一）内地民族班教育管理与服务质量有待提升

办好内地民族班是落实党的民族教育政策的一项重要任务。内地民族班已经从扩大规模、初步构建的高速发展阶段进入提升质量、关注内涵的平稳发展阶段。根据中西部教育发展监测评估2017—2018年监测数据，内地民族班不同办班类型的少数民族农牧民子女占当年招生比例均有不同程度的提高，其中2018年内地西藏中职班的少数民族农牧民子女比

例最高，接近 99%；内地新疆高中班的混班教学比例也有小幅提高，内地新疆中职班混班教学比例有所下降。推进混班教学和混合住宿，不必一味求快，可根据办班省（区、市）和学校以及学生的实际情况逐步推进。下一步应聚焦招生制度、教学质量、管理模式、课程建设、师资配置、升学就业等方面进行提升，注重内涵式发展。

（二）支教教师管理有待优化

现有对口支援优先向民族地区的中学倾斜，对民族地区小学的支援力度有待加强。"援藏援疆万名教师支教计划"要求支教教师每批在藏在疆时间为一年半左右，从提高支教队伍的稳定性和持久性来看，周期有待调整。置换教师的培训目前形式较为单一，相关培训工作有待加强。支教计划选派教师的待遇有待提高。

（三）民族地区人才培养效果有待进一步提升

由于社会、历史、自然等原因，与沿海和内地发达地区相比，少数民族地区的社会经济、科技教育和文化等各项事业的发展还有较大的差距，生产力发展水平还比较低，劳动者素质亟待提高，特别是高层次骨干人才匮乏，成为制约当地经济建设和社会发展的重要因素。据有关资料统计，西部地区各类专业人才仅占全国总量的 20.4%，高级专业技术人才只占 13.6%，两院院士仅占 8.3%；少数民族地区专业技术人员中，工程技术人员和科学研究人员仅占 15.4% 和 8.8%。要推动"十四五"规划有效实施，巩固教育脱贫攻坚成果与乡村振兴有效衔接，除了财力、物力的投入外，关键在于人才和智力的支撑。因此，采取特别措施大力培养民族地区高层次骨干人才已成为关乎民族团结进步和共同繁荣发展、维护国家长治久安的一项战略任务。高层次人才培养计划在延续原有计划的基础上，缺少一定的创新性和针对性，未充分结合民族地区经济社会发展需求，在定向培养模式的探索上有待完善。

（四）推广国家通用语言文字教育力度有待加强

民族地区使用国家通用语言文字教育教学水平有待提升。推广使用国家通用语言文字是全国各族人民的共同义务，应持续提升教师国家通用语言文字教育教学能力。要进一步严格落实教师持教师资格证书、普通话等级证书上岗制度，通过脱产培训、送培送教、远程自学等方式，对未达标的教师进行专项培训。加强语言文字规范标准培训，将教师国家通用语言文字教育教学能力培训纳入"国培计划""省培计划"等项目。

三、民族教育政策完善与实施建议

（一）转变观念主动作为，从硬件和制度建设转向铸魂育人

培养什么人，是教育的首要问题。民族地区的教育在"优先发展"的理念下，已经得到了有效的改善，在学校办学条件方面已与其他地区没有显著差别。下一阶段的重心应转向"人"的发展，在"五个认同"的基础上，将立德树人融入教育全过程，引导民族地区师生积极培育和践行社会主义核心价值观，牢固树立维护民族团结和国家统一的思想意识，铸牢中华民族共同体意识。

（二）稳固提升内地民族班办学质量和管理水平，提升政策效益，有效落实育人目标

教育部、中央统战部等四部门印发的《内地西藏班教育发展规划（2020—2025 年）》，明确了办好内地西藏班的指导思想和基本原则，提出五年发展目标及十项重点任务举措；《关于进一步严格内地西藏班新疆班管理的意见》从招生、教学、学生、教师、学校等方面提出从严管理要求，健全完善责任体系和管理机制，强化立德树人根本任务和铸牢中华民族共同体意识根本使命。指导督促西藏新疆调整完善西藏班新疆班招生政策，加大向边远地区、贫困地区及乡镇

基层倾斜支持力度。第一，健全制度保障，提高内地民族班教育管理与服务水平。通过内地办班学校的全方位育人各项举措，帮助民族班学生实现社会、文化、教育、生活、心理等整体适应。第二，全面加强思想政治教育，注重生涯规划教育、心理健康教育、"五个认同"教育、铸牢中华民族共同体意识教育，并逐步探索有效融合的路径和方法；推进大中小学思政课一体化建设，深入开展"四史""四大精神"教育；强化政治责任，着力推进三科统编教材的使用。第三，加强师资队伍建设，进一步完善内地民族班教师岗位津贴制度，在职称评定方面给予倾斜或优先，调动从事内地民族班教育教师的工作积极性。第四，优化内地中职班招生、培养与就业创业全过程。从国家层面统筹职业教育和职业培训资源，完善相关部门、行业协会、企业联合管理机制，立足民族地区社会经济发展的实际需求，对内地中职班进行系统规划。合理计算区域产业结构、人力需求与招生指标，在育人过程中注重提高国家通用语言文字应用能力和职业技术技能水平，加强实践与实习，促进学生交往交流交融，进一步畅通内地中职班学生升学、就业、创业的多元路径，充分发挥职业教育在乡村振兴中的独特作用。

（三）加强国家通用语言文字教育和国家三科统编教材的使用，提高民族地区教育教学质量

大力推进民族地区国家通用语言文字普及，强化学校通用语言文字教育，在民族地区不断加强国家统编语文、历史、道德与法治三科教材的使用和教师培训。以国家通用语言文字为载体和媒介，完善和推进民族地区教育治理体系，深度融合应用前沿科技，提高民族地区教师国家通用语言文字教育教学能力。加强对民族地区教师国家通用语言文字能力的培训，帮助民族地区教师架起语言的桥梁，突破语言的障碍，切实提升教育教学能力。增加对民族地区师资的补充和支援。鼓励教师通过多种媒介探索在线学习与在线教学的新模式，激发师生学习的兴趣与主动性。

（四）充分挖掘政策红利，推进教育返贫防控与乡村振兴有效衔接

"十四五"期间延续教育扶贫的相关政策，做好教育返贫防控。通过异地办学、对口支援、资源共享等模式，促进民族地区的精准脱贫，实现从"规模发展"向"精准发展"的发展转型，从"输血"向"造血"目标过渡，从"单打独斗式"向"组团式"组织形式等方面转变，实现"智志"双扶

的可持续发展。优化规范内地民族班的教学管理，完善高校对民族地区招生的倾斜政策，规范预科班招生和管理。巩固拓展民族地区教育对口支援和教育脱贫攻坚的成果，激发民族地区发展的内生动力，增强"造血"功能，夯实服务民族地区经济发展的教育和人才基础，稳步有序实现民族地区教育高质量发展，有效衔接乡村振兴。

（王学男　中国教育科学研究院教育发展与改革研究所副研究员）

体育卫生与艺术教育重大政策述评

2021 年，体育卫生与艺术教育工作围绕提高学生体质健康水平、健康素养、审美和人文素养，落实"健康第一"的教育理念，持续抓紧抓好教育系统常态化疫情防控、健康教育和儿童青少年近视防控，加强学校卫生与健康教育资源供给，培养德智体美劳全面发展的社会主义建设者和接班人。

2021 年体育卫生与艺术教育领域的政策关键词有：睡眠管理和体质健康管理工作、近视防控"光明行动"、新时代学校卫生与健康教育工作。

一、2021 年体育卫生与艺术教育政策实施及取得的成效

（一）政策颁布与实施情况

1. 统筹"五项管理"，提升学生睡眠和体质健康管理水平

2021 年全国教育工作会议强调，要抓好中小学生作业、睡眠、手机、读物、体质管理，这五项内容直接关系儿童青少年的健康成长。教育部相继出台了一系列政策文件，对"五项管理"作出部署。

为保证中小学生享有充足睡眠时间，促进学生身心健康发展，3月，教育部办公厅印发了《关于进一步加强中小学生睡眠管理工作的通知》（以下简称《通知》）。《通知》指出，睡眠对促进中小学生大脑发育、骨骼生长、视力保护、身心健康和提高学习能力与效率至关重要。各地各校要通过多种途径加强宣传教育，大力普及科学睡眠知识。《通知》明确指出："根据不同年龄段学生身心发展特点，小学生每天睡眠时间应达到10小时，初中生应达到9小时，高中生应达到8小时。"省级教育行政部门要结合实际统筹安排学校作息时间。小学上午上课时间一般不早于8：20，中学一般不早于8：00；合理安排课间休息和下午上课时间，有条件的要保障学生必要的午休时间。《通知》强调，防止学业过重挤占学生睡眠时间。一方面，中小学校要加强作业统筹管理，使小学生在校内基本完成书面作业，中学生在校内完成大部分书面作业；另一方面，校外培训机构培训结束时间不得晚于20：30，不得以任何形式布置作业。《通知》提出，中小学校要指导家长和学生制订作息时间表，合理确定学生就寝时间，小学生一般不晚于21：20，初中生一般不晚于22：00，高中生一般不晚于23：00。个别学生经努力到就寝时间仍未完成作业的，应按时就寝不熬夜。各地教育部门要会同相关部门切实加强对线上培训网课平台、网络游戏的规范管理，采取技术手段进行监管，确保线上直播类培训结束时间不得晚于 21：00，每日 22：00 到次日 8：00 不得为未成年人提供游戏服务。教师要做好家校沟通，形成育人合力，指导提高学生睡眠质量。《通知》要求，要加强学生睡眠监测督导，将学生睡眠状况纳入体质健康监测和教育质量评价监测体系，纳入日常监督范围和政府履行教育职责督导评价，设立监督举报电话或网络平台，确保要求落实到位，切实保障学生良好睡眠。

为进一步提升学生体质健康管理水平，推动青少年文化学习与体育锻炼协调发展，4 月，教育部办公厅印发《关于进一步加强中小学生体质健康管理工作的通知》，并积极推动相关工作的落实。该文件有 6 个方面的亮点。一是突出宣传教育引导，建立健康促进校长、班主任负责制，通过家长会、家长信、家访等形式加强与家长的沟通，凸显家校协同联动教育机制的作用。二是强调着力保障学生每天校内、校外各 1 小时体育活动时间，明确了体育家庭作业制度。三是注重体育教学质量的提高，强调要聚焦"教会、勤练、常赛"，逐步完善"健康知识＋基本运动技能＋专项运动技能"学校体育教学模式，让每位学生掌握 1 至 2 项运动技能。要在全员参与的基础上，完善普及与提高的竞赛体系，强调要提升教师的能力和教学要求。四是完善体质健康管理评价考核体系。要把体质健康管理工作纳入地方教育行政部门和学校的评价考核体系。建立日常参与、体育锻炼和竞赛、健康知识、体质监测和专项运动技能测试相结合的考查机制，对因病或其他不可抗力因素不能参加体育竞赛的，要从实际出发，分类指导，进行评价。要严格落实《综合防控儿童青少年近视实施方案》要求，完善中小学生视力、睡眠状况监测机制。五是做好体质健康监测。建立完善以体质健康水平为重点的"监测—评估—反馈—干预—保障"闭环体系。认真落实面向全体学生的体质健康测试制度和抽测复核制度，建立学生体质健康档案。六是健全责任机制。教育行政部门要层层压实责任，督促学校细化体质健康管理规定，将学生体质管理状况纳入学生体质健康监测和教育质量评价监测体系。6月，教育部办公厅印发《〈体育与健康〉教学改革指导纲要（试行）》，进一步要求开齐开足体育与健康课程，保证体育活动时间，提高体育教学质量。9月，教育部联合国家卫生健康委印发《中小学生健康体检管理办法（2021年版）》，进一步加强中小学生健康体检管理。该文件明确了健康体检的组织管理、基本要求、体检内容、结果反馈与健康档案管理、机构资质、质量控制与感染管理、信息管理与安全、经费管理等8个方面的要求，对于全面掌握儿童青少年生长发育状况、促进儿童青少年健康发展具有重要意义。

2. 十五部门联合实施儿童青少年近视防控"光明行动"

5月，教育部召开新闻通气会，介绍《儿童青少年近视防控光明行动工作方案（2021—2025 年）》、2021 年全国综合防控儿童青少年近视重点工作、《学前、小学、中学等不同学段近视防控指引》有关情况。教育部、国家卫生健康委、国家体育总局等十五部门联合印发《儿童青少年近视防控光明行动工作方案（2021—2025 年）》，聚焦近视防控关键领域、核心要素和重点环节，开展引导学生自觉爱眼护眼、减轻学生学业负担、强化户外活动和体育锻炼、科学规范使用电子产品、落实视力健康监测、改善学生视觉环境、提升专业指导和矫正质量、加强视力健康教育等 8 个专项行动。《学前、小学、中学等不同学段近视防控指引》针对学前、小学、中学等不同学段学生特点，分别围绕"呵护引导，快乐成长""习惯养成，积极预防""主动参与，科学防控"主题，深化宣传教育，进一步明确不同学段儿童青少年近视防控要点。教育部指导全国综合防控儿童青少年近视专家宣讲团研制针对儿童青少年、学校教师、医疗卫生机构、政府部门等 4 类不同对象的近视防控宣讲课件，规范宣讲内容，提高宣讲针对性，提高近视防控知识普及率和知晓率。6 月，《教育部办公厅关于做好中小学生定期视力监测主要信息报送工作的通知》印发，要求从 2021 年秋季学期开始，全国中小学校每年需开展两次视力监测并上报，各地教育部门要按标准配备校医、视力监测检查设备。举办《国家学生体质健康标准》及视力监测数据上报培训，落实学生健康体检制度和视力监测制度。制作《视力和屈光度检查操作示范片》，指导和规范视力监测数据报送工作。

根据有关工作部署，各省份均印发省级儿童青少年近视防控实施方案，强化属地责任，提高地市级、县区级政府部门和学校对近视防控的重视程度，近视防控实现了由政府主导推动，一级抓一级，层层抓落实的良好局面。一是建立完善协同推进机制。教育部牵头建立和完善全国综合防控儿童青少年近视工作联席会议机制，三次召开全国综合防控儿童青少年近视工作联席会议机制会议，教育部、中宣部、国家卫生健康委、国家体育总局、财政部、人力资源和社会保障部、市场监管总局、国家广电总局、国家中医药局、科技部、民政部、国家医保局、共青团中央、全国妇联、中国科学院等部门合力推进近视防控工作。教育部、国家卫生健康委与各省（区、市）人民政府和新疆生产建设兵团签订近视防控工作责任书。各地成立多部门参与的儿童青少年近视防控工作领导小组或联席会议机制，出台省级实施方案、明确部门责任、确定防控目标、统筹协同推进。"政府主导、部门协同、学校与医疗机构落实、社会参与"的近视防控工作格局基本确立。二是召开系列重要会议部署推进。4月，教育部召开全国综合防控儿童青少年近视工作现场会，交流各地工作进展和经验，进一步部署高质量推进儿童青少年近视防控工作。通过系列重要会议部署，逐级精准落实近视防控政策要求，不断推动综合防控儿童青少年近视取得实效。同时，学校、学生和家长近视防控能力进一步提升。①

3. 加强和改进新时代学校卫生与健康教育工作

为深入贯彻落实习近平总书记关于教育、卫生与健康工作的重要论述和全国教育大会精神，把新时代学校卫生与健康教育工作摆在更加突出位置，提升学生健康素养，为学生健康成长和终身发展奠定基础，8 月，教育部、国家发展改革委、财政部、国家卫生健康委、市场监管总局等五部门联合印发《关于全面加强和改进新时代学校卫生与健康教育工作的意见》（以下简称《意见》）。《意见》立足当前，着眼长远，分阶段提出到"十四五"末的工作目标和 2035 年远景目标。《意见》提出，到 2025 年，政府主导、部门协作、学校实施、社会参与的新时代学校卫生与健康教育工作格局更加完善。学校健康教育时间切实保证，健康教育教学效果明显提升。办学条件达到国家学校卫生基本标准。学校应对突发公共卫生事件预测研判、精准管控、应急处置等能力显著增强。学生健康素养普遍提高，防病意识和健康管理能力显著增强，体质健康水平明显提升。到 2035 年，学校卫生条件、体育设施、健康教育和健康素养水平基本实现现代化，

---

① 全国综合防控儿童青少年近视工作联席会议机制办公室，教育部体育卫生与艺术教育司.落实《综合防控儿童青少年近视实施方案》有关情况［EB/OL］.（2021–10–26）［2022–03–07］.http://www.moe.gov.cn/fbh/live/2021/53799/sfcl/202110/t20211026_574984.html.

达到建成教育强国和健康中国要求，形成高质量的新时代学校卫生与健康教育体系。《意见》从强化组织领导、健全协作机制、优化发展环境、完善投入机制、纳入评价体系等方面，对建立健全新时代学校卫生与健康教育工作体制机制进行了全面部署。《意见》提出了提升学生健康素养、明确健康教育内容、落实课程课时要求等 8 个方面举措，进一步明确了健康教育教学的重点内容和改革方向。《意见》提出了开展爱国卫生运动、健全疾病预防体系、实施体质健康监测等 9 个方面举措，着力提高学校卫生与健康教育工作专业化、科学化水平。《意见》印发后，教育部通过举办新闻发布会、全国新时代学校卫生与健康教育峰会、全国新时代学校卫生与健康教育工作视频会议等形式，加大宣传、解读力度，推动各地教育部门和学校切实加强新时代学校卫生与健康教育工作，深化学校健康教育教学改革，构建高质量学校健康教育体系。

（二）取得的成效

1. 中小学生睡眠时间管理成效逐渐显现

6 月，国务院教育督导委员会办公室组织 16 个督查组，对全国除有疫情的广东省外的 30 个省（区、市）和新疆生产建设兵团"五项管理"规定落实情况进行了实地督查。从实地督查看，绝大多数省份按照"全覆盖、齐步走、抓督查、常态化"要求，通过召开动员部署会、制定工作方案、宣传解读文件等方式，强力推进落实，"五项管理"规定要求逐步落地，取得了阶段性成效。在中小学生睡眠管理方面，一些地区通过制订睡眠管理计划、签订责任书等方式，形成家校共管合力，基本保证了学生睡眠时间。学生睡眠管理得到学校和家长的普遍重视，全国 98.7% 的学校建立了睡眠状况监测制度，96.1% 的小学和 97.4% 的初中上午开始上课时间做到"小学不早于 8：20、初中不早于 8：00"的规定要求，少数地区因为时差原因制定了符合当地实际的作息时间。7714 万份家长无记名问卷反映，秋季学期有 76.2% 的学生睡眠时长达到或接近"小学 10 小时、初中 9 小时"的规定要求，比 2020 年底有关调研结果有较大提升，有的学校还提供了午休时间和条件。总体上看，睡眠时间改善取得了积极成效。①

2. 儿童青少年近视防控基本实现预期目标

教育部联合国家卫生健康委开展的全国儿童青少年近视情况调查结果显示，2018 年全国儿童青少年总体近视率为 53.6%，2019 年全国儿童青少年总体近视率为 50.2%，较 2018 年下降了 3.4 个百分点；2020 年，全国儿童青少年总体近视率较 2019 年有小幅上升。从数据上看，29 个省份 2019

① 教育部基础教育司 . 中小学生作业、睡眠、手机管理落实推进情况［EB/OL］.（2021–12–22）［2022–03–07］.http://www.moe.gov.cn/fbh/live/2021/53908/sfcl/202112/t20211222_589181.html.

年儿童青少年总体近视率较 2018 年有不同程度下降，26 个省份完成了《综合防控儿童青少年近视实施方案》规定的近视率每年下降不低于 0.5 个或 1 个百分点的目标。2020 年，由于新冠病毒感染疫情的影响，导致广大儿童青少年长期居家学习，使用电子产品的时间增加，户外活动和体育锻炼的时间减少，与在校园相比，居家学习造成视觉环境发生很大变化，这也导致儿童青少年总体近视率有所上升。尽管 2020 年全国儿童青少年总体近视率较 2019 年有小幅反弹，但与 2018 年相比仍有下降，基本实现了预期防控目标。2021 年，中央财政通过一般公共预算安排 256 万元，用于开展全国儿童青少年近视防控相关工作。"双减"政策的公布，对儿童青少年近视防控起着正向促进作用，引导孩子多运动、多护眼。2021 年，在规定时间内完成书面作业的学生占比，由"双减"前的 46% 提高到 90% 以上。这一年，教育部通过发布防控成效、推介典型经验、发挥专家作用等，强化示范引领作用，深化宣传教育，营造近视防控良好氛围。[①]

3. 学生体质健康水平总体逐步提升

2019 年开展的第八次全国学生体质与健康调研工作显示：学生体质健康达标优良率逐渐上升，学生身高、体重、胸围等形态发育指标持续向好，学生肺活量水平全面上升，

---

① 2021 年教育部综合防控儿童青少年近视工作取得新成效［EB/OL］.（2022-01-13）［2022-03-07］. http://wap.moe.gov.cn/jyb_xwfb/s5147/202201/t20220114_594429.html.

中小学生柔韧、力量、速度、耐力等素质出现好转，体育教学质量不断优化和提升。"十三五"期间，全国义务教育阶段体育教师由 50.2 万增加到 59.5 万，每年新增体育教师约 2 万人，年均增速 4.3%。体育教师学历水平明显提高，社会地位不断提高。截至 2020 年，我国基础教育阶段学校体育运动场（馆）面积达标率为 92.8%，体育器械配备达标率为 96.8%，较"十三五"期间大幅度提升。① 多数学校能够严格按规定开齐开足体育与健康课程，建立了较为完善的体质健康测试和抽测复核制度。通过努力，体质健康管理工作已经纳入地方教育行政部门和学校的评价考核体系，全国中小学生的体育锻炼时间得到有效保证，体育课和课外锻炼的质量得到提高。实施国家学生体质健康数据全员上报制度，建立完善了以体质健康水平为重点的"监测—评估—反馈—干预—保障"闭环体系。中小学生体质健康状况总体呈现逐步提升的趋势，其中，优良率由 2016 年的 26.5% 上升至 2021 年的 33%，上升了 6.5 个百分点。各学段学生超重和肥胖比例、视力不良率比例呈逐年下降趋势。②

---

① 教育部体育卫生与艺术教育司 . 深化体教融合 加强学校体育工作 着力提升学生体质健康水平［EB/OL］.（2021–09–03）［2022–03–07］.http://www.moe.gov.cn/fbh/live/2021/53685/sfcl/202109/t20210903_558261.html.

② 教育部体育卫生与艺术教育司 . 中小学生体质健康管理落实推进情况［EB/OL］.（2021–12–22）［2022–03–07］. http://www.moe.gov.cn/fbh/live/2021/53908/sfcl/202112/t20211222_589178.html.

二、2021 年体育卫生与艺术教育政策实施及实践中存在的问题

1. 学生体质与健康状况仍存在短板

学生睡眠和体质管理有漏洞。国务院教育督导委员会办公室实地督查及问卷调查显示，38% 的中小学生就寝时间晚于规定要求，67% 的中小学生睡眠时间不达标；38% 的学校未落实"每学期视力筛查不少于 2 次"要求，22% 的中小学生反映体育与健康课程开设时数不达标。[①] 第八次全国学生体质与健康调研也发现学生视力不良和近视率偏高、学生握力水平有所下降、大学生身体素质下滑等一些亟待解决的学生体质与健康状况问题。

2. 近视防控总体情况依然严峻

针对儿童青少年近视防控的关键指标，当前仅仅是基本实现预期目标，总体近视情况依然严峻。近视防控工作仍存在着诸多难点和堵点，近视低龄化的问题仍然突出，影响视力健康的危险因素还广泛存在，家长的认识和监督力度还不够，仍需要社会各方共同努力，携手推进。尤其是在应对疫情的背景下，学生体育锻炼、户外活动有所减少，电子产品

---

① 国务院教育督导委员会办公室，教育部教育督导局 . "双减"和"五项管理"督导情况［EB/OL］.（2021-08-30）［2022-03-07］.http://www.moe.gov.cn/fbh/live/2021/53569/sfcl/202108/t20210830_555599.html.

的使用率明显提升，生活习惯特别是锻炼的习惯、健康用眼的习惯，包括坐姿、站姿等，均暴露出很多问题。

3. "健康第一"教育观念尚未完全落实

目前，教育领域仍然存在"长于智、疏于德、弱于体美、缺于劳"的问题，需要深化教育改革以及时回应人民群众的诉求和期盼。开不齐体育课、挤占体育课成了个别学校的常态，初三、高三年级尤为严重；一些地方的每天一小时体育锻炼质量不高、形同虚设；中考体育存在"考什么练什么"的现象……，在升学压力下，学校体育有被"边缘化"的危险。"副课"是长久以来人们对体育、美术、音乐等科目的统称，现在学校体育美育工作一定程度上未能有效推进、不能取得预期成效，最根本的原因还是人们没有认识到体育美育在整个教育工作中的基础性地位。

4. 体育卫生与艺术教育工作实效和保障措施有待强化

体育卫生与艺术教育工作在时间、师资、场馆、器材、比赛等薄弱环节的短板仍需采取有力措施切实补齐，距离实现学生全面发展、增强综合素质的目标尚有距离。相关政策在地方的部署落实未完全到位，一些地方只是简单照转文件，没有对政策作系统性、针对性宣传解读，师生、家长对相关政策知晓率不高。家校协同不到位，各地普遍存在学校"一头热"现象。还有家长不履行监护责任，把管理孩子的责任全部推给学校。一些地方没有建立部门联动机制，还是教育部门在唱"独角戏"。

三、体育卫生与艺术教育政策完善与实施建议

1. 靶向施策，持之以恒抓落实

精准把握学生体质与健康的影响因素，靶向施策，全面加强和改进学校体育工作，提升学生体质健康水平。落实学校卫生与健康教育政策要求，深化健康教育改革，夯实卫生条件保障，提升学生健康意识和能力，养成健康生活方式。实施全国健康学校建设计划。出台建设标准，试点先行，落实各方责任，提升学校的健康促进能力，把每一所学校建设成为有效促进学生健康的机构，以学生健康、学校健康支撑服务全民健康和健康中国建设。

2. 高质量推进儿童青少年近视防控重点工作

在现有基础上，继续采取更加强有力的措施，制定更加明确的目标，采取更加有效的手段做好儿童青少年近视防控工作。指导各地和学校贯彻落实"光明行动"，开展减轻学生学业负担、强化户外活动和体育锻炼、科学规范使用电子产品等专项行动，持续降低儿童青少年近视率。针对影响视力的重点因素，把握突出矛盾，改进学生用眼行为，逐步改善学校教学设施和条件，保护学生视力健康。立足早发现早干预，扩大典型示范效果，强化专业支撑，发挥卫生监管合力，开展全方位

的社会动员，持续综合防控儿童青少年近视。

3. 推进多方协同育人机制

完善体育卫生与艺术教育政策，指导各地进一步厘清政府、学校、家长责任，增强家长监护、教育责任意识，建立家校联动机制，形成政府、学校、家庭共抓共管氛围，有效形成育人合力。同时加强实地调研，继续用好监测平台和举报平台，及时发现问题，督促地方和学校积极改进，提高体育卫生与艺术教育工作管理的科学性、针对性和实效性。

4. 完善体育卫生与艺术教育条件保障体系

聚焦中小学生体质健康，贯彻落实《深入推进体教融合工作三年行动方案》，指导各地加快各项工作任务分解落实。继续实施中国青少年健康教育行动计划（2021—2025年），深入推进健康中国行动中小学健康促进专项行动。推动各地紧密结合实际，抓紧制定学校体育教师配备和场地器材建设三年行动计划，推进学校体育教师配备、体育场地器材建设。推动各地结合实际制定实施学校美育教师配备和场地器材建设三年行动计划，提升场地设备配备水平，加强高校美育场馆建设。

（黄颖　中国教育科学研究院教育发展与改革研究所助理研究员）

民办教育重大政策述评

2021 年，随着新修订的《中华人民共和国民办教育促进法实施条例》（以下简称《实施条例》）颁布，《关于规范民办义务教育发展的实施意见》《教育部等八部门关于规范公办学校举办或者参与举办民办义务教育学校的通知》《关于进一步减轻义务教育阶段学生作业负担和校外培训负担的意见》等一系列配套政策也陆续出台，我国支持与规范民办教育的法律制度日趋完善，民办教育公益性得到彰显，民办教育尤其是民办义务教育成为政策规范的重点领域。

2021 年民办教育领域的政策关键词有：规范民办义务教育发展、"公参民"学校治理、教育公益性、遏制教育资本化运作、规范民办学校招生。

一、2021 年民办教育政策实施及取得的成效

（一）政策颁布与实施情况

1. 对非营利性民办学校关联交易和学费收入实行严格监管

2021 年 4 月 7 日，《实施条例》发布，对于民办学校的关联交易、学费监管进行了一系列规范和要求，旨在加强民

办教育尤其是民办义务教育的公益属性。首先,《实施条例》明令禁止义务教育民办学校开展关联交易,规定"实施义务教育的民办学校不得与利益关联方进行交易。其他民办学校与利益关联方进行交易的,应当遵循公开、公平、公允的原则,合理定价、规范决策,不得损害国家利益、学校利益和师生权益"。其次,对于其他教育阶段的非营利性民办学校的关联交易也实行严格监管,要求"非营利性民办学校收取费用、开展活动的资金往来,应当使用在有关主管部门备案的账户。有关主管部门应当对该账户实施监督"。最后,要求民办学校建立利益关联方交易的信息披露制度,遏制不合理的关联交易。此外,《实施条例》还要求民办学校建立成本核算制度,合理确定收费项目和标准,从而对民办学校的学费水平做出限制,避免过高收费,套取高额回报,损害教育的公益性。

2. 进行民办义务教育结构调整和布局优化

2020 年 9 月,中央全面深化改革委员会第十五次会议审议通过《关于规范民办义务教育发展的实施意见》。2021 年 5 月,中共中央办公厅、国务院办公厅印发《关于规范民办义务教育发展的意见》,要求依法落实政府举办义务教育的主体责任,民办义务教育在校生占比较高的地方要通过多种方式积极稳妥加以整改。从整改方式来看,通过政府购买学位是落实政府责任的重要方式。文件规定,优先将随迁子女占比较高的民办义务教育学校纳入政府购买学位的范围，对已有住宅小区配套建设的民办义务教育学校可以转为公办学校，也可通过政府购买学位方式继续办学。从整改对象来看，办学质量较低的民办学校成了重点整改对象。对基本办学条件不达标、专职教职工数量不足、招生规模扩充过快、存在大校额大班额的学校，要督促整改，并依据相关标准控制办学规模、核减招生计划。

配合民办义务教育结构调整的还有义务教育"公参民"学校治理政策实施。《实施条例》明确规定，"实施义务教育的公办学校不得举办或者参与举办民办学校，也不得转为民办学校"，从法律层面对义务教育"公参民"学校治理做出了规定。《关于规范民办义务教育发展的意见》也要求引导符合条件的民办义务教育学校逐渐转为公办学校，力争2022年年底前逐步整改到位。2021年7月，《教育部等八部门关于规范公办学校举办或者参与举办民办义务教育学校的通知》出台，细化了义务教育"公参民"学校的转制落实方案，要求四种情形的民办义务教育"公参民"学校可转为公办学校。

3.遏制教育资本化运作

《实施条例》的出台对资本在教育领域的无序扩张进行了严控："任何社会组织和个人不得通过兼并收购、协议控制等方式控制实施义务教育的民办学校、实施学前教育的非营利性民办学校。"为治理民办教育集团盲目扩张、无序竞争，《实施条例》要求民办教育集团"应当保障所举办或者实际控制的民办学校依法独立开展办学活动，存续期间所有资产由学校依法管理和使用；不得改变所举办或者实际控制的非营利性民办学校的性质，直接或者间接取得办学收益；也不得滥用市场支配地位，排除、限制竞争"。

4. 从法律层面规范民办学校的招生秩序

自近年来实行义务教育"公民同招"后，《实施条例》进一步扩大了规范民办学校招生秩序的对象和范围，要求实施学前教育、学历教育的民办学校与公办学校同期招生。其中，实施义务教育的民办学校应在审批机关管辖的区域内招生，纳入审批机关所在地统一管理，而实施普通高中教育的民办学校应主要在学校所在设区的市范围内招生，符合省、自治区、直辖市人民政府教育行政部门有关规定的可以跨区域招生。对于民办学校通过考试"掐尖"选拔学生的行为，《实施条例》进一步规定，实施义务教育的民办学校不得组织或者变相组织学科知识类入学考试，不得提前招生。

（二）取得的成效

1. 出台非营利性民办学校收费管理办法

长期以来，在 2002 年《中华人民共和国民办教育促进法》关于"合理回报"的制度框架下，我国绝大部分民办学校都是投资办学，取得了合理回报。随着新修订的《中华人民共和国民办教育促进法》及《实施条例》的出台，通过民办学校关联交易和学费监管政策极大地限制了民办学校通过与关联方进行固定资产租赁、资金借贷、劳务购买等方式套取学校收入，获取灰色回报的行为。2021 年 10 月，安徽省公布了《安徽省非营利性民办学校收费管理办法（征求意见稿）》，2022 年 2 月，上海市也公布了《上海市民办中小学收费管理试行办法》，非营利性民办学校"实行政府指导价管理"将成为规范义务教育民办学校收费的重要举措。

2. 多地发文调减民办义务教育占比，"公参民"学校转制持续推进

《关于规范民办义务教育发展的意见》出台后，湖南、江苏发文，明确调减民办义务教育占比，河南、河北等地的民办义务教育学校也开始减招。① 自 2021 年 4 月开始，重庆北碚区、九龙坡区、渝北区、沙坪坝区、南岸区、巴南区 6 区先后披露"公参民"学校治理进展，至少 10 所学校转为公办。② 山西省太原市在公办民助顶峰时期有 20 所"公参民"初中，2021 年有 9 所"公参民"学校转为公办学校。河南省周口市下发了《周口市规范民办义务教育专项工作实施方案》，明确要求停止审批新的民办义务教育学校，已有民办

---

① 黄蕙昭，于帆.全国民办义务教育规模大调减 中部县城是风口浪尖［EB/OL］.（2021–07–03）［2022–01–05］. https://www.caixin.com/2021–07–03/101735478.html.

② 范俏佳."名校办民校"退场 过渡期两年［EB/OL］.（2021–07–30）［2022–01–05］. https://www.caixin.com/2021–07–30/101747851.html.

义务教育学校逐年调整，将全市民办义务教育在校生规模占比控制在 5% 以内，2022 年年底全部完成。

3. 上市公司有序退出义务教育和学前教育

2021 年 12 月 14 日，民办教育集团枫叶教育发布了年度财报，财报显示，其义务教育阶段学校和非营利性幼儿园业务归类为"终止经营业务"，这意味着枫叶教育已将义务教育学校业务剥离。除枫叶教育外，同时受到影响的还有成实外教育、博骏教育、天立教育和光正教育（原睿见教育）等上市教育公司。2022 年 3 月，红黄蓝教育机构公告称，旗下子公司分别签署若干份 VIE（可变利益实体）解除协议，上市公司放弃对国内直营幼儿园业务的协议控制，实现对直营幼儿园的剥离。这体现出，上市公司正在逐步有序退出义务教育和学前教育的经营。

4. 民办义务教育学校实行摇号录取，与公办学校同期招生

随着义务教育"公民同招"在各地的实施，全国各地民办义务教育学校实行报名人数未超过拟招人数的直接录取，报名人数超过拟招人数的实行摇号入学的政策，对于招生时间、招生范围、招生方式、入学要求、摇号方法、招生平台也都做了针对性安排，促进了招生的公平性。同时，《实施条例》将规范招生秩序的对象扩大到学历教育阶段，并严格限制民办普通高中的招生范围，对于改善高中阶段的招生乱象具有重要意义。

二、2021 年民办教育政策实施及实践中存在的问题

（一）民办学校分类管理有待进一步落实

从各地的落实情况来看，全国各地陆续出台了民办学校分类登记管理办法，多个省份设置了分类登记的过渡期。从当前的落实情况来看，分类登记的整体推进还存在较多障碍，包括：分类转设的程序、补偿及奖励制度、税费政策不明确；营利性民办学校土地成本高；十二年一贯制学校需剥离义务教育进行登记等。此外，举办者开展"非营利性学校"登记的主动性和积极性不足，仍然希望从举办民办教育中获取利益。由于分类登记未完成，各地政府对民办学校的政策仍然是以规范为主，对民办教育的支持政策的落实还不足。

（二）民办义务教育结构调整带来巨大挑战

随着民办义务教育结构调整，财政实力有限、公办资源不强的县级地区受冲击最大。民办义务教育结构调整对地方财政能力和公办学校承载能力造成巨大挑战。一方面，由于公办学校承载量有限、地方财政能力有限，公办学校大班额、大校额等问题也有可能再次出现；另一方面，民办学校减招带来校舍、教师的闲置，从而造成教育资源浪费。同

时，随着"公参民"学校的转制，教师的流动和衔接、教师的权益保障也成了一个重要问题，转公的"公参民"学校教师还面临着考取编制的实际问题。

（三）民办高中跨区域招生乱象仍有待治理

除义务教育外，普通高中阶段的招生秩序也亟须治理。近年来，以所谓"超级中学"为代表的民办高中跨区域办学、掐尖垄断生源的乱象突出，对教育生态破坏较大。"县中"优质生源流失，以及随之而来的教学质量下降，导致出现"县中塌陷"现象。此外，一些地区公办高中跨区域掐尖招生也对民办学校形成了不良的示范作用。

三、民办教育政策完善与实施建议

未来，应加强民办学校党建工作，深入落实《实施条例》，重点强化民办义务教育学校的财务、收费方面的管理，重点治理民办普通高中跨区域掐尖招生的问题，推进民办学校分类管理，落实民办学校教师的保障和流动机制，营造优质公平的育人生态。

（一）加强民办学校党建工作

要落实《实施条例》《关于加强民办学校党的建设工作

的意见（试行）》的规定，各级政府要坚持把民办学校纳入教育系统党的建设整体布局，推动民办学校党组织和党的工作全面覆盖。民办学校要推进党组织班子成员进入学校决策层和管理层，发挥党组织在学校重大事项决策、监督和执行各个环节的政治核心作用，提升办学的公益性和内部治理的科学性。2021 年 11 月，中央全面深化改革委员会第二十二次会议审议通过了《关于建立中小学校党组织领导的校长负责制的意见（试行）》，要求健全发挥中小学校党组织领导作用的体制机制，确保党组织履行好把方向、管大局、作决策、抓班子、带队伍、保落实的领导职责。民办中小学的党组织规模小、较分散，要建立中小学党组织领导下的校长负责制，完善议事决策制度，将党的领导、党的建设贯穿民办中小学办学治校、立德树人的全过程。

（二）加快推进营利性和非营利性民办学校分类管理

地方政府应加快落实民办学校分类登记和引导，按照自主选择、科学分类、平稳过渡的原则，通过税收制度安排、土地出让金等方式合理引导营利性教育和非营利性教育的办学比例和规模。在分类管理的基础上依法落实对民办学校的经费、税收、土地等支持政策，尤其是要落实对非营利性民办学校的支持，为人民群众做好教育公共服务保障。各地应制定非营利性民办学校监督管理实施细则，加强对非营利性民办学校的审计，严禁非营利性民办学校从办学收益中通过关联交易转移办学收益，同时，通过监管民办学校的过高收费和财务状况、实行学费指导价等举措，防止非营利性民办学校因追求高额回报而损害学生和家长的利益。此外，要加大教育捐赠行为的税收优惠力度，激发社会各界教育捐赠的积极性，倡导和鼓励捐资办学、教育家办学。

（三）进一步落实民办学校教师保障和流动机制

随着规范民办义务教育和义务教育"公参民"学校治理政策的实施，各地应尽快落实民办学校教师保障机制，并建立起教师在公办、民办学校之间流动的机制，避免优质教育资源的浪费和流失。首先，应实施人事制度改革，将教师招聘、教师编制下放给民办学校，打通公办教师和民办教师的通道，增强民办学校的办学活力。2020 年 9 月印发的《教育部等八部门关于进一步激发中小学办学活力的若干意见》提出"完善教师'县管校聘'具体实施办法，充分尊重和发挥学校在教师公开招聘工作中的重要作用，学校依据核定的编制、岗位数量及岗位结构比例和教育教学需要，提出教师招聘需求和岗位条件，并全程参与面试、考察和拟聘人员确定；鼓励地方探索在学校先行面试的基础上组织招聘；对具备条件的学校，可放权由其自主按规定组织公开招聘，并按要求备案"。其次，应改革民办学校教师社会保险制度，通过为教师缴纳职业年金等举措保障民办学校（包括营利和非营利）教师都能享有和公办学校教师同等的事业单位养老保险制度，保障民办学校教师享有与公办学校教师同等的权利。

（四）推动落实普通高中"公民同招"

各地要加快出台普通高中"公民同招"的细则，制止违规跨区域掐尖招生行为，促进普通高中教育持续、健康、协调发展。部分地区已经开始实施该政策。2021年5月，浙江省教育厅发布了《关于做好2021年普通高中招生管理工作的通知》，要求"公办、民办普通高中原则上实行属地招生"，"民办普通高中招生纳入所在地教育行政部门统一管理，招生范围应当与所在地公办普通高中保持一致，并在2021年秋季招生入学中实现同步招生"。跨县（市、区）招生计划主要分配给生源不足的民办普通高中。而针对过去县域优质生源流失的问题，文件要求积极开展跨区域指标到校招生录取办法改革，到2022年秋季全面实现属地招生。2021年12月，教育部等九部门印发了《"十四五"县域普通高中发展提升行动计划》，要求全面落实公办、民办普通高中同步招生和属地招生政策，完善优质普通高中指标到校招生办法，严禁发达地区、城区学校到薄弱地区、县中抢挖优秀校长和教师。推行普通高中"公民同招"将有利于杜绝违规跨区域掐尖招生行为，防止县中生源过度流失，维护良好教育生态。

（罗媛　中国教育科学研究院教育发展与改革研究所助理研究员）

劳动教育重大政策述评

　　党中央、国务院历来高度重视劳动教育。习近平总书记在 2018 年 9 月 10 日召开的全国教育大会上对劳动教育给予了特别强调，党中央把劳动教育纳入培养社会主义建设者和接班人的要求之中，提出了德智体美劳"五育并举"的学校教育总体要求。2020 年 3 月 20 日，《中共中央 国务院关于全面加强新时代大中小学劳动教育的意见》（以下简称《意见》）发布。《意见》指明了劳动教育在新时代人才培养中的功能定位，明确了劳动教育的总体目标与内容要求，构建了学校、家庭、社会整体推进的劳动教育体系，健全了劳动教育的支撑保障与组织实施的机制体制。2020 年 7 月 7 日，教育部印发《大中小学劳动教育指导纲要（试行）》（以下简称《指导纲要》）。《指导纲要》对学校劳动教育的性质和理念进行了深入诠释，对学校开展劳动教育的目标和内容进行了详细阐释，明确了学校开展劳动教育的途径、关键环节和评价方式，对学校规划与实施劳动教育提出了具体要求，明确了学校开展劳动教育的条件保障与专业支持措施。2021 年是各地各部门贯彻落实《意见》的起始年，也是布局谋划未来劳动教育的关键年。在党中央、国务院印发《意见》以及教育部印发《指导纲要》之后，各地先后结合本地区实际制定了贯彻落实实施意见。同时，为进一步加强中小学校劳动教育改革实验，教育部遴选了 96 个县（市、区）为全国中小学劳动教育实验区，引领全国各地积极开展中小学校劳动教育改革探索。

2021 年劳动教育政策领域的关键词有：各地制定贯彻落实政策，建立劳动教育实验区。

一、2021 年劳动教育政策实施及取得的成效

（一）政策颁布与实施情况

为全面贯彻落实《意见》，全国各地结合本地实际先后制定了本地区全面加强新时代大中小学劳动教育的实施意见，紧紧围绕劳动教育的总体目标、实施路径、重点任务以及保障措施等提出了一系列政策措施。为进一步加强中小学校劳动教育改革实验，落实《意见》《中共中央 国务院关于深化教育教学改革全面提高义务教育质量的意见》部署要求，教育部在自主申报、省级推荐的基础上，经专家评审、综合评定和网上公示，认定了 96 个县（市、区）为全国中小学劳动教育实验区。此举旨在引导全国各地积极开展中小学劳动教育实验工作，发挥好示范带动作用。

（二）取得的成效

1. 各地全面贯彻落实《意见》，劳动教育政策全面实施

2021 年是各地各部门贯彻落实《意见》的起始年。在此背景下，全国已有 87% 的省、自治区、直辖市制定颁布了本地区加强新时代大中小学劳动教育的实施意见。目前，各省（区、市）都出台了劳动教育相关政策文件，其中除了个别省份于 2020 年和 2022 年出台政策之外，其余省份均为 2021 年出台政策。具体政策颁布情况见下表。

全国 31 个省（区、市）劳动教育政策出台情况

序号	地区	文件出台时间	文件形式	文件颁布部门	备注
1	北京市	2021 年 1 月	实施意见	市教委	政务公开未查询到文件
2	天津市	2021 年 5 月	若干措施	市委办公厅、市政府办公厅	
3	上海市	2020 年 9 月	实施意见	市委、市政府	
4	重庆市	2021 年 2 月	若干措施	市委、市政府	
5	河北省	2020 年 11 月	实施意见	省委、省政府	

续表

序号	地区	文件出台时间	文件形式	文件颁布部门	备注
6	山西省	2021 年 12 月	若干措施	省委、省政府	
7	辽宁省	2021 年 4 月	若干措施	省委办公厅、省政府办公厅	政务公开未查询到文件
8	吉林省	2020 年 9 月	实施意见	省教育厅	
9	黑龙江省	2021 年 6 月	实施意见	省委、省政府	
10	江苏省	2021 年 2 月	实施意见	省委、省政府	
11	浙江省	2021 年 9 月	实施意见	省委、省政府	
12	安徽省	2020 年 12 月	实施意见	省委、省政府	
13	福建省	2022 年 1 月	实施方案	省委教育工作领导小组	

续表

序号	地区	文件出台时间	文件形式	文件颁布部门	备注
14	江西省	2020 年 11 月	实施意见	省委、省政府	
15	山东省	2021 年 12 月	劳动教育重点任务及分工方案	省政府办公厅	
16	河南省	2021 年 10 月	实施意见	省委、省政府	
17	湖北省	2020 年 8 月	若干措施	省政府	
18	湖南省	2021 年 10 月	实施意见	省委、省政府	
19	广东省	2022 年 4 月	通知	省教育厅	
20	海南省	2021 年 4 月	实施意见	省委、省政府	
21	四川省	2021 年 3 月	实施方案	省教育厅等 10 部门	
22	贵州省	2021 年 1 月	实施方案	省委办公厅、省政府办公厅	
23	云南省	2020 年 11 月	实施意见	省委、省政府	

续表

序号	地区	文件出台时间	文件形式	文件颁布部门	备注
24	陕西省	2021 年 2 月	若干措施	省委、省政府	
25	甘肃省	查无相关信息	若干措施	省委、省政府	政务公开未查询到文件
26	青海省	2021 年 5 月	若干措施	省委、省政府	政务公开未查询到文件
27	内蒙古自治区	2021 年 10 月	劳动教育及体育、美育工作的若干措施	自治区党委、自治区政府	
28	广西壮族自治区	2020 年 9 月	实施意见	自治区党委、自治区政府	
29	西藏自治区	2021 年 8 月	实施意见	自治区政府办公厅	
30	宁夏回族自治区	2021 年 2 月	实施意见	自治区党委、自治区政府	政务公开未查询到具体文件
31	新疆维吾尔自治区	2021 年 3 月	实施意见	自治区党委、自治区政府	

由上表可见，从政策的公文形式来看，在 2021 年度出台政策文件的 20 个省份中，以法定公文"实施意见"制定政策的省份有 10 个，以事务性文书"实施方案"制定政策的省份有 2 个，以"若干措施"制定政策的省份有 6 个，以直接制定重点任务和分工方案制定政策的省份有 1 个；从颁发政策的部门来看，以省级党委政府联合印发贯彻落实政策文件的省份有 13 个，以省级党委办公厅、政府办公厅联合印发贯彻落实政策文件的省份有 3 个，以省级政府办公厅单独印发贯彻落实政策文件的省份有 2 个，以省级教育行政部门与其他部门联合印发贯彻落实政策文件的省份有 1 个，以省级教育行政部门单独印发贯彻落实政策文件的省份有 2 个。

分析各省（区、市）政策文本内容框架可以发现，各地的政策文本框架与《意见》保持一致，主体包括总体要求、重点任务、支撑保障和组织实施四大板块内容，其中总体要求板块主要包括指导思想、发展目标等内容，重点任务板块主要包括课程体系、实践活动体系、评价制度等内容，支撑保障板块主要包括师资队伍、实践基地、经费投入、安全等保障措施，组织实施板块主要包括组织领导、分工协作、督导检查与宣传引导等内容。同时，各地在制定贯彻落实政策时，因地制宜地提出了不同的目标任务和实施路径，充分体现了各地在落实劳动教育政策方面的地区差异和特色。

2. 建立全国中小学劳动教育实验区，强力推进劳动教育

质量提升

教育部在全国遴选认定了一批全国中小学劳动教育实验区。实验区以县（市、区）为建设单位，分布于全国 31 个省、自治区、直辖市以及新疆生产建设兵团的 96 个县（市、区）。从各省（区、市）获批准建设实验区的数量来看，除了海南省仅有 1 个实验区之外，大部分省份均获批建设 3 个实验区，少数省份有 4 个实验区。从实验区的建设内容来看，建立劳动教育实验区旨在引导各地切实加强对中小学劳动教育工作的组织领导，将劳动教育纳入人才培养全过程，整体设计、系统规划，在政策、资金和项目安排等方面予以大力支持，切实提升中小学劳动教育质量和水平；引导各实验区切实落实劳动教育改革实验任务，进一步完善实验方案，优化课程设计，拓展实践场所，加强师资建设，强化条件保障，积极开展劳动教育实验工作，发挥好示范带动作用；通过实验区建设，在全国适时开展总结交流，宣传推广典型经验，切实推动中小学劳动教育工作取得实效。

二、2021 年劳动教育政策实施及实践中存在的问题

（一）政策执行效益还有待进一步加强

用麦克唐奈和埃尔莫尔 (McDonnell & Elmore) 政策工具分类框架来分析各省份发布的劳动教育政策文本，可以

发现，各地制定的政策使用命令型政策工具较多，而激励工具、能力建设工具、权威重组工具和劝告工具使用相对较少。命令型政策工具使用较多，容易忽略学校的差异化和个性化，不利于充分发挥不同学段、不同类型学校在劳动教育中的能动性和创造性，束缚教师在劳动教育中的主体性；具有激励潜能、发挥政策目标群体不同职能的激励工具使用较少，不利于充分发挥学校主导、家庭基础、社会支撑等劳动教育相关各方资源的比较优势，政策激励效果不理想，政策执行效益有待提升。

（二）劳动教育实验区建设配套支撑保障政策有待加强

2021 年 5 月，教育部正式对外公布了 96 个中小学劳动教育实验区建设名单。关于实验区建设的相关制度保障、体制机制改革以及经费投入等尚缺乏具体支持政策，实验区建设缺乏系统、有力的相关政策保障。

三、劳动教育政策完善与实施建议

（一）各地应加大对劳动教育政策执行的激励与宣传力度，为学校开展劳动教育营造良好氛围

各地在贯彻落实劳动教育政策过程中，除了使用命令型政策工具之外，还应充分发挥各方资源优势，引导和鼓励学

校、家庭、社会结合自身职能，在劳动教育实施的途径、策略和方法上积极创新，促进劳动教育有效开展。因此，各地各部门在制定劳动教育政策时，应充分发挥各级教研机构的科研支撑服务职能，依据各学段各类型学校实际，科学、合理配置政策工具，充分发挥各类政策工具的优势，推动劳动教育在大中小学落细落实。同时，各地应结合本地区实际，制定劳动教育政策的贯彻落实和宣传制度，引导各种类型资源参与到学校劳动教育中，大力宣传各地各学校开展劳动教育的典型案例和成功经验，为学校开展劳动教育营造良好的氛围。

（二）健全中小学劳动教育实验区配套支持政策

中小学劳动教育实验区建设旨在全国各地建立一批劳动教育改革示范区，推动实验区先行先试。因此，建议教育行政部门建立专业指导和专项评估机制，充分发挥教研、评估等第三方专业机构职能，加大对各地实验区建设的专业指导、跟踪考核力度，推进实验区建设按照实验方案有效推进。同时，建议在教育部网站建立全国中小学劳动教育实验区交流分享网络平台，加大对各地实验区建设推进情况的宣传力度，为各地开展劳动教育营造良好的氛围。

（杨立昌　贵州省教育科学院高等教育研究所教授）

招生考试重大政策述评

2021 年我国招生考试政策总体上是按照 2020 年 10 月中共中央、国务院印发的《深化新时代教育评价改革总体方案》，以及 2020 年 10 月 29 日党的十九届五中全会通过的《中共中央关于制定国民经济和社会发展第十四个五年规划和二○三五年远景目标的建议》提出的"建设高质量教育体系"的政策导向和重点要求，不断落实深化。

2021 年招生考试领域的政策关键词有：积极稳妥推进考试招生制度改革，坚定高考改革方向，完善普通高中学业水平考试制度，进一步提高研究生培养质量。

一、2021 年招生考试政策实施及取得的成效

（一）政策颁布与实施情况

1. 深化高中招生改革

2021 年 7 月，中共中央办公厅、国务院办公厅印发《关于进一步减轻义务教育阶段学生作业负担和校外培训负担的意见》，要求"深化高中招生改革。各地要积极完善基于初

中学业水平考试成绩、结合综合素质评价的高中阶段学校招生录取模式，依据不同科目特点，完善考试方式和成绩呈现方式。坚持以学定考，进一步提升中考命题质量，防止偏题、怪题、超过课程标准的难题。逐步提高优质普通高中招生指标分配到区域内初中的比例，规范普通高中招生秩序，杜绝违规招生、恶性竞争"。

2021年12月，教育部等九部门印发《"十四五"县域普通高中发展提升行动计划》，提出"深化招生管理改革。全面推进基于初中学业水平考试成绩、结合综合素质评价考试招生录取模式，着力构建规范有序和监督有力的招生机制，坚决杜绝违规跨区域掐尖招生，防止县中生源过度流失，维护良好教育生态"。该文件要求，"加强普通高中招生管理。强化招生管理省级统筹责任、地市主体责任、县级落实责任，全面落实公民办普通高中同步招生和属地招生政策，完善优质普通高中指标到校招生办法，规范特殊类型招生，促进县中多样化有特色发展。各地要全面建立地市级高中阶段学校统一招生录取网络平台，鼓励有条件的地方建立省级统一招生录取网络平台，加强招生工作监管，对违规招生行为加大查处力度"。

2. 深化高考综合改革

在深化高考综合改革方面，《教育部2021年工作要点》提出，深化考试招生制度改革的目标任务是"高考综合改革稳妥推进。高考内容改革不断深化，艺术体育等特殊类型招生进一步规范"。工作措施是"深化高考内容改革，进一步体现德智体美劳全面发展要求，创新试题形式，加强对学生关键能力的考查。严格规范体育艺术等特殊类型招生工作，进一步健全制度、规范程序、严格管理、强化监督，提高体育艺术人才选拔质量"。

2021年1月，《教育部关于做好2021年普通高校招生工作的通知》印发，对深化高校考试招生改革提出四项政策要求。

第一，稳妥推进高考综合改革。河北、辽宁、江苏、福建、湖北、湖南、广东、重庆等第三批高考综合改革省份要全力做好新高考落地的各项工作，精心制定命题、考试和录取工作方案。加强全流程全员模拟演练，做好考生志愿填报指导、投档录取等各个环节，确保改革平稳落地。上海、浙江、北京、天津、山东、海南要进一步总结完善试点经验，不断研究解决改革过程中遇到的新情况、新问题。各高校要加强与中学人才培养衔接，进一步优化选考科目要求，完善综合素质评价使用办法并向社会公布，逐步转变简单以考试成绩为唯一标准的招生模式。

第二，深化考试内容改革。2021年高考命题要坚持立德树人，加强对学生德智体美劳全面发展的考查和引导。要优化情境设计，增强试题开放性、灵活性，充分发挥高考命题的育人功能和积极导向作用，引导减少死记硬背和"机械刷题"现象。

第三，深入实施强基计划。各试点高校要深入总结实施情况，完善招生程序和办法，提高人才选拔的科学性。要优化高校考核的内容和形式，充分运用考生综合素质评价档案，考查思想品德、专业兴趣、科研志向以及吃苦耐劳的精神等，着力选拔"有志向、有兴趣、有天赋"的优秀学生。

第四，完善高职分类考试招生。各地各校要深入总结高职扩招工作经验做法，健全省级统筹的分类考试招生制度，将分类考试招生作为高职招生的主渠道。针对高中毕业生、退役军人、下岗失业人员、农民工、新型职业农民等不同群体，完善"文化素质＋职业技能"的评价方式，为各类学生接受高职教育提供多种入学方式。完善考试形式和内容，职业技能测试以操作考试为主，充分体现岗位技能、通用技术等内容，并将学生综合素质评价档案作为招生录取的重要参考。

3.规范中职学校考试招生行为，实施高职"质量型扩招"，稳步发展职业本科教育

为进一步规范中等职业学校考试招生行为，2021年8月，教育部办公厅印发《关于严格规范中等职业学校招生、学籍和资助管理工作的通知》，要求深入实施"阳光招生"，各地要加快建设中等职业学校和普通高中统一招生平台，做到统

一填报志愿、统一办理录取手续、统一注册学籍。要严格落实招生信息公开职责，建立招生信息公开制度。

为严格招生考试，严格落实"质量型扩招"要求，2021年6月出台的《教育部办公厅等六部门关于做好2021年高职扩招专项工作的通知》要求，"建立健全省级统筹的高职分类考试招生制度，大力推进'文化素质＋职业技能'评价方式，加强对各类生源职业技能测试的考核"。"严格执行'标准不降、模式多元、学制灵活'原则，修订完善专业人才培养方案，深化校企'双元'育人，推进现代学徒制培养、订单培养、定向培养等人才培养模式创新，实施多元评价，严把教学质量关。"

4.继续扩招，严把过程关，着力提高研究生培养质量

2020年9月发布的《教育部 国家发展改革委 财政部关于加快新时代研究生教育改革发展的意见》提出，加快新时代研究生教育改革发展的总体目标为："到2025年，基本建成规模结构更加优化、体制机制更加完善、培养质量显著提升、服务需求贡献卓著、国际影响力不断扩大的高水平研究生教育体系。到2035年，初步建成具有中国特色的研究生教育强国。"为此，该文件提出研究生扩招要求："博士研究生招生规模适度超前布局，硕士研究生招生规模稳步扩大"，"大力发展专业学位研究生教育"。2021年5月13日，教育部召开新闻通气会，宣布研究生再次扩招。会上，教育部高

校学生司负责人表示，"受疫情对就业的深层次影响，2021届高校毕业生就业形势依然复杂严峻"，因此，"要发挥高等教育人才蓄水池作用，适度扩大研究生、专升本招录规模"。

由此，近五年全国考研报名人数迅速增长，自 2017 年研究生报考人数首破 200 万大关，2020 年研究生报考人数达到 341 万，2021 年研究生报考人数达到 377 万，5 年间，考研报名人数翻了近一番。

应当看到，目前考研热度较高与我国经济处于转型期有关，新冠病毒感染疫情一方面使就业形势更为严峻，另一方面导致出国留学受阻，部分学生转向国内考研，迫使更多的应届毕业生及往届毕业生考研，以此缓解就业压力，也进一步提升竞争力。

在扩招背景下，研究生培养质量成为教育部门关注的重中之重。为此，教育部办公厅出台了《关于进一步规范和加强研究生培养管理的通知》。为切实加强研究生导师队伍建设，教育部先后印发《关于全面落实研究生导师立德树人职责的意见》《关于加强博士生导师岗位管理的若干意见》《研究生导师指导行为准则》，以构建国家典型示范、省级重点保障、培养单位全覆盖的三级导师培训体系。2021 年延续并严格落实这些政策。

（二）取得的成效

1. 高中招生改革已在全国大多数省份陆续实施

按照《国务院关于深化考试招生制度改革的实施意见》的要求，2016 年教育部启动新一轮高中阶段学校考试招生制度改革，颁布了《关于进一步推进高中阶段学校考试招生制度改革的指导意见》，提出改革目标是逐步建立一个"初中学业水平考试成绩＋综合素质评价"的高中招生录取模式，重在改变高中生招生将部分学科成绩简单相加作为录取唯一依据的做法，克服唯分数论。要求地市制定科学规范的综合素质评价体系和具体的中考改革实施方案，并报省级教育行政部门备案。省级教育行政部门制定初中学业水平考试、综合素质评价的统一要求，制定本地区进一步推进高中阶段考试招生制度改革实施意见；选择有条件的地市进一步扩大综合改革试点。综合改革试点从 2017 年之后入学的初中一年级学生开始实施，到 2020 年左右初步形成基于初中学业水平考试成绩、结合综合素质评价的高中阶段学校考试招生录取模式。北京、海南、福建、陕西、四川、山西、辽宁、青海、浙江、河南、安徽、广东、湖北、贵州、黑龙江、江苏、吉林、新疆、上海、江西等省（区、市）已陆续推出针对本地区的高中阶段学校考试招生制度改革方案及试点地区。

2. 全国已有 21 个省份分四批先后启动高考综合改革

自 2014 年国务院印发《关于深化考试招生制度改革的实施意见》以来，高考综合改革在"推进素质教育、促进教育公平、科学选拔人才"的期许中，由东部向中西部稳妥推进。2014 年，上海、浙江率先启动高考综合改革试点。2017 年，北京、天津、山东、海南等第二批改革试点顺利启动。2018 年，第三批启动高考综合改革试点的 8 个省份，河北、辽宁、江苏、福建、湖北、湖南、广东、重庆发布本地区实施方案，明确从当年秋季入学的高中一年级学生开始实施。2021 年 9 月，第四批启动高考综合改革试点的黑龙江、甘肃、吉林、安徽、江西、贵州、广西 7 个省份公布了"新高考"改革方案，于当年秋季入学的高中一年级学生开始实施，到 2024 年落地。截至 2021 年年底，不含港澳台地区，全国已有 21 个省份启动高考综合改革。按照教育部的相关部署，2022 年是启动新高考改革的最后一年，如果没有特殊困难情况，剩下的 10 个省份在 2022 年秋季启动新高考。

2021 年的高考试题体现了政策要求，加强了对学生德智体美劳全面发展的引导，深化基础性，优化情境设计，强化关键能力考查，增强试题开放性、灵活性，引导减少死记硬背和"机械刷题"现象，加强考教衔接，为推进教育评价改革，充分发挥高考的育人功能，促进素质教育发展，起到了积极的导向作用。

3. 各地认真规范中职学校考试招生行为，高职走向"质量型"发展

2019 年，《国家职业教育改革实施方案》（职教 20 条）出台，对职业教育提出了全方位的改革部署要求。教育部按照成熟一个印发一个的安排，会同中宣部、国家发展改革委、财政部、人力资源社会保障部等 10 多个部门，就高职扩招百万人、启动"双高计划"建设、"1+X"证书制度试点、大规模职业技能提升行动、产教融合型企业建设、"三教"改革、职业教育活动周等出台了一系列政策文件，基本覆盖了"职教 20 条"涉及的政策领域，集中释放了一批含金量高的政策红利，有力地推动了我国职业教育改革发展走上提质培优、增值赋能的快车道，职业教育面貌发生了格局性变化。

为严格招生考试，认真落实"质量型扩招"要求，各地积极响应《教育部办公厅等六部门关于做好 2021 年高职扩招专项工作的通知》要求，结合本地实际，出台政策规范中等职业学校考试招生行为，加强中等职业学校资助管理。

2019 年以来，教育部批准 27 所学校独立举办本科层次职业教育。2021 年 1 月，教育部印发《本科层次职业教育专业设置管理办法（试行）》，正式建立本科层次职业教育专业设置管理的国家制度。2021 年 3 月，教育部印发《职业教育专业目录（2021 年）》，其中设置了 247 个高职本科专业。从中职到高职专科，再到本科层次职业教育，职业教育止步于

专科层次的"天花板"被打破。由此,我国建立健全了以职业教育和普通教育"双轨"运行为标志,以纵向贯通、横向融通为核心,同经济社会发展和深化教育改革相适应的新时代中国特色职业教育体系。

4.不断强化研究生培养质量保障,学科专业体系建设和改革更加有力

为加快培养党和国家事业发展需要的德才兼备的高层次人才,以提升研究生教育质量为核心,教育行政部门陆续出台的一系列文件及采取的举措已取得阶段性成效。总体上看,各研究生培养单位质量保证和监督体系不断完善,培养机制、质量监督保障制度建设取得了很大进展,形成了国务院学位委员会、省级学位委员会、学位授予单位三级质量管理保障体制,构建了以研究生培养单位质量保证为基础,教育行政部门监管为引导,学术组织、行业部门和社会机构积极参与的内部质量保证和外部质量监督体系。人才培养规模稳步提升,结构不断优化,形成了学术型与应用型人才并重的培养格局。从近年来社会对研究生毕业难的热议可以看出,分流、清退、论文抽检,已成为研究生毕业的三大难关,研究生培养质量正在全面加强。

二、2021 年招生考试政策实施及实践中存在的问题

（一）深化高考内容改革，加强省级考试机构专业化建设水平的配套政策缺失

与传统高考相比，新高考改革显著强化了省级考试机构的考试评价职能。按照新高考的考试管理制度，语文、数学和外语 3 科统考由国家教育行政部门负责管理，思想政治、历史、地理、物理、化学、生物等 6 科（浙江增加技术科）选考由省级教育行政部门负责管理。在命题管理上，统考科目实行全国统一命题或由教育部授权省份命题，选考科目由各省份自主命题。由于统考与选考是并行等效的关系，因此"深化考试内容改革"的政策，也包括对选考科目考试内容改革的要求。

随着高考综合改革的推进，到 2021 年，有 27 个省份采用"全国卷"，从社会反响看，新高考全国卷试题内容较好地体现了 2021 年教育部"深化考试内容改革"的政策要求。与统考相比，由省级承担的选考科目的命题考试、成绩处理等要求同样很高，对于高考考试内容改革成效具有举足轻重的作用。但与教育部教育考试院相比，省级考试机构的专业化水平存在一定差距，省级考试机构之间也存在较为显著的差异，在 2021 年推动实施"深化高考内容改革"政策中，在

加强省级考试机构专业化建设水平方面，存在配套政策缺失的问题。

（二）在提高研究生培养质量方面，存在对研究生从严要求打折扣问题

高校扩招背景下，为控制研究生培养质量下滑的趋势，努力提高研究生培养质量，教育行政部门和研究生培养单位制定了多项政策和管理措施，但在政策实施过程中，存在对研究生从严要求方面打折扣问题。

2020 年全国研究生招生调查报告显示，"提升就业和从业的核心竞争力"是学生选择考研的主要动机，占比超过 60%，而出于"对学术研究的兴趣"而选择深造的学生比例仅占 20% 多。[①] 面对研究生扩招政策和严峻的本科生就业形势，高校通过鼓励本科生考研来完成就业率考核指标，一些本无心科研的学生通过考研来缓解就业压力，导致其读研的目标不明确；一些研究生在读研期间只能被动完成导师安排的科研任务，不能主动思考学科发展的前沿问题。这部分研究生表现出来的学习目标不明确及自我学习意识差等问题，是现有提高研究生培养质量政策所难以有效解决的。

中国科学院心理研究所的相关研究显示，受学业压力

---

① 中国教育在线.2020 年全国研究生招生调查报告[EB/OL].(2019–12–18)[2022–03–16].
https://www.eol.cn/e_ky/zt/report/2020/content02.html.

和就业压力的叠加因素影响，35.5%的被调查研究生有一定程度的抑郁表现，60.1%的被调查研究生有焦虑问题，且博士生的抑郁、焦虑平均水平显著高于硕士生，毕业年级的研究生压力显著高于其他年级的研究生，这在一定程度上显示我国研究生存在心理健康素养技能不达标的问题。研究认为"在很多高校，学生心理健康中心的核心服务群体是本科生，对研究生特别是博士生来说，宣传和支持都是不够的"①。现实中，面对日益严格的学业质量政策要求，有些学生因无法承受"不通过"的结果，甚至发生自残行为。部分尚不达标的学生或家长首先想到的并非自我反思，而是根据自己主观臆断在网上发布信息引发舆情，这给导师带来了巨大的心理压力，也造成了恶劣的影响。在开题、中期检查、学术报告、内审、盲评和答辩等研究生培养环节，尽管有部分学生未认真准备难以达到要求，导师和学位点专家团队在经过复杂的心理斗争、权衡利弊之后，仍然让其通过。这些来自学生的实际情况使相关政策的执行效果打了折扣。②

---

① 夏瑾.研究显示：我国研究生群体抑郁焦虑问题显著［EB/OL］.（2021-04-13）［2023-04-24］.http://health.people.com.cn/n1/2021/0413/c14739-32076525.html.
② 吴道勇，杨根兰，左双英，等.提升研究生培养质量的政策文件执行效果及问题分析［J］.科教文汇（下旬刊），2021（9）：4-6.

三、招生考试政策完善与实施建议

（一）深化高考内容改革需要加强省级考试机构的专业化建设配套政策

新高考制度改革以省为单位试点推广，省级考试机构不仅参与研制改革实施方案，而且具体承担试题命制、考试管理、评分转换、招生服务、社会宣传和录取监管等任务，对于改革成效具有举足轻重的作用。与传统高考相比，新高考改革显著强化了省级考试机构的考试评价职能，因此，深化高考内容改革政策的实施，必须配套加强省级考试机构的专业化建设水平。

第一，应重视省级考试机构的命题在考试评价中的基础性作用。结合高校招生需求和国家课程标准，针对本地区考生群体的特点，合理确定考试内容与形式，妥善处理好统考与选考、合格考与选考以及选考科目之间的关系，科学设计试卷结构与难度，促进考试组合与成绩转换的平稳性。

第二，应加强省级考试机构教育测评理论与技术研究，根据国家总体改革部署，结合本地区教育实际和往年高考招生情况，在理论研究和技术模拟的基础上，构建适合本地区的选考科目成绩转换模型和招生模式。

第三，应加强省级考试机构考试信息技术研发力度，开发选考科目成绩自动转换系统，通过网上评卷并按照相应规则自动将考试结果转换为等级或等级分；研发新的网上录取管理系统，由高校和学生根据选考科目报考要求灵活快速组合投档；开展大数据研究，挖掘利用好考试成绩背后海量的数据资源，反映学生的性向、潜能、胜任力和思维模式。①

省级考试机构专业化建设的核心在于管理人员队伍的专业化建设，不仅要根据业务需要扩大包括从事选考命题的学科秘书在内的专职考试管理人员队伍，而且要加强培训和教育，提高业务管理和专业研究能力。省级考试机构专业化建设的关键在于坚持程序正义的原则，无论是规则制定，还是政策实施，必须公开、公平、公正，依法治考，确保制度实施的效果。通过加强省级考试机构的专业化建设，提高考试招生治理能力，推进新高考的制度结构和制度功能逐步成型成熟，争取早日建成具有中国特色的现代教育考试招生制度体系。

---

① 柳博.新高考制度改革的现状与思考：制度变迁的视角［J］.中国高教研究，2020（1）：35–41.

（二）改进研究生选拔模式，强化研究生自我学习意识及心理教育要求

1. 改进研究生选拔模式

硕士研究生入学考试是研究生培养的"入口关"，直接关系到研究生培养质量的高低。改进研究生选拔模式，应落实《教育部 国家发展改革委 财政部关于深化研究生教育改革的意见》提出的"优化初试，强化复试，发挥和规范导师作用，注重对考生专业基础、综合素质和创新能力的考察"的改革要求，初试主要进行统考科目考察，复试采取形式多样、内容多元的考察方式，主要进行自命题科目、专业课科目和面试考察，充分发挥招生单位在人才选拔中的自主权和导师的决定权，切实选拔到具有创新意识、创造潜力的高层次人才，规避初试与复试环节考察内容的同质化现象。

2. 进一步强化研究生自我学习意识及心理教育要求

现有提高研究生培养质量的政策总体已初步完善，但政策实施过程中尚需针对学生实际，进一步强化研究生自我学习意识及心理教育要求。

目前部分研究生学习主观能动性不足，未能真正意识到研究生阶段的学习是一个自我提升的过程，而非简单地协助导师完成既定科研课题及获得学位。主观能动性不足导致

部分研究生在培养各环节存在一定程度的消极应对心理，对导师及其他专家提出的意见和建议视而不见，甚至害怕与导师见面交流。相关政策在强化导师在研究生培养过程中的引导作用的同时，还需进一步关注并强化研究生的自我学习意识，鼓励学生主动探索、开拓创新，同时，注重加强对研究生的心理健康教育和心理辅导。

（蒋志峰　中国教育科学研究院教育发展与改革研究所副研究员）

教育评价改革与教育督导重大政策述评

2021 年是中国共产党成立 100 周年，是"十四五"规划开局之年，也是全面建成小康社会、开启全面建设社会主义现代化国家新征程的关键之年。在 2020 年发布的《深化新时代教育评价改革总体方案》（以下简称《总体方案》）和《关于深化新时代教育督导体制机制改革的意见》（以下简称《改革意见》）的基础上，2021 年教育评价和教育督导工作主要围绕全面推进《总体方案》各项任务落细落地和贯彻落实《改革意见》进行。

一、2021 年教育评价与教育督导政策实施及取得的成效

（一）政策颁布与实施情况

2021 年，国务院和教育部相关部门出台了以下相关政策。1 月 21 日，教育部印发《普通高等学校本科教育教学审核评估实施方案（2021—2025 年）》。3 月 1 日，教育部、中共中央组织部、中央编办、国家发展改革委、财政部、人力资源社会保障部等六部门印发《义务教育质量评价指南》。

当月，教育部、财政部、国家发展改革委联合印发《"双一流"建设成效评价办法（试行）》。7月，国务院教育督导委员会先后印发《2021年对省级人民政府履行教育职责的评价方案》和《教育督导问责办法》。9月15日，教育部发布《国家义务教育质量监测方案（2021年修订版）》。

相关政策的发布不仅为各级部门提供了指导，提供了操作的空间，同时也指明了评估和督导的目的，体现出了政策的引领性、操作性和评价结果的应用性。结合国务院和教育部的相关政策，各省份在2021年年初的教育工作会议或2021年工作要点中提出了"深入推进新时代教育评价改革""深化新时代教育督导体制机制改革"等相关内容。有些省份及时制定相关政策，推进相关工作的落地实施。笔者对河北省、黑龙江省、吉林省、山西省、江苏省、浙江省和安徽省进行了调查，具体情况如下。

河北省在《中共河北省委教育工委 河北省教育厅2021年工作要点》中提出，研究出台河北省《深化新时代教育评价改革行动方案》《河北省县域学前教育普及普惠督导评估规划》《河北省县域学前教育普及普惠督导评估工作方案》，并对各地贯彻落实《河北省深化新时代教育督导体制机制改革实施方案》情况进行督查。黑龙江省在2021年全省教育工作会议上提出建立良好的教育生态和严实工作格局，其中包含了教育评价改革和教育督导相关内容；7月，印发了《黑龙江省深化新时代教育评价改革实施方案》；12 月，又召开了全省教育评价改革工作推进会议，对推进教育评价改革工作进行阶段性总结和交流，并部署了下一步工作。吉林省委教育工作领导小组 2021 年第一次全体会议上提出，要"着力深化新时代教育评价改革和教育督导体制机制改革"；9 月，省政府印发了《吉林省深化普通高等学校考试招生综合改革实施方案》；12 月，省政府教育督导委员会召开 2021 年全体会议，审议通过了《吉林省人民政府教育督导委员会工作规程》。山西省在《中共山西省委教育工作委员会 山西省教育厅 2021 年工作要点》中提出，"扎实推进新时代教育评价改革"，"系统推进教育督导'长牙齿'、上水平"。此后，又出台了《山西省深化新时代教育评价改革工作措施》和《关于深化新时代教育督导体制机制改革的实施意见》。江苏省在《江苏省委教育工委 江苏省教育厅 2021 年工作要点》中提出，"深入推进新时代教育评价改革"，"系统推进教育督导体制机制改革"，"研制《江苏省教育督导问责办法》"和"推动出台《江苏省教育督导条例》"。浙江省于 6 月印发《浙江省 2021 年区域教育信息化发展水平评价指标体系》；12 月，印发《浙江省深化新时代教育评价改革实施方案》。安徽省在《中共安徽省委教育工委 安徽省教育厅 2021 年工作要点》中提出，制定深化新时代教育评价改革实施方案及任务清单和负面清单，出台深化新时代教育督导体制机制改革的实施意见及配套措施，开展教育督导体制机制改革情况专项督导；5月，安徽省司法厅发布了关于征询社会公众对《安徽省教育督导条例（草案征求意见稿）》意见的公告；9月，安徽省教育厅印发《安徽省普通高中学业水平考试实施办法》和《安徽省普通高中学生综合素质评价实施办法》。

（二）取得的成效

从各省积极发布各自的政策来看，国务院和教育部的相关政策已经逐步得到落实。无论是"教育评价改革"相关政策，还是"教育督导"相关政策，都体现了党对教育事业的全面领导，这一特点在政策的"指导思想"中得到了充分体现。除了"指导思想"上体现引领性外，政策的制定还突出了典型案例的样板与引领作用。例如，《普通高等学校本科教育教学审核评估实施方案（2021—2025年）》提出："教育部每年向社会公布完成审核评估的高校名单，并在完成评估的高校中征集本科教育教学示范案例，经教育部评估专家委员会审议后发布，做好经验推广、示范引领。"《国家义务教育质量监测方案（2021年修订版）》提出："宣传推广监测发现的典型地区经验案例，搭建监测学习交流平台。"

在政策实施的过程中，涌现出了一批成功的典型案例。

从国家层面来看，国务院教育督导委员会办公室于2021年3月发函，认定四川省成都市青白江区和双流区为全国学前教育普及普惠县；①4 月，印发《2020 年省级人民政府履行教育职责评价实地督查发现的典型工作案例》，列举了 8 项典型工作案例（见下表）。②

2020 年省级人民政府履行教育职责评价实地督查发现的典型工作案例

序号	典型案例
1	天津市以改革促创新，全面建设新时代职业教育发展标杆
2	吉林省创建"新时代 e 支部"，开创高校党建工作新局面
3	浙江省强化统筹抓好落实，确保义务教育教师工资收入实现"不低于"目标
4	浙江省完善机制多措并举，全力促进高校毕业生就业
5	江西省出实招硬招，有效化解义务教育阶段大班额和超大班额
6	江西省深化教育督导改革，促进教育督导"长牙齿"
7	云南省举全省之力推进普通高中建设
8	宁夏回族自治区统筹谋划，推进"互联网＋教育"创新发展

2021 年 6 月，教育部网站转载《中国教育报》文章③，列

---

① 国务院教育督导委员会办公室关于认定四川省成都市青白江区和双流区为全国学前教育普及普惠县的函［EB/OL］.（2021-03-24）［2022-03-04］. http://www.moe.gov.cn/srcsite/A11/s6500/202104/t20210401_523919.html.

② 国务院教育督导委员会办公室关于印发《2020 年省级人民政府履行教育职责评价实地督查发现的典型工作案例》的函［EB/OL］.（2021-04-19）［2022-03-04］.http://www.moe.gov.cn/srcsite/A11/s7057/202104/t20210429_529138.html.

③ 汪瑞林 . 立足学生全面发展推进教学改革：国家义务教育质量监测典型地区经验案例综述［N］. 中国教育报，2021-06-22（1）.

举了国家义务教育质量监测典型地区经验案例。案例中的单位和地区分别在"提升学生数学思维品质""综合提高学生阅读素养""体教融合""美育融入教育全过程"等方面表现优异。

从省级层面来看，笔者调查了浙江省、山东省、辽宁省、广东省、福建省5个省的教育评价改革和教育督导工作成效。具体情况如下。

浙江省教育厅于2021年5月6日公布了教育评价改革典型案例评选结果，从推荐的86个案例中择优评选出31个典型案例。①山东省教育科学研究院于11月11日发布了《关于公布山东省教育评价典型案例的通知》，公布了12项典型案例。②辽宁省人民政府教育督导室于9月22日至27日组织开展对大连市长海县、庄河市学前教育普及普惠省级实地督导评估核查工作，并于10月29日拟认定通过并进行了公示。③广东省教育厅办公室于5月20日发布了教育评价改革典型案例，评选出了17个典型案例。福建省教育厅和福建省

① 浙江省教育厅.浙江省教育厅办公室关于公布教育评价改革典型案例评选结果的通知［EB/OL］.（2021-05-07）［2022-03-04］. https://jyt.zj.gov.cn/art/2021/5/7/art_1532974_58917024.html.
② 山东省教育科学研究院.山东省教育科学研究院关于公布山东省教育评价典型案例的通知［EB/OL］.（2022-01-06）［2022-03-04］. https://www.sdjky.net/index.php? m = wap&a = menushow&id = 4094.
③ 辽宁省人民政府教育督导室.关于长海县、庄河市通过学前教育普及普惠省级督导评估的公示［EB/OL］.（2021-10-29）［2022-03-04］. http://jyt.ln.gov.cn/zwgk/gsgg/202110/t20211029_4304951.html.

人民政府教育督导办公室于 11 月 24 日联合发布了《关于公布义务教育阶段控辍保学优秀案例的通知》，确定了 70 个案例为义务教育阶段控辍保学优秀案例。①

由上述调查可见，相关政策在各个层面都得到了落实，并产生了积极的效果。

二、2021 年教育评价改革与教育督导政策实施及实践中存在的问题

（一）基层仍存在"为了评价而评价"的错误观念

教育评价改革和教育督导的目标都是在形成评价的基础上，为教育的科学决策提供重要依据，同时起到协助基层、学校改进工作，提高教育、教学和管理质量的作用。因此，得出评价的结果并不是最终目的，结果的应用才是政策的着眼点。这一点在相关政策中也有明确的说明。例如，《义务教育质量评价指南》强调要运用好学生发展质量、学校办学质量和县域义务教育质量的评价结果，充分发挥评价结果对提高义务教育质量的引领和促进作用。《"双一流"建设成效评价办法（试行）》提出："根据综合评价结果，对实施有力、

① 福建省教育厅 福建省人民政府教育督导办公室关于公布义务教育阶段控辍保学优秀案例的通知［EB/OL］.（2021-11-24）［2022-03-04］.http://jyt.fujian.gov.cn/xxgk/zywj/202111/t20211125_5780533.htm.

进展良好、成效明显的建设高校及建设学科，加大支持力度；对实施不力、进展缓慢、缺乏实效的建设高校及建设学科，减少支持力度。"《2021 年对省级人民政府履行教育职责的评价方案》提出通过"形成意见""反馈意见""整改落实"和"督查'回头看'"四个步骤，强化评价结果运用。《国家义务教育质量监测方案（2021 年修订版）》则在"基本原则"部分明确提出："坚持问题诊断和示范引领并重，建立监测问题反馈和预警机制，督促问题改进；推广典型地区经验案例。推动各地建立结果运用机制，有效发挥监测诊断、改进、引导功能。"但在实际工作中，由于对政策的理解认识不够深入，基层单位仍存在"完成评估任务就万事大吉"的错误思想，忽视了评价结果的应用。

（二）基层参评主体负担过重，参与的积极性不足

教育评价改革和教育督导工作实施需要耗费大量的人力、物力，因此，人员配备和资金支持是保障机制中的重要一环。在人员配备方面，缺乏科学的人力资源规划，对人员需求没有合理安排；岗位职责说明不明确，要求具体职责落实到个人却往往缺乏明确解释与说明。在资金支持方面，地方上缺乏将教育评价改革和教育督导经费列入财政预算的具体措施，导致相关工作经费不足。上述问题影响了参评主体

的积极性。

（三）忽视或全盘否定以前的评价体系，重"破"不重"立"

《深化新时代教育评价改革总体方案》强调要着力破除唯分数、唯升学、唯文凭、唯论文、唯帽子的顽瘴痼疾，以建立科学的、符合时代要求的教育评价制度和机制。新政策的出台极大提高了各方参与工作的积极性，但因为对政策理解不够深入，基层有些地方在政策执行过程中产生了认识上的偏差，走入忽视或全盘否定以前的评价体系的歧途，没有妥善处理好"破"与"立"的辩证关系。

三、教育评价改革与教育督导政策完善与实施建议

（一）树立正确的评价观

教育评价改革与教育督导的最终目的是通过改进教育服务、教育制度与管理质量，更好地保障和促进受教育者的全面发展，推动教育质量的全面提升。因此，下一步应加强各个层面的宣传引导与政策解读，开展全覆盖、全媒体、全方位宣传教育，扩大地域覆盖面、人群覆盖面、内容覆盖面，纠正为了应付管理部门的评估而开展相关工作的错误观念。

（二）深化管理改革，完善保障机制，利用信息技术实现减负增效

在政策制定的过程中注重人才队伍的建设，配备与教育评价和教育督导职能相适应的人员，同时联合财政部门研究预算支出的具体措施，为相关工作提供充足的资金保障。注重发展性评价工作的评估与督导，在减轻被评估和督导对象负担的同时，增强评价的成效，同时进一步探索并健全激励机制，激励被评价主体深度参与，产生"以评促建"的内生动力。借助信息技术跟踪和监测评价的全过程，利用智能化手段采集信息，加快评价结果的反馈速度，更好地实现减负增效。

（三）"破""立"并举

处理好教育评价改革中"破"与"立"的辩证关系。评价改革是一个不破不立、边破边立的过程，"破"不是要全盘否定以前形成的评价体系，也不是不要分数、"帽子"等，而是要将评价权重更多向立德树人、高质量人才培养方面倾斜。只有这样才能将高质量的教育体系"立"起来，才能实现科学评价的最终目的。

（陈耿庆　天津师范大学教育学部博士研究生）

教育信息化重大政策述评

近年来，在《国家中长期教育改革和发展规划纲要（2010—2020 年）》《国家教育事业发展"十三五"规划》《教育信息化"十三五"规划》《教育信息化 2.0 行动计划》等文件的要求和引领下，我国的教育信息化水平不断提升，信息化已经成为促进教育公平、提高教育质量不可或缺的有效手段。2021 年，教育部等部门颁布了《关于大力加强中小学线上教育教学资源建设与应用的意见》《关于加强新时代教育管理信息化工作的通知》《高等学校数字校园建设规范（试行）》《关于推进教育新型基础设施建设构建高质量教育支撑体系的指导意见》等多个文件，从各个领域促进教育信息化发展。

2021 年是"十四五"的开局之年，具有承上启下的重要意义。一方面，要承接《教育信息化 2.0 行动计划》的接力棒，继续推进信息化基础设施建设，推动信息技术与教育的深度融合，构建起一体化的"互联网＋教育"的大平台；另一方面，站在新的历史起点上，必须紧跟新时代步伐，聚焦人才培养新需求，推动教育理念更新、模式变革、体系重构，推动我国教育信息化发展水平走向世界前列。

2021 年教育信息化领域的政策关键词有：数字资源、教育治理能力、数字校园。

一、2021 年教育信息化政策实施及取得的成效

（一）政策颁布与实施情况

2021 年涉及教育信息化的政策文件主要有以下几个。

2021 年 1 月 20 日，教育部等五部门印发《关于大力加强中小学线上教育教学资源建设与应用的意见》印发，将平台体系建设、资源开发、平台资源利用、师生应用能力等纳入了加强中小学线上教育教学资源建设与应用工作的重点举措。2021 年度数字资源服务普及工作仍被高度重视，1—10月的教育信息化和网络安全工作月报均对平台建设等数字资源数据进行了追踪公布。

2021 年 3 月 10 日，教育部印发《关于加强新时代教育管理信息化工作的通知》，提出要通过加强教育管理信息化统筹协调、优化信息系统供给模式、提高教育数据管理水平、促进管理服务流程再造、提高基础设施支撑能力五大重点任务来推进新时代教育管理信息化工作。

为了扎实推进教育信息化 2.0 行动计划，提升高等学校

信息化建设与应用水平，支撑教育高质量发展，2021 年 3 月 12 日，教育部发布《高等学校数字校园建设规范（试行）》。为提高高等学校网络管理和服务质量，提升校园网络用户上网体验，保障校园网络安全，2021 年 10 月 28 日，教育部办公厅、工业和信息化部办公厅联合发布《关于提高高等学校网络管理和服务质量的通知》。

2021 年 7 月 1 日，教育部等六部门发布《关于推进教育新型基础设施建设构建高质量教育支撑体系的指导意见》，提出重点建设信息网络、平台体系、数字资源、智慧校园、创新应用、可信安全等六类新型基础设施，到 2025 年，基本形成结构优化、集约高效、安全可靠的教育新型基础设施体系。

为贯彻落实习近平总书记关于加快 5G 发展的重要指示精神和党中央、国务院决策部署，2021 年 7 月 5 日，工业和信息化部等十部门联合印发《5G 应用"扬帆"行动计划（2021—2023 年）》，提出"5G+智慧教育"这一概念，指出要加大 5G 在智慧课堂、全息教学、校园安防、教育管理、学生综合评价等场景的推广，提升教学、管理、科研、服务等各环节的信息化能力，并加快 5G 教学终端设备及 AR/VR 教学数字内容的研发。

为了提升数字资源的质量，2021 年 8 月 12 日，教育部办公厅印发《关于开展"基础教育精品课"遴选工作的通知》，提出将部级精品课纳入国家中小学网络云平台优质课程资源。

2021 年 9 月 10 日，教育部办公厅等六部门发布《关于做好现有线上学科类培训机构由备案改为审批工作的通知》，其中对培训机构的网络安全标准、教育移动互联网应用程序（教育 App）等提出了明确的要求。2021 年 12 月 13 日，教育部办公厅印发通知，要求加强教育移动互联网应用程序管理，在各地教育行政部门完成中小学线上学科类培训机构审批前，暂停中小学线上学科类培训 App 的备案工作，已备案的相关教育 App 也要暂时从平台下线。

（二）取得的成效

1. 推进数字资源服务普及

数字资源普及一直是教育信息化的重点工作。在 2018 年 4 月 13 日教育部印发的《教育信息化 2.0 行动计划》中就明确提出了数字资源服务普及行动。2021 年数字资源普及行动继续推进。2021 年 1 月 20 日，教育部发布的《关于大力加强中小学线上教育教学资源建设与应用的意见》明确指出要完善国家级平台，促进资源共享、渠道互补、覆盖全体学生；推动省级平台资源通过国家中小学网络云平台实现省域间共享共用；市县和学校平台要充分用好国家和省级平台资源，避免重复开发、造成浪费。2021 年 1 月至 9 月底，国家教育资源公共服务平台累计新开通教师空间 35 万个、学生空间 41 万个，新汇聚不同服务商的应用 45 个，下架应用 2 个；国家数字教育资源公共服务体系新接入市级平台 12 个。相较于 2019 年和 2020 年数据的迅猛增长，2021 年各项数据的增长都进入了一个相对稳定的阶段。2021 年 7 月 1 日，教育部等六部门发布的《关于推进教育新型基础设施建设构建高质量教育支撑体系的指导意见》要求，推动数字资源的供给侧结构性改革，创新供给模式，提高供给质量。从开发新型资源和工具、优化资源供给服务和提高资源监管效率等方面着手，提升数字资源的供给质量。

2. 推进教育治理能力优化

教育的面貌正在发生快速且巨大的变化，以往的教育治理观念、方式已经不能完全适应快速变化的教育现状，信息化手段成为提升教育治理现代化水平的重要方式和手段。

2021 年 3 月 10 日，教育部印发《关于加强新时代教育管理信息化工作的通知》，指出要通过加强信息系统规范管理、推进信息系统深度整合、促进应用服务创新发展等方式，优化信息系统供给模式。2021 年教育治理能力优化重点也放在了信息系统的构建和应用上。各级各类教育以及特定群体都建立相应的信息系统，这些系统在教育治理的过程中大大提升了工作效率。例如，利用全国中小学生学籍信息管理系统完成了学生毕业升级处理和控辍保学专项采购；全国中等职业学校学生管理信息系统就业填报功能、专业目录功能开展全国部署，通过该系统完成了 2021 年中职专业目录录入，开展就业功能改造；针对教师群体建立的全国教师管理信息系统完成了存量数据与公安部犯罪记录库的比对分析及总结报告编制；校园足球管理信息系统完成了足球特色教师（教练员）线上培训慕课体系建设并上线了线上培训慕课课程。

3. 落实备案制度，引导教育 App 有序发展

持续引导教育 App 有序健康发展，落实备案制度是基础手段。2019 年 8 月 10 日，教育部等八部门联合印发《关于引导规范教育移动互联网应用有序健康发展的意见》，提出对教育 App 实施备案制度，并要求在 2019 年底完成备案工作。截至 2021 年 9 月底，共有 1856 家企业的 4241 个教育 App 完成备案（见下图）。

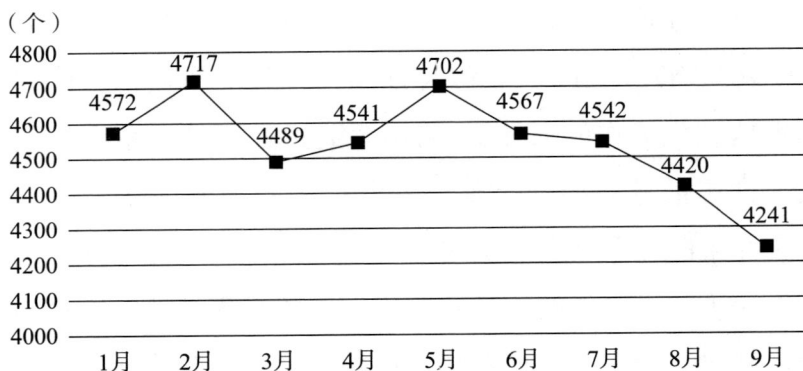

2021年1—9月完成备案的教育App数量

值得关注的是，完成备案的教育 App 的数量整体呈下降趋势，这与"双减"政策息息相关，同时也反映了"双减"

政策的成效。根据 2021 年 9 月 10 日教育部办公厅等六部门印发的《关于做好现有线上学科类培训机构由备案改为审批工作的通知》，教育 App 数量的降低，主要原因有三个：第一，部分中小学线上培训机构已备案的教育 App 暂时从平台下线；第二，经过重新审批，未获得中小学线上学科类培训许可的，要撤销备案；第三，对于提供和传播"拍照搜题"等惰化学生思维能力、影响学生独立思考、违背教育教学规律的作业 App，暂时下线。多措并举，引导了教育 App 的有序发展。

4. 推进各级各类学校数字校园建设

职业院校和中小学数字校园建设已经分别于 2015 年和 2018 年起步。全国教育信息化工作管理信息系统数据显示，截至 2021 年第二季度，全国中小学（含教学点）接入带宽达到 100M 以上的学校比例为 99.96%，20 个省份的学校网络接入带宽全部达到 100M；98.93% 的中小学拥有多媒体教室，数量达到 431 万间，其中 85.38% 的学校实现多媒体教学设备全覆盖。2021 年 4 月 8 日，中央电化教育馆在南京召开推广落实《职业院校数字校园规范》暨职业院校数字校园建设实验项目总结会，推进职业院校数字校园建设。

2021 年高等院校的数字校园建设也开始起步。为了推动信息技术与教育教学深度融合，提升高等学校信息化建设与应用水平，支撑教育高质量发展，2021 年 3 月 12 日，教育部发布了《高等学校数字校园建设规范（试行）》，为高校数字校园建设提供了明确的操作指南。目前，各级各类学校数字校园建设指导文件均已颁布，但是后续建设任务仍然任重道远。

5. 推进智慧教育创新发展

随着信息技术与教育教学的融合不断深入，5G、云计算、大数据、人工智能等新技术的发展与应用在智慧教育的推进过程中越来越重要。

2018 年，《教育信息化 2.0 行动计划》将智慧教育创新发展行动列为八大行动之一，提出积极开展智慧教育创新研究和示范，推动新技术支持下教育的模式变革和生态重构。2021 年，教育部对 2020 年度"智慧教育示范区"创建项目名单进行公示，遴选了 10 个创建区域和 2 个培育区域。教育部科技司从名师课堂、虚拟仿真教学、5G 条件下教学三类模式中遴选出 20 个不同应用方向的教学应用实践共同体。教育部组织开展"平板教学"排查和整改，规范各地"平板教学"工作。随后，教育部或联合其他部门陆续出台了《5G应用"扬帆"行动计划（2021—2023 年）》《关于开展虚拟教研室试点建设工作的通知》《关于组织申报区块链创新应用试点的通知》等文件，大力支持新技术在智慧课堂、全息教学、校园安防、教育管理、学生综合评价等场景的推广，提升教学、管理、科研、服务等各环节的信息化能力。

二、2021 年教育信息化政策实施及实践中存在的问题

（一）加强教育信息化谋篇布局，针对性政策有待完善

2021 年 1—10 月的教育信息化和网络安全工作月报显示，2021 年教育部科技与信息化司围绕教育信息化展开的工作主要包括数字资源服务普及活动、教育治理能力优化行动、网络扶智工程攻坚行动、智慧教育创新发展行动、数字校园规范建设行动。由此可以看出，教育信息化工作的开展还是以《教育信息化 2.0 行动计划》为框架，应该尽快出台更上位、更具有针对性的政策文件，加紧研制出台《教育信息化中长期发展规划（2021—2035 年）》和《教育信息化"十四五"规划》。

（二）各级各类教育信息化仍需继续完善

对于基础教育来说，全面脱贫攻坚任务虽已完成，但薄弱地区和贫困山区教育信息化设施普及与运维仍面临许多挑战，信息化教学模式的创新与推广普及，管理服务平台与资源平台的融合以及国家平台与地方平台的对接仍需进一步推进；职业教育信息化面临的主要挑战还是资源与平台的问题，一方面是优质实训类教育资源怎样建设与推广应用，另一方面是如何使用网络学习空间开展教学与学习；高校信息化的挑战在于提升，一方面要推动信息技术与教育教学深度

融合，另一方面要对各类信息系统进行集成与整合。

（三）农村和薄弱地区的教育信息化建设需进一步推进

目前，教育信息化经费已纳入学校生均公用经费，可用于信息技术和教师培训支出。依据《教育部 国家发展改革委 财政部关于切实做好义务教育薄弱环节改善与能力提升工作的意见》，从 2019 年开始，农村学校教育信息化建设纳入经费保障，着力改善农村学校网络教学环境。未来，需要进一步提升农村和薄弱地区的教育信息化水平，部署优质教学资源共享，推动基本公共教育服务均等。但是农村和薄弱地区的教育信息化建设不单是由经费一个因素决定的，未来这些地区的信息化建设仍然任重道远。

三、教育信息化政策完善与实施建议

（一）数字资源建设既要注重"量"的积累，更要注重"质"的提升

我国数字资源普及工作马上就要进入攻坚阶段。未来教师、学生和家长空间的注册量，会随着学生和教师的数量波动。对于数字资源以及平台来说，让师生完成注册容易，难的是通过优质的资源持续吸引用户，保持平台活跃，只有这样才能更好地维护教育公平。如果不重视数字资源的质量，

那么在"双减"政策下，只能加剧教育不公平。2021 年 8 月，教育部办公厅发布了《关于开展"基础教育精品课"遴选工作的通知》，启动了基础教育精品课遴选工作，将部级精品课也纳入国家中小学网络云平台优质课程资源，汇集优质教学资源。未来应进一步建立健全优质课程资源遴选更新机制，系统化体系化建设优质课程教学资源，不断丰富资源内容，提高资源质量。

（二）加快推进教育新基建，构建高质量教育支撑体系

抓住国家布局新基建的重大机遇，加快推进教育新型基础设施建设。明确教育新基建的概念与内涵，以信息化为主导、以提高质量为目标，以信息网络、平台体系、数字资源、智慧校园、创新应用、可信安全为重点，形成包括技术、硬件、软件等在内的一套教育高质量发展支撑体系，支持教育数字转型、智能升级、融合创新。

（三）教育信息化的推进可以走"设备先行"的道路，并完善配套经费保障机制

参考发达国家的经验，教育信息化推进过程中可以"设备先行"。我各级政府部门也应加强统筹协调，优化支出结构，建立完善的经费保障机制，大力支持教育信息化建设。加强对薄弱环节和贫困地区的倾斜支持，缩小区域、

城乡、校际差距。优化金融服务，加大对教育信息化建设的支持力度。

（闫佳曼　北京邮电大学教育技术研究所硕士研究生）

教师队伍重大政策述评

　　教师队伍建设是巩固拓展教育脱贫攻坚成果同乡村振兴有效衔接的重要内容，是实现教育高质量发展的基础支撑。党的十八大以来，以习近平同志为核心的党中央将教师队伍建设摆在事关民生大计的突出位置。全面打赢教育脱贫攻坚战后，我国教育面貌焕然一新。为进一步巩固拓展教育脱贫攻坚成果，有效衔接乡村振兴战略，接续推动脱贫地区发展和乡村全面振兴，教育部等四部门发布了《关于实现巩固拓展教育脱贫攻坚成果同乡村振兴有效衔接的意见》，提出要继续实施中小学幼儿园教师国家级培训计划，优先满足脱贫地区对高素质教师的补充需求；启动实施中西部欠发达地区优秀教师定向培养计划，定向培养一批优秀师资；加强教师教育体系建设，推动师范教育高质量发展与巩固拓展教育脱贫攻坚成果、实施乡村振兴相结合。此外，《关于进一步减轻义务教育阶段学生作业负担和校外培训负担的意见》（以下简称"双减"）同样对高质量教师队伍提出迫切需求，要求教师精准分析教情学情，切实提高育德能力、课堂教学能力、作业与考试命题设计能力、实验操作能力、课后服务能力和家庭教育指导能力等。

2021 年度教师队伍领域重大教育政策聚焦质量提升，关键词有：师范生培养专业化、教师培训精准化、优质教师定向培养。

一、2021 年教师队伍政策实施及取得的成效

（一）政策颁布与实施情况

为进一步加强师范类专业建设，提高师范类专业人才培养质量，2021 年 4 月 2 日，教育部办公厅发布《中学教育专业师范生教师职业能力标准（试行）》《小学教育专业师范生教师职业能力标准（试行）》《学前教育专业师范生教师职业能力标准（试行）》《中等职业教育专业师范生教师职业能力标准（试行）》《特殊教育专业师范生教师职业能力标准（试行）》等五个文件（以下统称"能力标准"）。

为推进教师培训提质增效，加强中西部欠发达地区教师精准培训，2021 年 4 月 30 日，教育部、财政部联合印发《关于实施中小学幼儿园教师国家级培训计划（2021—2025 年）的通知》（以下简称《通知》），对"十四五"期间"国培计划"实施进行全面部署，指导教师培训总体工作。

为深入贯彻习近平总书记关于加强中西部欠发达地区教师定向培养及李克强总理关于加大对乡村教师委托和定向培

养的重要指示精神，2021 年 7 月 26 日，教育部等九部门印发《中西部欠发达地区优秀教师定向培养计划》（以下简称"优师计划"），通过部属师范大学和省属师范院校定向培养一批优秀教师。

面对新形势、新任务、新要求，2021 年教师队伍领域的重大教育政策直指提升师资质量，教师队伍建设迈向高质量发展阶段。

（二）取得的成效

教师是教育的中坚力量，有高质量的教师才会有高质量的教育。在全面系统推进教育高质量发展的背景下，我国一方面大力推进"国培计划"，为教师队伍高质量发展提供坚强保障；另一方面，颁布各类专业师范生教师职业能力标准，实施"优师计划"等政策，从源头上提升教师准入门槛与能力水平。

实施中小学幼儿园教师精准培训。自 2010 年实施"国培计划"以来，接受培训的教师校长已经超过 1700 万人次。"十四五"期间，"国培计划"将按照定位精准、对象精准、内容精准、方式精准、评价精准的原则，重点支持中西部欠发达地区农村骨干教师校长培训，计划培训教师校长不少于

400万人次。① 一方面，菜单式的培训项目内容可以与教师个人发展需要精准契合，有利于教师取长补短，学以致用，为基础教育改革发展培养高端引领人才。另一方面，政策明确指出的重点支持地区与人群，与乡村振兴、高质量发展等国家重大政策精准联动，有效为乡村振兴和中西部欠发达地区农村教育改革发展提供坚强师资支撑。

提高师范类专业人才培养质量。"能力标准"是实施教育类研究生和公费师范生免试认定中小学教师资格改革的重要内容支撑，是院校建立师范生教育教学能力考核制度的重要参考依据，有利于加强教育类研究生和公费师范生培养过程性考核，提高师资储备质量，深入推进免试认定改革，从源头上提升教师队伍教书育人的能力水平。一方面，"能力标准"突出专业特色，细化师范生实践能力要求，分别明确中学教育、小学教育、学前教育、中等职业教育和特殊教育专业师范生的教育教学基本能力。另一方面，"能力标准"着眼新时代教师培养目标，按照"一践行，三学会"（践行师德、学会教学、学会育人、学会发展）的基本框架，涵盖师德践行能力、教学实践能力、综合育人能力和自主发展能力四大内容。

---

① 樊未晨.教育部：加快构建教师队伍建设新格局 让教师成为让人羡慕的职业［EB/OL］.（2021-09-09）［2022-03-03］. http://www.moe.gov.cn/fbh/live/2021/53730/mtbd/202109/t20210909_561110.html.

　　加强中西部欠发达地区教师定向培养。2021 年是"优师计划"实施的第一年，报考"优师计划"的考生十分踊跃，生源质量良好，85 所培养院校 26 个专业共招录师范生 9530 人。[①]"优师计划"从源头上改善中西部欠发达地区中小学教师队伍质量，培养造就大批优秀教师，具有面向脱贫地区、定向精准施策，国家引领地方、推进分层实施，部门协同联动、保障学生权益，加强履约管理、推动应履尽履，落实财政支持、强化政策激励等亮点[②]，进一步拓宽了中西部欠发达地区优秀教师的补充渠道，教师补充从满足数量需求向保证师资质量迈进，是精准推进教育公平，助力乡村振兴，实现教育优质均衡发展的重大举措。

二、2021 年教师队伍政策实施及实践中存在的问题

　　面对新形势、新任务、新要求，教师能力素质还存在结构性发展短板，师范类专业人才培养还需要进一步与中小学实际需求衔接，迫切需要立足新阶段、贯彻新理念、

---

① 中国教育在线.教育部：今年"优师计划"生源质量良好，招录师范生 9530 人［EB/OL］.（2021-09-08）［2022-03-03］. https://news.eol.cn/meeting/202109/t20210908_2152811.shtml.

② 教育部.加强中西部欠发达地区教师定向培养，为实施乡村振兴战略源源不断输送人才：教育部教师工作司负责人就《中西部欠发达地区优秀教师定向培养计划》答记者问［EB/OL］.（2021-08-03）［2022-03-03］. http://www.moe.gov.cn/jyb_xwfb/s271/202108/t20210803_548634.html.

聚焦高质量，对新时代教师队伍质量提升进行精准、专业的部署规划。

（一）教师能力素质存在发展短板

在教育改革转向质量提升的过程中，教师队伍整体素质得到显著改善，但仍然存在结构性发展短板，需要在各级各类培训中予以重视。一方面，教师信息素养尚不能满足教育现代化需要，现代化教学资源等硬件设施未能充分有效利用，面对疫情期间在线教学需求，一些农村教师特别是年长教师难以保障线上教学质量。另一方面，面对国家通用语言文字教育"要从娃娃抓起"的要求，农村地区与少数民族地区教师国家通用语言文字教育教学能力不足的问题凸显，难以为中小学生特别是低龄幼儿提供良好的普通话教育环境，不利于培养学生基本的普通话交流能力，不利于为学生奠定良好的语言基础。

（二）教师培养与实际需求存在偏差

"能力标准"突出专业特色，明确了中学教育、小学教育、学前教育、中等职业教育和特殊教育专业师范生的教育教学基本能力，在具体教学科目的能力标准方面为师范院校保留了一定的自主性。当师范生完成学业，正式进入教学岗位之后，在师范院校习得的学科知识与学科教学能力要想有效运用到教学实践当中，就要解决中小学"教非所学"的问题。特别是在农村学校以及思政、理科、音体美等科目，教师队伍结构性短缺，专业对口性不高，"教非所学"问题较为突出，需要着力做好从培养到实践的衔接，让师资储备队伍的专业优势得以充分发挥。

（三）教师减负工作面临新挑战

2019 年，中共中央办公厅、国务院办公厅印发《关于减轻中小学教师负担进一步营造教育教学良好环境的若干意见》，为减轻中小学教师负担提供了高位遵循。2021 年，教育部印发《关于做好 2021 年减轻中小学教师负担有关工作的通知》，在教育部的督导和指导下，全国 31 个省（区、市）和新疆生产建设兵团印发了教师减负清单，建立统筹规范相关制度，完善专项配套制度，健全教师减负体制机制，教师减负工作初见成效。[①]

然而，在"双减"政策的推进过程中，中小学教师减负工作与深化教育教学改革的结合还不够灵活深入，中小学教师减负工作的推进面临新挑战——教师工作量显著增长，工作时间远超 8 个小时。"双减"政策实施后，对中小学教师减负工作提出了更高要求，需要进一步探索健全教师减负长效

[①] 曹曦."中小学教师的负担也要真的减下来"：教育部"我为群众办实事"系列报道之五［EB/OL］.（2021−12−18）［2022−03−03］. http://www.moe.gov.cn/jyb_xwfb/s5147/202112/t20211220_588500.html.

机制，确保中小学教师潜心教书，提质增效。

三、教师队伍政策完善与实施建议

在《教师法》即将完成修订审议之际，教师队伍建设应在总结巩固已有政策的实施经验与阶段性成果的基础上，立足于全面建成社会主义现代化强国的第二个百年奋斗目标与"十四五"时期教育发展目标定位，结合疫情防控常态化、"双减"、乡村振兴、信息化等新时代教育发展背景，持续深化教师精准培训，深入推进乡村教师多渠道补充机制，配齐建强思想政治理论课教师队伍，完善课后服务师资体系建设，引导教师主动适应新时代教育发展新变革，为建设高质量教育体系、实现教育现代化提供人才支撑。

（一）持续深化教师精准培训

培训是提升教师教育教学能力水平，实现教师队伍高质量发展的重要途径。推进教师队伍建设应立足于国家层面针对教师培训放出的精准信号，为构建高质量教育体系奠定坚实的师资基础。第一，逐步建立多主体协同参与的教师培养培训基地与教师教育改革实验区，健全专项培训体系，建立教师自主发展机制。第二，除了常规教学能力培训以外，还应针对有关政策要求，加强并完善教师作业设计培训、义务教育新课程标准培训、统编教材培训、国家通用语言文字培训、信息素养培训等培训项目建设；紧密结合思政课程和课程思政建设工作，将习近平新时代中国特色社会主义思想作为教师培训必修内容。第三，充分开发利用线上培训模式，提升线上培训效果，积极探索教师自主选择培训项目的个性化发展机制。

（二）深入推进乡村教师多渠道补充机制

落实完善"优师计划"相关要求，科学核定并逐步扩大"优师计划"的实施范围与规模，采用订单式培养模式以优化乡村教师培养结构，保障乡村教师补充精准到位。相关政策措施持续向边远艰苦地区倾斜，引导优秀人才向乡村学校流动，保障乡村教师"下得去、留得住、教得好"的局面稳步发展，构建多渠道并举的乡村教师补充格局。

（三）配齐建强思想政治理论课教师队伍

继续贯彻落实《关于加强新时代中小学思想政治理论课教师队伍建设的意见》要求，加强高等院校思想政治专业建设，扩大思想政治专业学生培养规模，为配齐思想政治理论课教师队伍提供充裕的后备力量。提升思想政治理论课教师的专业素养与教学能力，改革创新思想政治理论课教师的评价与管理体制，在教育教学方面推进落实习近平新时代中国特色社会主义思想进课程教材，着力提高思政课教师专职化专业化水平。

（四）完善课后服务师资体系建设

教师是落实"双减"政策的关键力量，提升学校课后服务水平、满足学生多样化需求离不开教师的高质量参与。在"双减"政策实施初期，相关制度体系和配套措施需要进一步探索完善。一方面，要加强教师培训，指导教师准确把握课后服务的内容与目标，提升教师综合能力；另一方面，也要创新制度安排，探索实施弹性工作和补充休息制度，积极引导退休教师、其他群体等社会力量参与课后服务。

（杨柳　中国教育科学研究院教育发展与改革研究所助理研究员）

教育党建重大政策述评

建设教育强国是中华民族伟大复兴的基础工程，事关党和国家事业发展的全局，必须要以党的建设为统领，深入推进党建工作的质量和效能。2021 年，党和国家喜事、大事不断，中国共产党迎来建党一百周年华诞，我国取得脱贫攻坚全面胜利，实现了全面建成小康社会的宏伟目标，这一系列成就充分彰显了中国特色社会主义的体制优势。在此过程中，全国教育战线在党中央的坚强领导下，坚定社会主义办学方向，扎根中国大地办教育，全力推动党的教育方针的贯彻执行，落实立德树人根本任务，从中央到地方研究出台了一系列旨在加强教育系统党的建设的政策文件，涉及教育行政部门、中小学校、高等院校、教育科研机构、社会组织等多个主体，涵盖了大中小学学校管理者、教师和学生等诸多方面，教育系统党建工作体系得到了进一步充实和丰富，为下一步推进教育党建工作更好发展奠定了良好的基础。

2021 年教育系统党建工作关键词有：学习贯彻党的十九届六中全会精神、基层党建、思政育人、党建业务融合、全面从严治党。

教育系统肩负着培养担当民族复兴大任时代新人的重要职责，确保教育领域始终成为坚持党的领导的坚强阵地是整个教育系统应该自觉担当的政治责任。加强党对教育工作的全面领导，全面贯彻党的教育方针，是教育系统各级党组织要盯紧抓好、贯通始终的核心职能。2021 年，在教育部党组和各级教育行政部门的统筹谋划下，全国教育系统始终将党的建设置于首位，通过强有力的党的建设引领带动教育战线强化党的领导地位，主动掌握意识形态工作制高点和主导权，在大力推进新时代中国特色社会主义教育事业发展、全面深化教育改革、创新人才培养模式、促进教育公平均衡发展、助力脱贫攻坚、办好人民满意的教育等方面取得了显著成绩，突出体现了党建工作对教育工作的引领保障作用。从2021 年教育系统关于党建工作的论述、部署、活动以及发布的政策文本看，强调政治引领、促进党建业务融合、重视基层组织建设、强化在校师生思政建设、注重廉政风险防控是其主要特点。

一、将学习领会中央精神和贯彻落实决策部署作为党建工作的重中之重

2021 年，教育部党组把党史学习教育和学习贯彻党的十九届六中全会精神作为党建工作的切入点和着力点，全程发力，贯穿始终。教育部办公厅先后印发了《关于在思政课中加强以党史教育为重点的"四史"教育的通知》《关于做好"音乐党史"系列活动有关工作的通知》《关于开展习近平新时代中国特色社会主义思想大学习领航计划主题教育活动的通知》等文件，结合教育教学实践对理论学习、党史学习教育的开展进行了部署。同时，教育部直属机关各单位党组织结合实际，开展了形式多样、内容丰富的学习教育活动。在党的十九届六中全会毕幕后的第一时间，教育部党组就以党组会暨党组理论学习中心组的形式开展集体学习，传达习近平总书记在党的十九届六中全会上的重要讲话精神和会议精神；举办学习贯彻党的十九届六中全会精神交流会，加强党员领导干部政治能力训练；邀请中央宣讲团走进高校，组织开展"周末理论大讲堂"等。通过特色联学、立体化宣讲、集体备课等创新性做法，将学习党的十九届六中全会精神与教书育人实践有机结合。充分发挥教育部高校思政课教学创新中心、"手拉手"集体备课中心、高校思政课教师研修基地的作用，建设优质教学资源，指导开展示范教学、集体备课、理论研究阐释等工作，推动党史学习教育进学校、进课堂、进培训、进教材，切实将全体教育战线工作者的思想和行动统一到党中央的决策部署上来，进一步提升了为办好人民满意的教育贡献力量的自觉性。

二、加强党建人才队伍培养

为提升党建人才队伍政治素养和业务能力，进一步压实党建责任，各级教育主管部门将党建人才队伍培养作为一项基础性工程来抓。教育部党组为此专门印发《关于贯彻落实〈2018—2022 年全国干部教育培训规划〉的实施意见》，要求按照新时代党的建设总要求，着力提高培训的时代性、针对性、有效性，高质量教育培训干部，高水平服务教育事业改革发展。在此基础上，2021 年年末，教育部专门召开 2021 年度直属机关基层党组织书记抓党建工作集中述职评议考核会，对 14 家现场述职的司局（单位）党组织书记抓党建工作情况进行逐一点评，总结经验，提炼方法，交流思想，开展指导，借此切实促进广大一线党务工作者提升管党治党能力。同时举办教育部直属机关党员领导干部政治能力培训班，努力提升专业人员抓党建工作的能力，找准关键点、结合点、着力点，持续推动直属机关党的建设高质量发展。各地教育行政部门、各高等院校党委通过开展基层党组织书记示范培训，组织教育干部培训、辅导员示范培训、思政课骨干教师研修、哲学社会科学骨干培训等各级各类培训，进一步提升教育系统党建工作人才队伍的思想觉悟和政治能力。

三、大力强化基层组织党建工作

为增强教育系统基层党组织的政治能力，更好发挥引领带动作用，推动教育系统党建质量全面创优、全面提升，教育部先后出台了《关于坚持和完善普通高等学校党委领导下的校长负责制的实施意见》《关于建立中小学校党组织领导的校长负责制的意见（试行）》等一系列重大政策。2018 年 12 月，教育部办公厅发布《关于公布首批全国党建工作示范高校、标杆院系、样板支部培育创建单位名单的通知》，评选出一大批全国党建工作示范高校、标杆院系和样板支部，并给予建设资助和管理指导，有力促进了高校基层党支部战斗堡垒作用和优秀党员先进模范作用的发挥。全面落实《中共中央关于全面加强新时代少先队工作的意见》，进一步加强党对少先队工作的领导，2021 年 3 月，印发《关于在中小学组织开展"从小学党史 永远跟党走"主题教育活动的通知》，全面加强党、团、队一体化建设，不断推进少先队组织创新和工作创新。地方教育主管部门大力加强对学校基层党组织的管理，通过政治赋能、思想赋能、组织赋能，深耕基层土壤，进一步把牢办学方向，突出政治统领、组织建设和责任落实，牢牢掌握党对学校工作的领导权，在加强党的领导、夯实基层组织、改进思想政治工作、落实党建责任等方面持续发力，为教育改革发展提供根本保证和坚强保障。

四、注重学校思政队伍和课程建设

为贯彻落实好中共中央办公厅、国务院办公厅《关于深化新时代学校思想政治理论课改革创新的若干意见》和中共中央办公厅《关于加强新时代马克思主义学院建设的意见》，2021 年，教育系统一以贯之地抓党的建设与教书育人实践工作有机结合和深度融合，以学校思政队伍建设和课程建设为突破口，加大专项投入，促进加快形成党委统一领导、党政齐抓共管、有关部门各负其责、课程思政与思政课程协同配合的体制机制，不断完善"大思政课"育人格局。教育部在 2021 年年初举行 2021—2025 年高校思想政治理论课教学指导委员会成立大会暨工作会议，回顾总结高校思政课建设取得的进展成效，分析研判当前形势任务，研究部署推动思政课高质量发展工作。同年，教育部密集印发《革命传统进中小学课程教材指南》《中华优秀传统文化进中小学课程教材指南》《关于开展课程思政示范项目建设工作的通知》《习近平新时代中国特色社会主义思想进课程教材指南》《教育部大中小学思政课一体化建设指导委员会章程》《高等学校思想政治理论课建设标准（2021 年本）》等一系列指导性文件，对思政育人的内容、师资、责任进行了全面安排，进一步增强思政育人的协同性、针对性和实效性。

五、牢牢把握坚持"严"的主基调

全国教育系统在 2021 年一如既往地扎实推进全面从严治党,牢牢把握坚持"严"的主基调。11 月 26 日,教育部召开推进中央巡视整改、深化全面从严治党暨直属系统警示教育会,教育部党组书记、部长怀进鹏出席会议并讲话,明确要求各级党组织要压紧压实主体责任,坚持党建工作与业务工作同谋划、同部署、同推进、同考核。相关司局对开展中小学有偿补课和教师违规收受礼品礼金问题、普通高校部分特殊类型招生、学位与研究生教育质量管理、普通高校非学历教育对照检查整改、现代远程教育试点总结性评估等一系列工作专门出台通知,进一步明确纪律要求,扎紧扎牢制度的篱笆。教育部党组进一步加强对全面从严治党工作的统一领导,在 2018 年成立党的建设和全面从严治党工作领导小组的基础上,2021 年进一步完善直属单位党组织的设置和体制机制,锲而不舍纠"四风"树新风,从严从实加强年轻干部的管理监督,强化对各级干部的警示教育,大力营造"严"的氛围。教育系统各级纪检监察部门紧盯教育领域人民群众深恶痛绝的怪象、乱象,对违反党规党纪、师德师风,侵犯师生利益,靠教育吃教育等行为"零容忍",发现一起,查处一起，积极推动教育系统全面从严治党向纵深发展。地方教育主管部门和广大高校积极开展巡视巡察，指导督促有关下级单位完成好巡视重点整改、持续整改，努力营造风清气正的教育环境。

（魏晓东　中国教育科学研究院纪检监察室助理研究员）

2021 年度重大教育政策要点摘编

一、综合政策

加强与港澳台少年儿童组织、机构的交流合作，增强港澳台少年儿童的国家认同、民族认同和文化认同。加强与世界各国特别是"一带一路"沿线国家少年儿童组织、机构的友好交往。

创新少先队辅导员评价和激励机制。改革完善少先队辅导员评价机制，突出少先队活动效果和育人实效，拓宽教育成果和研究成果认定范畴。将大、中队辅导员年度考核纳入学校教师年度考核，由县级少工委研究制定考核指标并参与具体实施，加强结果运用。完善少先队辅导员职称评聘标准和办法，加大对辅导员参评职称的支持力度。开展骨干辅导员、辅导员带头人、特级辅导员等级称号评定。将符合条件的少先队辅导员作为各级总辅导员、少先队学科教研员和教育部门、团委优秀年轻干部人选。将各级少先队名师工作室纳入同级教育部门学科名师工作室建设范畴。

——以上见《中共中央关于全面加强新时代少先队工作的意见》，2021 年 1 月 31 日

加强乡村教师队伍建设。落实城乡统一的中小学教职工编制标准。继续实施革命老区、民族地区、边疆地区人才支持计划、教师专项计划和银龄讲学计划。加大乡村骨干教师培养力度，精准培养本土化优秀教师。改革完善"国培计划"，深入推进"互联网＋义务教育"，健全乡村教师发展体系。对长期在乡村学校任教的教师，职称评审可按规定"定向评价、定向使用"，高级岗位实行总量控制、比例单列，可不受所在学校岗位结构比例限制。落实好乡村教师生活补助政策，加强乡村学校教师周转宿舍建设，按规定将符合条件的乡村教师纳入当地住房保障范围。

实施"一村一名大学生"培育计划。鼓励各地遴选一批高等职业学校，按照有关规定，根据乡村振兴需求开设涉农专业，支持村干部、新型农业经营主体带头人、退役军人、返乡创业农民工等，采取在校学习、弹性学制、农学交替、送教下乡等方式，就地就近接受职业高等教育，培养一批在

乡大学生、乡村治理人才。进一步加强选调生到村任职、履行大学生村官有关职责、按照大学生村官管理工作，落实选调生一般应占本年度公务员考录计划 10% 左右的规模要求。鼓励各地多渠道招录大学毕业生到村工作。扩大高校毕业生"三支一扶"计划招募规模。

完善高等教育人才培养体系。全面加强涉农高校耕读教育，将耕读教育相关课程作为涉农专业学生必修课。深入实施卓越农林人才教育培养计划 2.0，加快培养拔尖创新型、复合应用型、实用技能型农林人才。用生物技术、信息技术等现代科学技术改造提升现有涉农专业，建设一批新兴涉农专业。引导综合性高校拓宽农业传统学科专业边界，增设涉农学科专业。加强乡村振兴发展研究院建设，加大涉农专业招生支持力度。加强农林高校网络培训教育资源共享，打造实用精品培训课程体系。

加快发展面向农村的职业教育。加强农村职业院校基础能力建设，优先支持高水平农业高职院校开展本科层次职业教育，采取校企合作、政府划拨、整合资源等方式建设一批实习实训基地。支持职业院校加强涉农专业建设、开发技术研发平台、开设特色工艺班，培养基层急需的专业技术人才。采取学制教育和专业培训相结合的模式对农村"两后生"进行技能培训。鼓励退役军人、下岗职工、农民工、高素质农民、留守妇女等报考高职院校，可适当降低文化素质测试录取分数线。

——以上见《中共中央办公厅 国务院办公厅印发〈关于加快推进乡村人才振兴的意见〉》，2021 年 2 月

（教育管理信息化的重点任务）*

（一）加强教育管理信息化统筹协调

（二）优化信息系统供给模式

（三）提高教育数据管理水平

建设教育数据共享开放平台，加强数据共享的集中管理，实现数据动态汇聚和实时更新，重点推动不同教育阶段学籍数据的互联互通。积极推进跨部门数据共享，稳步推进教育数据向社会开放，促进数据的开发利用，支撑教育决策和管理。

---

* 括号内文字为编者所加。

建立数据质量评估制度，保障数据的真实性、准确性、合规性、一致性。加强与国家法人单位基础信息库、国家人口基础信息库等权威数据源的对接，定期开展数据比对校核工作。

充分发挥数据的作用，推动教育科学决策、精准管理和个性服务。通过跨地域、跨层级、跨部门的数据共享，支撑招生计划、就近入学、学生资助、安全防控等教育决策，提高决策科学性。通过促进教学数据和管理数据的汇聚和共享，建立教育大数据分析模型，全面、精准地掌握学校和师生情况，为教育评价、"双一流"建设等改革任务提供数据支撑。

（四）促进管理服务流程再造

实现教育管理服务"一网通办"。全面梳理面向学校、师生、家长和校友提供的管理服务事项，精简归并不同层级、部门的同类事项，规范工作流程，形成办事指南。利用一体化教育服务平台，推动管理服务全程网上受理、网上办理和网上反馈，实现"一号申请、一窗受理、一网通办"。推动管理服务"减流程、减证明、减时间"，凡可通过共享获取和核验的数据，原则上不得要求用户提供，让数据多跑路、群众少跑腿；探索建立信用承诺、容缺受理制度，最大程度减少管理服务前置条件、精简流程环节、缩短办理时间。

依托"互联网＋监管"系统，支撑"双随机、一公开"监管和非现场监管，强化事中事后监管和教育行政执法，完善跨部门、跨区域、跨层次的联合监管，探索基于大数据分析的信用监管。建立扁平化的教育社会监督平台，实现智能化投诉举报受理、分发和处置，构建多元共治的监管格局。

（五）提高基础设施支撑能力

县级教育行政部门和中小学校原则上不建设数据中心，统一使用上级政府或教育行政部门部署的数据中心。地方政府要求统一接入政务云的地区，教育行政部门按照地方部署做好系统迁移。

建设基于"一校一码、一人一号"的数字认证互联互通互认体系，实现跨平台的单点登录。推动以智能终端为载体的多因子认证，探索手机短信、移动协同签名等多种认证方式，提升服务体验。数字认证使用的密码技术和产品应符合国家密码管理部门要求。探索推动区块链技术在招生考试、学历认证、学分互认、求职就业等领域的应用，提高数字认证可信性。

建立供应链安全管理体系，定期组织审计，优先选用具有自主核心技术以及安全性达到要求的国产化产品。

——以上见《教育部关于加强新时代教育管理信息化工作的通知》（教科信函〔2021〕13 号），2021 年 3 月 10 日

一、将第三条修改为："国家坚持中国共产党的领导，坚持以马克思列宁主义、毛泽东思想、邓小平理论、'三个代表'重要思想、科学发展观、习近平新时代中国特色社会主义思想为指导，遵循宪法确定的基本原则，发展社会主义的教育事业。"

二、将第四条第一款修改为："教育是社会主义现代化建设的基础，对提高人民综合素质、促进人的全面发展、增强中华民族创新创造活力、实现中华民族伟大复兴具有决定性意义，国家保障教育事业优先发展。"

三、将第五条修改为："教育必须为社会主义现代化建设服务、为人民服务，必须与生产劳动和社会实践相结合，培养德智体美劳全面发展的社会主义建设者和接班人。"

四、将第七条修改为："教育应当继承和弘扬中华优秀

传统文化、革命文化、社会主义先进文化，吸收人类文明发展的一切优秀成果。"

五、将第七十七条修改为："在招收学生工作中滥用职权、玩忽职守、徇私舞弊的，由教育行政部门或者其他有关行政部门责令退回招收的不符合入学条件的人员；对直接负责的主管人员和其他直接责任人员，依法给予处分；构成犯罪的，依法追究刑事责任。

"盗用、冒用他人身份，顶替他人取得的入学资格的，由教育行政部门或者其他有关行政部门责令撤销入学资格，并责令停止参加相关国家教育考试二年以上五年以下；已经取得学位证书、学历证书或者其他学业证书的，由颁发机构撤销相关证书；已经成为公职人员的，依法给予开除处分；构成违反治安管理行为的，由公安机关依法给予治安管理处罚；构成犯罪的，依法追究刑事责任。

"与他人串通，允许他人冒用本人身份，顶替本人取得的入学资格的，由教育行政部门或者其他有关行政部门责令停止参加相关国家教育考试一年以上三年以下；有违法所得的，没收违法所得；已经成为公职人员的，依法给予处分；构成违反治安管理行为的，由公安机关依法给予治安管理处罚；构成犯罪的，依法追究刑事责任。

"组织、指使盗用或者冒用他人身份，顶替他人取得的入学资格的，有违法所得的，没收违法所得；属于公职人员的，依法给予处分；构成违反治安管理行为的，由公安机关依法给予治安管理处罚；构成犯罪的，依法追究刑事责任。

"入学资格被顶替权利受到侵害的，可以请求恢复其入学资格。"

本决定自 2021 年 4 月 30 日起施行。

——《全国人民代表大会常务委员会关于修改〈中华人民共和国教育法〉的决定》（2021 年 4 月 29 日第十三届全国人民代表大会常务委员会第二十八次会议通过）

贯彻落实党中央、国务院部署，脱贫攻坚目标任务完成后，设立 5 年过渡期。到 2025 年，实现教育脱贫攻坚成果巩固拓展，农村教育普及水平稳步提高，农村教育高质量发展基础更加夯实，农村家庭经济困难学生教育帮扶机制愈加完善，城乡教育差距进一步缩小，教育服务乡村振兴的能力和水平进一步提升，乡村教育振兴和教育振兴乡村的良性循环基本形成。

（实现巩固拓展教育脱贫攻坚成果同乡村振兴有效衔接的）* 重点任务

---

* 括号内文字为编者所加。

1. 巩固拓展义务教育控辍保学成果。

2. 巩固拓展义务教育办学条件成果。

加强边境地区学校建设。做好易地扶贫搬迁后续扶持工作，完善教育配套设施，保障适龄儿童少年义务教育就近入学。

3. 巩固拓展教育信息化成果。

4. 巩固拓展乡村教师队伍建设成果。

在脱贫地区增加公费师范生培养供给，推进义务教育教师县管校聘改革，加强城乡教师合理流动和对口支援，鼓励乡村教师提高学历层次。启动实施中西部欠发达地区优秀教师定向培养计划，组织部属师范大学和省属师范院校，定向培养一批优秀师资。加强对脱贫地区校长的培训，着力提升管理水平。加强教师教育体系建设，建设一批国家师范教育基地和教师教育改革实验区，推动师范教育高质量发展与巩固拓展教育脱贫攻坚成果、实施乡村振兴相结合。

5. 精准资助农村家庭经济困难学生。

6.继续实施农村义务教育学生营养改善计划。

7.完善农村儿童教育关爱工作。

8.加强农村家庭经济困难毕业生就业帮扶工作。

9.加大脱贫地区职业教育支持力度。加强职业院校基础能力建设，支持建好办好中等职业学校，作为人力资源开发、农村劳动力转移培训、技术培训与推广、巩固拓展脱贫攻坚成果和高中阶段教育普及的重要基地。对于未设中等职业学校的乡村振兴重点帮扶县，因地制宜地通过新建中等职业学校、就近异地就读、普教开设职教班、东西协作招生等多种措施，满足适龄人口和劳动力接受职业教育和培训的需求。

10.提高普惠性学前教育质量。指导脱贫地区持续扩大普惠性学前教育资源，积极扶持普惠性民办园，提高普惠性幼儿园覆盖率。

11.提高普通高中教育质量。

12.继续实施重点高校招收农村和脱贫地区学生专项计划。

农村订单定向医学生免费培养计划优先向中西部地区倾斜。

13.继续实施民族专项招生计划。

改革少数民族高层次骨干人才培养计划,加强民族地区高层次人才培养,提高人才培养和人才需求契合度。

14.实施国家通用语言文字普及提升工程和推普助力乡村振兴计划。加大农村牧区、民族地区易地扶贫搬迁安置点国家通用语言文字推广力度,提高普及程度、提升普及质量。

加强学前儿童普通话教育,推动学前学会普通话工作。与职业教育培训相结合,支持开展农村地区青壮年劳动力、基层干部等普通话示范培训,充分调动和发挥国家通用语言文字示范基地作用,巩固拓展推普助力脱贫攻坚成果。

15.打造升级版的"一村一名大学生计划"。以国家开放大学办学体系为依托,以农业、农村产业和乡村干部队伍发展需要的专业为支撑,实施"开放教育——乡村振兴支持计划",为农民和村镇基层干部提供不离岗、不离乡、实用适用的学历和非学历继续教育。

16. 推进乡村振兴育人工作。把巩固拓展脱贫攻坚成果和乡村振兴作为国情教育和思政课堂的重要内容。

17. 继续推进高校定点帮扶工作。

加大涉农高校、涉农专业建设力度，深入实施卓越农林人才教育培养计划 2.0，加快培养拔尖创新型、复合应用型、实用技能型农林人才。引导高校科技创新主动服务、深度参与乡村振兴。

18. 优化实施职业教育东西协作行动计划。

19. 持续推进高校对口支援工作。

20. 继续实施系列教师支教计划。

实施凉山、怒江支教帮扶行动，建立支教对口帮扶机制，采取"组团式"援助当地院校，动员名师名校长培养基地、优秀教师校长以双师教学、巡回指导、送培到校、支教帮扶等方式，为凉山、怒江打造一支"带不走、教得好"的教师队伍。

发挥教育督导作用，把巩固拓展教育脱贫攻坚成果同乡村振兴有效衔接落实情况纳入对省级人民政府履行教育职责评价范围。

——以上见《教育部等四部门关于实现巩固拓展教育脱贫攻坚成果同乡村振兴有效衔接的意见》（教发〔2021〕4号），2021 年 4 月 30 日

学校不得设置侵犯学生人身自由的管理措施，不得对学生在课间及其他非教学时间的正当交流、游戏、出教室活动等言行自由设置不必要的约束。

学校在奖励、资助、申请贫困救助等工作中，不得泄露学生个人及其家庭隐私；学生的考试成绩、名次等学业信息，学校应当便利学生本人和家长知晓，但不得公开，不得宣传升学情况；除因法定事由，不得查阅学生的信件、日记、电子邮件或者其他网络通讯内容。

学校应当建立留守学生、困境学生档案，配合政府有关部门做好关爱帮扶工作，避免学生因家庭因素失学、辍学。

义务教育学校不得开除或者变相开除学生，不得以长期停课、劝退等方式，剥夺学生在校接受并完成义务教育的权

利；对转入专门学校的学生，应当保留学籍，原决定机关决定转回的学生，不得拒绝接收。

义务教育学校应当落实学籍管理制度，健全辍学或者休学、长期请假学生的报告备案制度，对辍学学生应当及时进行劝返，劝返无效的，应当报告有关主管部门。

义务教育学校不得占用国家法定节假日、休息日及寒暑假，组织学生集体补课；不得以集体补课等形式侵占学生休息时间。

学校不得违反规定向学生收费，不得强制要求或者设置条件要求学生及家长捐款捐物、购买商品或者服务，或者要求家长提供物质帮助、需支付费用的服务等。

学校以发布、汇编、出版等方式使用学生作品，对外宣传或者公开使用学生个体肖像的，应当取得学生及其家长许可，并依法保护学生的权利。

除开除学籍处分以外，处分学生应当设置期限，对受到处分的学生应当跟踪观察、有针对性地实施教育，确有改正的，到期应当予以解除。解除处分后，学生获得表彰、奖励及其他权益，不再受原处分影响。

教职工发现学生实施下列行为的，应当及时制止：

（一）殴打、脚踢、掌掴、抓咬、推撞、拉扯等侵犯他人身体或者恐吓威胁他人；

（二）以辱骂、讥讽、嘲弄、挖苦、起侮辱性绰号等方式侵犯他人人格尊严；

（三）抢夺、强拿硬要或者故意毁坏他人财物；

（四）恶意排斥、孤立他人，影响他人参加学校活动或者社会交往；

（五）通过网络或者其他信息传播方式捏造事实诽谤他人、散布谣言或者错误信息诋毁他人、恶意传播他人隐私。

学生之间，在年龄、身体或者人数等方面占优势的一方蓄意或者恶意对另一方实施前款行为，或者以其他方式欺压、侮辱另一方，造成人身伤害、财产损失或者精神损害的，可以认定为构成欺凌。

教职工应当关注因身体条件、家庭背景或者学习成绩等可能处于弱势或者特殊地位的学生，发现学生存在被孤立、排挤等情形的，应当及时干预。

学校应当建立健全教职工与学生交往行为准则、学生宿舍安全管理规定、视频监控管理规定等制度，建立预防、报告、处置性侵害、性骚扰工作机制。

学校应当采取必要措施预防并制止教职工以及其他进入校园的人员实施以下行为：

（一）与学生发生恋爱关系、性关系；

（二）抚摸、故意触碰学生身体特定部位等猥亵行为；

（三）对学生作出调戏、挑逗或者具有性暗示的言行；

（四）向学生展示传播包含色情、淫秽内容的信息、书刊、影片、音像、图片或者其他淫秽物品；

（五）持有包含淫秽、色情内容的视听、图文资料；

（六）其他构成性骚扰、性侵害的违法犯罪行为。

学校开发的校本课程或者引进的课程应当经过科学论证，并报主管教育行政部门备案。

学校不得与校外培训机构合作向学生提供有偿的课程或者课程辅导。

学校应当建立学生心理健康教育管理制度，建立学生心理健康问题的早期发现和及时干预机制，按照规定配备专职或者兼职心理健康教育教师、建设心理辅导室，或者通过购买专业社工服务等多种方式为学生提供专业化、个性化的指导和服务。

有条件的学校，可以定期组织教职工进行心理健康状况测评，指导、帮助教职工以积极、乐观的心态对待学生。

学校可以禁止学生携带手机等智能终端产品进入学校或者在校园内使用；对经允许带入的，应当统一管理，除教学需要外，禁止带入课堂。

学校为学生提供的上网设施，应当安装未成年人上网保护软件或者采取其他安全保护技术措施，避免学生接触不适宜未成年人接触的信息；发现网络产品、服务、信息有危害学生身心健康内容的，或者学生利用网络实施违法活动的，应当立即采取措施并向有关主管部门报告。

任何人不得在校园内吸烟、饮酒。学校应当设置明显的禁止吸烟、饮酒的标识，并不得以烟草制品、酒精饮料的品牌冠名学校、教学楼、设施设备及各类教学、竞赛活动。

学校应当严格执行入职报告和准入查询制度，不得聘用有下列情形的人员：

（一）受到剥夺政治权利或者因故意犯罪受到有期徒刑以上刑事处罚的；

（二）因卖淫、嫖娼、吸毒、赌博等违法行为受到治安管理处罚的；

（三）因虐待、性骚扰、体罚或者侮辱学生等情形被开除或者解聘的；

（四）实施其他被纳入教育领域从业禁止范围的行为的。

学校在聘用教职工或引入志愿者、社工等校外人员时，应当要求相关人员提交承诺书；对在聘人员应当按照规定定期开展核查，发现存在前款规定情形的人员应当及时解聘。

学校应当加强对教职工的管理，预防和制止教职工实施法律、法规、规章以及师德规范禁止的行为。学校及教职工不得实施下列行为：

（一）利用管理学生的职务便利或者招生考试、评奖评优、推荐评价等机会，以任何形式向学生及其家长索取、收受财物或者接受宴请、其他利益；

（二）以牟取利益为目的，向学生推销或者要求、指定学生购买特定辅导书、练习册等教辅材料或者其他商品、服务；

（三）组织、要求学生参加校外有偿补课，或者与校外机构、个人合作向学生提供其他有偿服务；

（四）诱导、组织或者要求学生及其家长登录特定经营性网站，参与视频直播、网络购物、网络投票、刷票等活动；

（五）非法提供、泄露学生信息或者利用所掌握的学生信息牟取利益；

（六）其他利用管理学生的职权牟取不正当利益的行为。

学校及其教职工不得安排或者诱导、组织学生进入营业性娱乐场所、互联网上网服务营业场所、电子游戏场所、酒吧等不适宜未成年人活动的场所；发现学生进入上述场所的，应当及时予以制止、教育，并向上述场所的主管部门反映。

校长是学生学校保护的第一责任人。学校应当指定一名校领导直接负责学生保护工作，并明确具体的工作机构，有条件的，可以设立学生保护专员开展学生保护工作。

学校应当建立学生重大生理、心理疾病报告制度，向家长及时告知学生身体及心理健康状况；学校发现学生身体状况或者情绪反应明显异常、突发疾病或者受到伤害的，应当及时通知学生家长。

学校和教职工发现学生遭受或疑似遭受家庭暴力、虐待、遗弃、长期无人照料、失踪等不法侵害以及面临不法侵害危险的，应当依照规定及时向公安、民政、教育等有关部门报告。学校应当积极参与、配合有关部门做好侵害学生权利案件的调查处理工作。

学校应当关心爱护学生，为身体或者心理受到伤害的学生提供相应的心理健康辅导、帮扶教育。对因欺凌造成身体或者心理伤害，无法在原班级就读的学生，学生家长提出调整班级请求，学校经评估认为有必要的，应当予以支持。

教育行政部门可以通过政府购买服务的方式，组织具有相应资质的社会组织、专业机构及其他社会力量，为学校提供法律咨询、心理辅导、行为矫正等专业服务，为预防和处理学生权益受侵害的案件提供支持。

教育行政部门、学校在与有关部门、机构、社会组织及个人合作进行学生保护专业服务与支持过程中，应当与相关人员签订保密协议，保护学生个人及家庭隐私。

教育行政部门应当指定专门机构或者人员承担学生保护的监督职责，有条件的，可以设立学生保护专兼职监察员负责学生保护工作，处理或者指导处理学生欺凌、性侵害、性骚扰以及其他侵害学生权益的事件，会同有关部门落实学校安全区域制度，健全依法处理涉校纠纷的工作机制。

地方教育行政部门应当建立学生保护工作评估制度，定期组织或者委托第三方对管辖区域内学校履行保护学生法定职责情况进行评估，评估结果作为学校管理水平评价、校长考评考核的依据。

各级教育督导机构应当将学校学生保护工作情况纳入政府履行教育职责评价和学校督导评估的内容。

因监管不力、造成严重后果而承担领导责任的校长，5年内不得再担任校长职务。

——以上见《未成年人学校保护规定》（中华人民共和国教育部令第 50 号），2021 年 6 月 1 日

一、深刻领会习近平总书记重要讲话精神的丰富内涵和重大意义

各地教育部门和各高校要把学习宣传和贯彻落实习近平总书记重要讲话精神作为当前和今后一个时期的重要政治任务，切实把习近平总书记关于新阶段实现高水平科技自立自强的新要求新部署新任务落到实处，推动高校科技工作高质量发展。

二、切实把习近平总书记重要讲话精神落到实处

1.加强原创性、引领性科技攻关。

2. 打造国家战略科技力量。

3. 深化科技管理改革。

4. 营造良好创新生态。

5. 推进高水平开放创新。

6. 加强创新型人才培养。

三、迅速掀起学习贯彻习近平总书记重要讲话精神热潮

1. 迅速开展专题学习研讨。

2. 融入党史学习教育。

3. 广泛做好宣传阐释。

4. 切实加强组织领导。

——以上见《中共教育部党组关于教育系统深入学习贯

彻习近平总书记在两院院士大会、中国科协第十次全国代表大会上重要讲话精神的通知》（教党〔2021〕43号），2021年6月8日

经中央编委批准，教育部成立校外教育培训监管司，主要职责是：承担面向中小学生（含幼儿园儿童）的校外教育培训管理工作，指导校外教育培训机构党的建设，拟订校外教育培训规范管理政策。会同有关方面拟订校外教育培训（含线上线下）机构设置、培训内容、培训时间、人员资质、收费监管等相关标准和制度并监督执行，组织实施校外教育培训综合治理，指导校外教育培训综合执法。指导规范面向中小学生的社会竞赛等活动。及时反映和处理校外教育培训重大问题。

——《教育部办公厅关于成立校外教育培训监管司的通知》（教人厅〔2021〕2号），2021年6月9日

教育新型基础设施是以新发展理念为引领，以信息化为主导，面向教育高质量发展需要，聚焦信息网络、平台体系、数字资源、智慧校园、创新应用、可信安全等方面的新型基础设施体系。教育新型基础设施建设（以下简称教育新基建）是国家新基建的重要组成部分，是信息化时代教育变

革的牵引力量，是加快推进教育现代化、建设教育强国的战略举措。

到 2025 年，基本形成结构优化、集约高效、安全可靠的教育新型基础设施体系，并通过迭代升级、更新完善和持续建设，实现长期、全面的发展。建设教育专网和"互联网＋教育"大平台，为教育高质量发展提供数字底座。汇聚生成优质资源，推动供给侧结构性改革。建设物理空间和网络空间相融合的新校园，拓展教育新空间。开发教育创新应用，支撑教育流程再造、模式重构。提升全方位、全天候的安全防护能力，保障广大师生切身利益。

——以上见《教育部等六部门关于推进教育新型基础设施建设构建高质量教育支撑体系的指导意见》（教科信〔2021〕2 号），2021 年 7 月 1 日

加快 5G 教学终端设备及 AR/VR 教学数字内容的研发，结合 AR/VR、全息投影等技术实现场景化交互教学，打造沉浸式课堂。推动 5G 技术对教育专网的支撑，结合具体应用场景，研究制订网络、应用、终端等在线教育关键环节技术规范。加大 5G 在智慧课堂、全息教学、校园安防、教育管理、学生综合评价等场景的推广，提升教学、管理、科研、

服务等各环节的信息化能力。

厚植 5G 人才培育基础，支持高等院校、科研院所与企业联合精准培养，鼓励企业与高等院校、科研院所共建实验室、实训基地、专业研究院或交叉研究中心，加强共享型工程实习基地建设。推进 5G 相关专业升级与数字化改造，实施好 5G 相关领域"1+X"证书制度试点，开展安全技术技能大赛、组织 5G 相关职业培训和认证，丰富 5G 人才挖掘和选拔渠道，培育一批既懂 5G 通信技术又具备行业专业知识的复合型人才。面向公众开展 5G 知识科普，提升全民数字技能。

——以上见《十部门关于印发〈5G 应用"扬帆"行动计划（2021—2023 年）〉的通知》（工信部联通信〔2021〕77号），2021 年 7 月 5 日

三、把习近平总书记"七一"重要讲话精神贯彻落实到高质量教育体系建设的各方面

1. 加强和改进党对教育工作的全面领导。

要全面贯彻党的教育方针，坚持正确办学方向。要以政

治建设为统领，坚持和完善高校党委领导下的校长负责制，改进中小学领导体制，加强民办学校党的建设，切实提升党员干部政治判断力、政治领悟力、政治执行力。要加快构建高质量党建工作体系，推动党的领导纵到底、横到边、全覆盖，把党对教育全面领导的制度优势更好转化为办学治校的实际效能。要以贯彻落实《中国共产党普通高等学校基层组织工作条例》为抓手，落实落细、做优做强党的基层组织建设。

2. 着力培养堪当民族复兴大任的时代新人。

要进一步深化用习近平新时代中国特色社会主义思想铸魂育人，大力加强理想信念教育、爱国主义教育和社会主义核心价值观教育，引导广大学生树立为党为祖国为人民永久奋斗、赤诚奉献的坚定理想，努力在真刀真枪的实干中成就一番事业。要进一步加强和改进学校思想政治工作，把思想政治工作体系贯通于学科体系、教学体系、教材体系、管理体系建设之中，不断建立健全全员全程全方位育人体制机制，持续完善德智体美劳全面培养制度，为党和国家的事业发展提供源源不断的优秀人才。

3. 践行以人民为中心的发展思想。

要全力推进公平而有质量的教育，着力构建优质均衡的基本公共教育服务体系，加快推进城乡义务教育一体化发展。要着力解决好中央关心、社会关注、群众关切的问题，减轻义务教育阶段学生作业负担和校外培训负担，千方百计做好高校毕业生就业工作，让教育改革发展成果更多更公平惠及全体人民。

4.有力支撑国家新发展格局。

要加快"双一流"建设，发挥基础研究深厚、学科交叉融合的优势，把发展科技第一生产力、培养人才第一资源、增强创新第一动力更好结合起来，全面提升高校原始创新能力，勇于攻克"卡脖子"关键核心技术。要加快构建高质量科技创新体系，推动产学研用深度融合，促进创新链产业链精准对接，提高科技成果转移转化实效。要布局一批国家急需、支撑产业转型升级和区域发展的学科专业，持续推进新工科、新医科、新农科、新文科建设，加快构建现代职业教育体系，实施乡村教育振兴计划，提升教育服务经济社会发展能力。

5.助力推动构建人类命运共同体。

要深入实施共建"一带一路"教育行动，着力打造教育对外开放新高地，深化中外人文交流基础。要在统筹发展和安全的前提下，主动搭建中外教育文化友好交往的合作平台，创新国际交流与合作方式，深入参与全球教育治理，参与相关规则标准制定和重大议题研究。要深化出国留学体制机制改革，推动中外合作办学高质量发展，培养更多具有全球视野和国际竞争力的优秀人才。鼓励引导来华留学生和外籍教师更加深入地了解真实的中国，为促进各国人民民心相通发挥积极作用。

融入教育教学。要扎实推动"七一"重要讲话精神进教材、进课堂、进头脑。要结合各学科专业教材内容，修订大中小学不同学段相应教材，充分体现讲话精神。要及时组织开展高校思政课教师和哲学社会科学骨干教师联学联讲联研活动。切实发挥大中小学思政课一体化建设指导委员会的作用，指导各地各校组织思政课教师分专题、成系列地开展集体备课，将讲话精神融入思政课教学。秋季学期开学时，大中小学"开学第一课"中，要将讲话精神作为重点教学内容进行安排。在整体推进课程思政建设过程中，各地各校要制定有针对性的教学指南，推出一批精品示范课程，将讲话精神全面融入课程教学。

——以上见《中共教育部党组关于教育系统认真学习贯彻习近平总书记在庆祝中国共产党成立100周年大会上的重要讲话精神的通知》（教党〔2021〕50号），2021年7月7日

　　高校要面向本专科生开设心理健康公共必修课，原则上应设置 2 个学分（32—36 学时），有条件的高校可开设更具针对性的心理健康选修课。中小学要将心理健康教育课纳入校本课程，同时注重安排形式多样的生命教育、挫折教育等。

　　注重关心帮助学习遭遇困难、学业表现不佳的学生，教师要及时给予个别指导，鼓励同学间开展朋辈帮扶，帮助学生纾解心理压力、提振学习信心。重点关注临近毕业仍未获得用人单位录用意向的学生，积极提供就业托底帮助，缓解就业焦虑。重点关注家庭经济困难学生，在学生资助的各环节把解决实际问题与解决心理问题相结合。

　　学校及时了解学生是否存在早期心理创伤、家庭重大变故、亲子关系紧张等情况，积极寻求学生家庭成员及相关人员的有效支持。

　　在家长学校、社区家长课堂中将青少年发展心理学知识列为必修内容。

　　高校每年在新生入校后适时开展全覆盖的心理健康

测评。

县级教育部门要设立或依托相关专业机构，牵头负责组织区域内中小学开展心理健康测评工作，每年面向小学高年级、初中、高中开展一次心理健康测评，指导学校科学运用学生心理健康测评结果，推动建立"一生一策"的心理成长档案。

县级教育部门要建立区域性的中小学生心理辅导中心，积极开展线上线下多种形式咨询辅导服务，定期面向所在区域中小学提供业务指导、技能培训。

学生因心理问题在校发生意外事件后，学校要立即启动应急工作预案，第一时间联系学生家长，并在当地教育、公安等部门指导下核实情况、及时处理。

高校按师生比不低于 1∶4000 比例配备心理健康教育专职教师且每校至少配备 2 名。

每所中小学至少要配备 1 名专职心理健康教育教师，县级教研机构要配备心理教研员。

学校应在年度预算中统筹各类资金保障心理健康教育工作基础经费，确定生均标准，足额按时拨付，并视情建立增长机制。

——以上见《教育部办公厅关于加强学生心理健康管理工作的通知》（教思政厅函〔2021〕10号），2021年7月7日

习近平新时代中国特色社会主义思想进课程教材须做到不同学段全过程贯通。要在统筹安排基础上，做到覆盖基础教育、职业教育、高等教育各类型各学段，涵盖国家、地方和校本课程，融入哲学社会科学、自然科学各学科，贯穿思想道德教育、文化知识教育、社会实践教育各环节，体现在德智体美劳各方面目标培养中，确保习近平新时代中国特色社会主义思想在大中小学课程教材中相互衔接、层层递进，实现全覆盖，全面增强课程教材铸魂育人功能。

哲学社会科学课程教材要突出原文原著进入，注重介绍和阐释与学科专业知识有关的习近平总书记重要讲话、文章内容与思想，引导学生在学习学科专业知识过程中加深对习近平新时代中国特色社会主义思想的理解与认同。自然科学课程教材要把习近平新时代中国特色社会主义思想的基本立场观点方法转化为育人立意和价值导向，引导学生在学习科

学知识、培育科学精神、掌握思维方法过程中体悟习近平新时代中国特色社会主义思想的真理力量。

小学阶段重在启蒙引导，在幼小心灵里埋下爱党爱国爱社会主义的种子。

初中阶段重在感性体验和知识学习相结合，促进形成基本政治判断和政治观点，打牢思想基础。

高中阶段重在实践体认和理论学习相结合，促进理性认同，提升政治素质。

大学阶段重在形成理论思维，实现从学理认知到信念生成的转化，增强使命担当。

研究生阶段重在深度探究，形成宣传、阐释、研究习近平新时代中国特色社会主义思想的素质和能力，做到融会贯通。

思政课程是落实习近平新时代中国特色社会主义思想进课程教材的主渠道，是落实立德树人根本任务的关键课程，要集中讲述习近平新时代中国特色社会主义思想，循序渐进、螺旋上升。

哲学社会科学课程是习近平新时代中国特色社会主义思想进课程教材的重要渠道，要充分发挥主干课程的作用，分专题讲述习近平新时代中国特色社会主义思想。

其他各学科专业课程教材应结合自身特点有机融入习近平新时代中国特色社会主义思想的相关内容，实现进课程教材全覆盖。

——以上见《国家教材委员会关于印发〈习近平新时代中国特色社会主义思想进课程教材指南〉的通知》（国教材〔2021〕2 号），2021 年 7 月 21 日

（"党的领导"相关内容进大中小学课程教材）*学段要求

（一）小学阶段。重点呈现党的领袖故事、革命英雄事迹、重要历史事件、重大发展成就等内容。通过故事讲述、活动游戏、参观革命旧址和纪念馆、认识党旗党徽等象征标志、庆祝党的生日等重要纪念日等方式，围绕思想启蒙与价值引导，让学生知党情、懂党恩，了解中国共产党始终代表最广大人民根本利益，扣好人生第一粒扣子，初步形成热爱

---

* 括号内文字为编者所加。

党、拥护党的领导的朴素情感。

（二）初中阶段。重点围绕党领导人民进行革命、建设、改革的基本线索，介绍不同历史时期的重大事件和重要人物，以及党的理论探索成果和自身建设成就等内容。通过阅读梳理、分析思考、参观考察红色教育基地等方式，围绕觉悟提高和品德塑造，让学生听党话、跟党走，懂得没有中国共产党就没有新中国，就没有中华民族伟大复兴的道理，理解中国共产党领导是历史的选择、人民的选择，坚持爱党、爱国、爱社会主义，夯实拥护党的领导的信念根基。

（三）高中阶段。重点解析中国共产党的先进性、革命性、人民性，以及党的基本理论、基本路线、基本方略，深化对党的领导历程的认识。结合党史资料和文献节选，通过自主探究、表达分享、社会实践等方式，围绕思想认同和精神升华，让学生深刻理解伟大建党精神是中国共产党的精神之源，明确中国共产党领导是中国特色社会主义最本质的特征，是中国特色社会主义制度的最大优势，是党和国家的根本所在、命脉所在，是全国各族人民的利益所系、命运所系，形成拥护党的领导的政治认同。

（四）大学阶段。系统介绍党的领导的基本知识、基本理论、体制机制，重点阐释党的领导的历史逻辑、理论逻辑、实践逻辑。本专科课程重在加强理论教育和学习，高等职业教育课程要体现职业教育特点，研究生阶段要强化研究式教育。通过经典研读、理论宣讲等方式，围绕理论自信和行动自觉，让学生增强对党的领导的政治自觉，坚决维护习近平总书记党中央的核心、全党的核心地位，坚决维护党中央权威和集中统一领导，积极投身于党领导人民进行的伟大斗争、伟大工程、伟大事业、伟大梦想，践行拥护党的领导的使命担当。

——《国家教材委员会关于印发〈"党的领导"相关内容进大中小学课程教材指南〉的通知》（国教材〔2021〕5 号），2021 年 9 月 26 日

在全国范围内的改革事项。对"实施中等及中等以下学历教育、学前教育、自学考试助学及其他文化教育的民办学校设立、变更和终止审批""实施专科教育的高等学校和其他高等教育机构的设立、分立、合并、变更和终止审批"等 2 项涉企经营许可事项，按照优化审批服务的方式推进审批制度改革。

在自由贸易试验区的改革事项。直接取消"实施中等及中等以下学历教育、学前教育、自学考试助学及其他文化教育的民办学校筹设审批"，将"实施自学考试助学的民办学校设立、变更和终止审批"改为备案，进一步加大改革试点

力度。

三、在全国范围内的改革举措

（一）实施中等及中等以下学历教育、学前教育、自学考试助学及其他文化教育的民办学校设立、变更和终止审批

1. 改革方式：优化审批服务。

2. 具体改革举措：（1）在社会组织申请筹设或正式设立营利性民办学校时，不再要求提交由会计师事务所出具的该社会组织近 2 年的年度财务会计报告审计结果等材料。（2）在民办学校举办者再次申请举办营利性民办学校时，不再要求提交近 2 年年度检查的证明材料和有资质的会计师事务所出具的学校上年度财务会计报告审计结果。（3）将营利性民办学校申请许可证到期延续审批时限均由 20 个工作日压减至 15 个工作日。（4）对民办学校申请许可证到期延续的，若许可条件基本不变且无违法违规或失信记录，在各学段原有许可证期限基础上延长 1 年有效期。（5）每半年 1 次公布营利性民办学校存量情况。

3. 加强事中事后监管措施：（1）开展"双随机、一公开"监管，定期进行抽查检查，加强对民办学校的过程性指导，加大对违法违规办学行为的查处力度。（2）推进民办教

育信用信息公示制度，将民办学校的法人登记信息、行政许可信息、年度检查信息、监督检查结果、行政处罚信息向社会公示，强化信用约束。（3）依法依规建立违规失信惩戒机制，将违规办学的学校及其举办者和负责人纳入黑名单，依法向社会公开，并对其今后在民办教育领域的许可申请实施重点监管。（4）健全联合执法机制，通过跨部门的实时数据对接和信息共享，及时掌握和研判民办教育领域出现的新问题，积极主动予以应对。

（二）实施专科教育的高等学校和其他高等教育机构的设立、分立、合并、变更和终止审批

1. 改革方式：优化审批服务。

2. 具体改革举措：（1）在社会组织申请筹设或正式设立营利性民办学校时，不再要求提交由会计师事务所出具的该社会组织近 2 年的年度财务会计报告审计结果等材料。（2）在民办学校举办者再次申请举办营利性民办学校时，不再要求提交近 2 年年度检查的证明材料和有资质的会计师事务所出具的学校上年度财务会计报告审计结果。（3）将营利性民办学校申请许可证到期延续审批时限均由 20 个工作日压减至 15 个工作日。（4）对民办学校申请许可证到期延续的，若许可条件基本不变且无违法违规或失信记录，在各学段原

有许可证期限基础上延长 1 年有效期。（5）每半年 1 次公布营利性民办学校存量情况。

四、在自由贸易试验区的改革举措

（一）实施中等及中等以下学历教育、学前教育、自学考试助学及其他文化教育的民办学校筹设审批

1. 改革方式：直接取消审批。

2. 具体改革举措：举办实施中等及中等以下学历教育、学前教育、自学考试助学及其他文化教育的民办学校，不再向教育部门申请办理筹设审批，直接申请办理办学许可。

（二）实施自学考试助学的民办学校设立、变更和终止审批

1. 改革方式：审批改为备案。

2. 具体改革举措：对实施自学考试助学的民办学校，取消办学许可，改为备案管理。

——以上见《教育部办公厅关于印发〈深化"证照分离"改革实施方案〉的通知》（教政法厅函〔2021〕18 号），2021 年 11 月 3 日

二、基础教育

有限带入校园。学校应当告知学生和家长，原则上不得将个人手机带入校园。学生确有将手机带入校园需求的，须经学生家长同意、书面提出申请，进校后应将手机交由学校统一保管，禁止带入课堂。

细化管理措施。学校应将手机管理纳入学校日常管理，制定具体办法，明确统一保管的场所、方式、责任人，提供必要保管装置。应通过设立校内公共电话、建立班主任沟通热线、探索使用具备通话功能的电子学生证或提供其他家长便捷联系学生的途径等措施，解决学生与家长通话需求。加强课堂教学和作业管理，不得用手机布置作业或要求学生利用手机完成作业。

——以上见《教育部办公厅关于加强中小学生手机管理工作的通知》（教基厅函〔2021〕3号），2021年1月15日依法依规严肃处置。各地教育部门要依据相关政策法规和《中小学教育惩戒规则（试行）》有关要求，指导学校进一步完善校规校纪，健全教育惩戒工作机制。对实施欺凌的学生，情节轻微的，学校和家长要进行严肃的批评教育和警示谈话。情节较重的，学校可给予纪律处分，并邀请公安机关参与警示教育或予以训诫。对实施暴力、情节严重、屡教不改的，应将其表现记入学生综合素质评价，必要时依法转入专门学校就读。涉嫌违法犯罪的，由公安机关、人民法院、人民检察院依法处置。对遭受欺凌的学生，学校要给予相应的心理辅导。

规范欺凌报告制度。各地教育部门和学校要建立健全学生欺凌报告制度。学校全体教师、员工要进一步增强责任感，一旦发现学生遭受欺凌，都应主动予以制止，并及时向学校报告；学校和家长要相互通知，及时进行调查处理。对情节严重的欺凌事件，要向上级教育主管部门报告，并迅速联络公安机关介入处置，配合相关部门依法处理。对舆论高度关注、社会影响广泛的欺凌事件，要及时报送教育部业务主管部门。报告的主要内容包括事件基本情况（时间、地点、起因、过程、涉及人员等）和已采取的措施等。报告内容要准确、客观、详实，不得迟报、谎报、瞒报和漏报。事件情况发生变化后，要及时续报。

各地都要进一步健全责任机制，制订学生欺凌防治工作责任清单，明确省市县各级各部门职责，压实学校校长、班主任、学科教师和教职工各岗位责任。进一步强化预防机制，制订学校或年（班）级反欺凌公约，建立师生联系、同学互助、紧急求救制度，积极探索在班级设置学生安全员，发挥法治副校长作用。进一步完善考评机制，将学生欺凌防治情况纳入教育质量评价和教育行政、学校校长、班主任、学科教师及相关岗位教职工工作考评，作为评优评先先决条件。进一步健全问责机制，对学生欺凌问题突出的地区和单位进行督导检查、通报约谈，并向社会公开通报恶性欺凌事件处置情况。对失职渎职的，严肃追责问责。

——以上见《教育部办公厅关于印发〈防范中小学生欺凌专项治理行动工作方案〉的通知》（教基厅函〔2021〕5号），2021年1月20日

二、评价内容

（一）县域义务教育质量评价。主要包括价值导向、组织领导、教学条件、教师队伍、均衡发展等五个方面重点内

容，旨在促进地方党委政府坚持社会主义办学方向，加强对义务教育工作的领导，履行举办义务教育职责，促进县域义务教育优质均衡发展。

（二）学校办学质量评价。主要包括办学方向、课程教学、教师发展、学校管理、学生发展等五个方面重点内容，旨在促进学校落实德智体美劳全面培养要求，深入实施素质教育，充分激发办学活力，不断提高办学水平和育人质量。

（三）学生发展质量评价。主要包括学生品德发展、学业发展、身心发展、审美素养、劳动与社会实践等五个方面重点内容，旨在促进学生德智体美劳全面发展，培养适应终身发展和社会发展需要的正确价值观、必备品格和关键能力。

三、评价方式

（一）注重结果评价与增值评价相结合。

（二）注重综合评价与特色评价相结合。

（三）注重自我评价与外部评价相结合。

（四）注重线上评价与线下评价相结合。

附件：义务教育质量评价指标

一、县域义务教育质量评价

重点内容	关键指标	考查要点
A1.价值导向	B1.全面贯彻党的教育方针	1.加强党对教育工作的全面领导，坚持社会主义办学方向，落实立德树人根本任务，坚持德智体美劳"五育"并举，发展素质教育，培养担当民族复兴大任的时代新人。 2.树立科学教育质量观，遵循教育规律，坚持德育为先、全面发展、面向全体、知行合一，注重提高学生综合素质，培养学生正确价值观、必备品格和关键能力。 3.树立正确政绩观，办好每所学校，关心每名学生成长。坚决克服唯分数、唯升学倾向，不给学校下达升学指标，不单纯以升学率评价学校、校长和教师；不举办重点学校。
	B2.创建良好教育生态	4.坚持正确舆论导向，做好党的教育方针、科学教育观念和教育教学改革典型经验宣传报道；不公布、不炒作中高考状元、升学率。 5.完善学校、家庭、社会协同育人机制，加强社区家长学校、家庭教育指导服务站点建设，净化社会和网络文化环境，营造良好育人氛围。 6.严格控制面向学校的各类审批、检查验收、创建评比等活动，规范各类"进校园"活动，减轻校长、教师非教育教学任务负担；强化中小学校在课后服务中的主渠道作用，规范面向中小学生的校外培训和社会竞赛活动，减轻学生过重课外负担。

重点内容	关键指标	考查要点
A2.组织领导	B3.健全领导机制	7. 县级党委政府每年定期听取义务教育工作汇报，及时研究解决义务教育重大问题，建立健全提高义务教育质量的统筹协调、部门联动工作机制。 8. 加强县（市、区）教育部门领导班子和校长队伍建设，选配政治素质过硬、热爱教育事业、尊重教育规律、有较强组织协调能力的干部担任县级教育部门书记、局长（主任），按照《中小学校领导人员管理暂行办法》选优配强学校书记和校长。 9. 处理好政府与学校的关系，落实学校办学自主权，充分激发学校办学活力，促进学校办出特色、办出水平。
	B4.强化考核督导	10. 把全面提高义务教育质量纳入党政领导干部考核督查范围。 11. 强化教育教学督导，认真实施义务教育质量监测；严格监管课程实施和教材使用。 12. 依据考核督导结果，建立奖励问责机制。
A3.教学条件	B5.保障足够学位	13. 适应学龄人口变化，合理规划城乡学校布局，保障义务教育学位供给，切实消除大班额，不得新增大校额。

续表

重点 内容	关键 指标	考查要点
A3. 教学条件	B6. 保障 教学 设施	14. 配齐配足教学实验设施设备、图书、音体美器材、计算机，加强学校教育信息化建设；配备团队活动、心理辅导、卫生保健等必要场所。 15. 建立劳动教育、综合实践基地，统筹利用博物馆、展览馆、红色教育基地、乡村人文自然资源等，支持学校开展教育教学活动。
	B7. 保障 教学 经费	16. 优化教育支出结构，加强对教育教学改革、教师队伍建设的经费保障，特别是保障教研、教师培训、课程资源开发、劳动教育等经费。 17. 按标准落实义务教育生均公用经费，严格落实乡村小规模学校、乡镇寄宿制学校补助经费。
A4. 教师队伍	B8. 保障 教师 编制 配备	18. 依照标准足额核定教职工编制，实行动态管理；县级教育部门统筹合理调配各校编制，并向乡村小规模学校和乡镇寄宿制学校倾斜；不存在挤占、挪用、截留教职工编制的情况。 19. 严格教师资格准入制度，按国家规定课程配足配齐所有学科教师，充分发挥教育部门和学校在教师招聘中的重要作用；完善城乡教师交流轮岗制度，推动城镇优秀教师向乡村学校、薄弱学校流动。
	B9. 提高 教师 队伍 素质	20. 加强师德师风建设，落实教师职业行为准则，大力宣传优秀教师先进事迹，严肃查处违反教师职业道德行为。 21. 落实教师全员培训制度，确保教师完成规定培训学时；优化教师队伍结构，加强骨干教师队

重点内容	关键指标	考查要点
A4. 教师队伍	B9. 提高教师队伍素质	伍建设，提高教师队伍专业化水平和信息化应用水平。 22. 健全教研制度，加强教研机构建设，落实教研员专业标准，配足配齐所有学科专职教研员，充分发挥专业支撑作用。
	B10. 落实教师地位待遇	23. 依法保障教师工资收入水平，合理核定学校绩效工资总量，完善学校绩效工资分配办法，绩效工资增量主要用于奖励性绩效工资分配；落实乡村教师补贴政策。 24. 落实教师优待政策，定期表彰奖励优秀教师。
A5. 均衡发展	B11. 保障教育机会均等	25. 推进县域城乡义务教育一体化发展，加强乡村学校、薄弱学校建设，推进集团化、学区化办学，促进义务教育优质均衡发展。 26. 健全控辍保学机制，适龄儿童少年应入尽入，实现义务教育有保障。 27. 推进免试就近入学全覆盖，规范公办民办学校同步招生，严禁违规跨区域、考试掐尖招生，实行均衡编班。 28. 保障进城务工人员随迁子女平等接受义务教育，落实家庭经济困难学生资助政策，加强残疾儿童、留守儿童、困境儿童教育关爱。
	B12. 学校办学质量状况	29. 县域内学校办学质量总体状况及年度变化情况；县域内学校间办学质量差异状况及年度变化情况。 30. 师生、家长、社会等方面对县域内义务教育质量的满意度。

225

二、学校办学质量评价

重点内容	关键指标	考查要点
A1.办学方向	B1.加强党建工作	1. 健全党对学校工作领导的制度机制，以政治建设为统领，加强学校领导班子建设，推进党的工作与教育教学工作紧密融合，把思想政治工作贯穿学校教育教学全过程。 2. 落实学校党的组织和党的工作全覆盖，落实党风廉政建设责任制和意识形态工作责任制；坚持党建带团建、队建，充分发挥学校工会、共青团、少先队等群团组织作用。
	B2.坚持立德树人	3. 全面贯彻党的教育方针，坚持科学教育质量观，落实德智体美劳全面培养要求，坚持全员、全过程、全方位育人，深入实施素质教育，促进学生全面发展、健康成长。 4. 把立德作为育人首要任务，制定并有效实施落实《中小学德育工作指南》的具体工作方案，将培育和践行社会主义核心价值观融入教育教学全过程，教育引导学生爱党爱国爱人民爱社会主义。
A2.课程教学	B3.落实课程方案	5. 开齐开足开好国家规定课程；规范使用审定教材，不得引进境外课程、使用境外教材。 6. 加强课程建设，特别是德育、体育、美育、劳动教育等课程建设，重视法治教育、安全教育和心理健康教育，有效开发和实施地方课程、校本课程。

续表

重点内容	关键指标	考查要点
A2.课程教学	B4.规范教学实施	7. 健全学校教学管理规程，统筹制定教学计划；按照课程标准实施教学，不存在随意增减课时、改变难度、调整进度等问题。 8. 完善教师集体备课制度，健全教学评价制度，注重教学诊断与改进；校长深入课堂听课、参与教研、指导教学。 9. 健全作业管理办法，统筹调控作业量和作业时间；严控考试次数，不公布考试成绩和排名；实现课后服务全覆盖，提高课后服务质量。防止学业负担过重。
	B5.优化教学方式	10. 积极学习应用优秀教学成果和信息化教学资源，鼓励教师改进和创新教育教学方法，注重启发式、互动式、探究式教学，推进信息技术与教育教学深度融合。 11. 坚持因材施教、教好每名学生，精准分析学情，重视差异化教学和个别化指导，培养学生自主学习能力，帮扶学习困难学生。 12. 强化实践育人，积极开展劳动教育和综合实践活动，培养学生的社会责任感、创新精神和实践能力。
A3.教师发展	B6.加强师德师风建设	13. 按照"四有"好老师标准，健全师德师风建设长效机制，积极选树先进典型，严肃查处师德失范行为。 14. 关心教师思想状况，加强思想政治工作和人文关怀，帮助解决教师思想问题与实际困难，促进教师身心健康。

重点内容	关键指标	考查要点
A3. 教师 发展	B7. 重视 教师 专业 成长	15. 实施教师专业发展规划，优化教师队伍结构，注重青年教师培养；健全校本教研制度，支持教师参加专业培训、凝练教学经验。 16. 教师达到专业标准要求，具备较强的育德、课堂教学、作业与考试命题设计、实验操作和家庭教育指导等能力，以及必备的信息化素养和信息技术应用能力；校长注重不断提高学校管理与教育教学领导力。 17. 重视加强班主任队伍建设，班主任认真履行岗位职责。
	B8. 健全 教师 激励 机制	18. 完善校内教师激励体系，坚持公开公平公正，注重精神荣誉激励、专业发展激励、岗位晋升激励、绩效工资激励、关心爱护激励。 19. 树立正确激励导向，突出全面育人和教育教学实绩，克服唯分数、唯升学的评价倾向，充分激发教师教书育人的积极性、创造性。
A4. 学校 管理	B9. 完善 学校 内部 治理	20. 建设现代学校制度，健全并落实学校各项管理制度，加强作业、睡眠、手机、读物、体质等管理。定期召开教职工代表大会，发挥社区、家长委员会等参与学校管理的积极作用。 21. 制定符合实际的学校发展规划，推进学校内涵发展、特色建设，增强学校办学活力。

续表

重点内容	关键指标	考查要点
A4.学校管理	B10.保障学生平等权益	22. 落实免试就近入学政策，实行均衡编班，不分重点班、快慢班；落实控辍保学登记、报告和劝返等责任；不存在违规招生、迫使学生转学退学等问题。 23. 落实进城务工人员随迁子女入学、残疾儿童随班就读、家庭经济困难学生资助等政策，加强对留守儿童、困境儿童及其他需要特别照顾学生的关爱帮扶和心理辅导。
	B11.加强校园文化建设	24. 建设体现学校办学理念和特色的校园文化，加强校风教风学风建设，增进师生相互关爱，增强学校凝聚力；密切家校协同育人，强化家庭教育指导。 25. 优化校园空间环境,建设健康校园、平安校园、书香校园、温馨校园、文明校园，营造和谐育人环境。
A5.学生发展	B12.学生发展质量状况	26. 加强学生综合素质档案建设和使用，客观反映学生德智体美劳全面发展整体水平及变化情况。 27. 师生、家长、社会等方面对学校办学质量的满意度。

三、学生发展质量评价

重点内容	关键指标	考查要点
A1. 品德发展	B1. 理想信念	1. 了解党史国情，珍视国家荣誉，铸牢中华民族共同体意识，爱党爱国爱人民爱社会主义，立志听党话、跟党走，从小树立为实现中华民族伟大复兴的中国梦而努力奋斗的志向。 2. 会唱国歌，积极参加升国旗仪式；积极参加重要节日、纪念日主题教育活动，积极参加少先队、共青团活动。 3. 热爱并努力学习中华优秀传统文化、革命文化和社会主义先进文化，传承红色基因，增强"四个自信"；积极向英雄模范和先进典型人物学习。
	B2. 社会责任	4. 养成规则意识，遵守校规校纪，遵守法律法规、社会公德和公共秩序。 5. 爱护公共财物，保护公共环境，热爱大自然；节粮节水节电，低碳环保生活；积极参加集体活动，主动为班级、学校、同学及他人服务。
	B3. 行为习惯	6. 注重仪表、举止文明，诚实守信、知错就改，朴素节俭、不相互攀比。 7. 孝敬父母，尊重师长、同学和他人，礼貌待人，与人和谐相处。 8. 自己事情自己做，他人事情帮着做。
A2. 学业发展	B4. 学习习惯	9. 保持积极学习态度，具有学习自信心和自主学习意识，善于合作学习，努力完成学习任务。 10. 掌握有效学习方法，主动预习，认真听讲，积极思考，踊跃提问，及时复习，认真完成作业。

续表

重点内容	关键指标	考查要点
A2.学业发展	B5.创新精神	11. 积极参加学校兴趣小组社团活动，有小制作、小发明、小创造等科学兴趣特长。 12. 有好奇心、想象力和求知欲，有信息收集整合、综合分析运用能力，有自主探究、独立思考、发现问题、解决问题的意识与能力。
	B6.学业水平	13. 理解学科基本思想和思维方法，掌握学科基本知识、基本技能，达到国家规定的义务教育课程学业质量标准要求；校内、校外学业负担感受状况。 14. 养成阅读习惯，具备一定阅读量和阅读理解能力；主动参与实验设计，能够完成实验操作。
A3.身心发展	B7.健康生活	15. 营养健康饮食，讲究卫生，按时作息，保证充足睡眠，养成坐、立、行、读、写正确姿势；积极参加体育活动，坚持每天锻炼身体至少 1 小时，坚持做广播体操、眼保健操。 16. 树立珍爱生命、安全第一意识，掌握安全、卫生防疫等基本常识，注重日常预防和自我保护，具备避险和紧急情况应对能力。 17. 不过度使用手机，不沉迷网络游戏，不吸烟、不喝酒、不赌博，远离毒品。
	B8.身心素质	18. 体质健康监测达标，掌握 1—2 项体育运动技能，有效控制近视、肥胖、脊柱姿态不良等。 19. 保持自尊自信、自立自强，乐观向上、阳光健康心态，合理表达、控制调节自我情绪；能够正确看待挫折，具备应对学习压力、生活困难和寻求帮助的积极心理素质和能力。

续表

重点内容	关键指标	考查要点
A4.审美素养	B9.美育实践	20. 积极参加学校、社区（村）组织的文化艺术等各种美育活动。 21. 经常欣赏文学艺术作品、观看文艺演出、参观艺术展览等。
	B10.感受表达	22. 掌握 1—2 项艺术技能，会唱主旋律歌曲。 23. 具备健康向上的审美趣味、审美格调，能够在学习和生活中发现美、感受美、欣赏美、表达美。
A5.劳动与社会实践	B11.劳动习惯	24. 具有尊重劳动、热爱劳动的观念，能够吃苦耐劳，尊重劳动者，珍惜劳动成果。 25. 积极参加家务劳动、校内劳动、校外劳动，具有一定的生活能力和劳动技能。
	B12.社会体验	26. 积极参与社会调查、研学实践、志愿服务和公益活动。 27. 在农业生产、工业体验、商业和服务业实践中，主动体验职业角色。

——以上见《教育部等六部门关于印发〈义务教育质量评价指南〉的通知》（教基〔2021〕3 号），2021 年 3 月 1 日

幼儿园做好入学准备教育。

小学实施入学适应教育。

国家修订义务教育课程标准，调整一年级课程安排，合理安排内容梯度，减缓教学进度。小学将一年级上学期设置为入学适应期，重点实施入学适应教育，地方课程、学校课程和综合实践活动主要用于组织开展入学适应活动，确保课时安排。改革一年级教育教学方式，国家课程主要采取游戏化、生活化、综合化等方式实施，强化儿童的探究性、体验式学习。要切实改变忽视儿童身心特点和接受能力的现象，坚决纠正超标教学、盲目追赶进度的错误做法。

建立联合教研制度。各级教研部门要把幼小衔接作为教研工作的重要内容，纳入年度教研计划，推动建立幼小学段互通、内容融合的联合教研制度。教研人员要深入幼儿园和小学，根据实践需要确定研究专题，指导区域教研和园（校）本教研活动，总结推广好做法好经验。鼓励学区内小学和幼儿园建立学习共同体，加强教师在儿童发展、课程、教学、管理等方面的研究交流，及时解决入学准备和入学适应实践中的突出问题。

完善家园校共育机制。

加大综合治理力度。各级教育部门要会同有关部门持续加大对校外培训机构、小学、幼儿园违反教育规律行为的治理力度，开展专项治理。落实国家有关规定，校外培训机构不得对学前儿童违规进行培训。小学严格执行免试就近入学，严禁以各类考试、竞赛、培训成绩或证书等作为招生依据，坚持按课程标准零起点教学。幼儿园满足需要的地方，小学不得举办学前班。幼儿园不得提前教授小学课程内容，不得布置读写算家庭作业，不得设学前班，幼儿园出现大班幼儿流失的情况，应及时了解原因和去向，并向当地教育部门报告。教育部门应根据有关线索，对接收学前儿童违规开展培训的校外培训机构进行严肃查处并列入黑名单，将黑名单信息纳入全国信用信息共享平台，按有关规定实施联合惩戒。对办学行为严重违规的幼儿园和小学，追究校长、园长和有关教师的责任。

——以上见《教育部关于大力推进幼儿园与小学科学衔接的指导意见》（教基〔2021〕4 号），2021 年 3 月 30 日

进校园课外读物要符合以下基本标准：

主题鲜明。体现主旋律，引领新风尚，重点宣传习近平新时代中国特色社会主义思想，传承红色基因，弘扬民族精

神、时代精神、科学精神，彰显家国情怀、社会关爱、人格修养，开拓国际视野，涵养法治意识。

内容积极。选材积极向上，反映经济社会发展新成就、科学技术新进展，以及人类文明优秀成果，具有较高人文、社会、科学、艺术等方面价值。选文作者历史评价正面，有良好的社会形象。

可读性强。文字优美，表达流畅，深入浅出，具有一定的启发性、趣味性。

启智增慧。能够激发学生的好奇心、想象力、创造力，增长知识见识，提升发现问题和解决问题能力，增强综合素质。

违反《出版管理条例》有关规定，或存在下列情形之一的，不得推荐或选用为中小学生课外读物：

（一）违背党的路线方针政策，污蔑、丑化党和国家领导人、英模人物，戏说党史、国史、军史的；

（二）损害国家荣誉和利益的，有反华、辱华、丑华内容的；

（三）泄露国家秘密、危害国家安全的；

（四）危害国家统一、主权和领土完整的；

（五）存在违反宗教政策的内容，宣扬宗教教理、教义和教规的；

（六）存在违反民族政策的内容，煽动民族仇恨、民族歧视，破坏民族团结，或者不尊重民族风俗、习惯的；

（七）宣扬个人主义、新自由主义、历史虚无主义等错误观点，存在崇洋媚外思想倾向的；

（八）存在低俗媚俗庸俗等不良倾向，格调低下、思想不健康，宣扬超自然力、神秘主义和鬼神迷信，存在淫秽、色情、暴力、邪教、赌博、毒品、引诱自杀、教唆犯罪等价值导向问题的；

（九）侮辱或者诽谤他人，侵害他人合法权益的；

（十）存在科学性错误的；

（十一）存在违规植入商业广告或变相商业广告及不当链接，违规使用"教育部推荐""新课标指定"等字样的；

（十二）其他有违公序良俗、道德标准、法律法规等，造成社会不良影响的。

学校是进校园课外读物推荐责任主体，负责组织本校课外读物的遴选、审核工作。

进校园课外读物原则上每学年推荐一次。推荐程序应包括初选、评议、确认、备案等环节。学校组织管理人员、任课教师和图书馆管理人员提出初选目录；学科组负责审读，对选自国家批准的推荐目录中的读物，重点评议适宜性，对其他读物要按推荐原则、标准、要求全面把关，提出评议意见；学校组织专门小组负责审核把关，统筹数量种类，确认推荐结果，公示并报教育行政主管部门备案。

进校园课外读物推荐目录要向学生家长公开，坚持自愿购买原则，禁止强制或变相强制学生购买课外读物，学校不得组织统一购买。

任何单位和个人不得在校园内通过举办讲座、培训等活动销售课外读物。

学校要明确校园书店经营管理要求。校园书店要建立进校园读物的审核机制，严格落实本办法的原则、标准和要求。

学校要明确受捐赠课外读物来源，由学校或上级教育行政主管部门进行审核把关，明确价值取向和适宜性把关要求。

——以上见《教育部关于印发〈中小学生课外读物进校园管理办法〉的通知》（教材〔2021〕2号），2021年3月31日

（义务教育学校作业管理有关要求）[*]

一、把握作业育人功能。作业是学校教育教学管理工作的重要环节，是课堂教学活动的必要补充。各地各校要遵循教育规律、坚持因材施教，严格执行课程标准和教学计划，坚持小学一年级零起点教学。在课堂教学提质增效基础上，切实发挥好作业育人功能，布置科学合理有效作业，帮助学生巩固知识、形成能力、培养习惯，帮助教师检测教学效果、精准分析学情、改进教学方法，促进学校完善教学管理、开展科学评价、提高教育质量。

二、严控书面作业总量。学校要确保小学一二年级不布置书面家庭作业，可在校内安排适当巩固练习；小学其他年级每天书面作业完成时间平均不超过 60 分钟；初中每天书面作业完成时间平均不超过 90 分钟。周末、寒暑假、法定节假日也要控制书面作业时间总量。

三、创新作业类型方式。学校要根据学段、学科特点及学生实际需要和完成能力，合理布置书面作业、科学探究、体育锻炼、艺术欣赏、社会与劳动实践等不同类型作业。鼓励布置分层作业、弹性作业和个性化作业，科学设计探究性作业和实践性作业，探索跨学科综合性作业。切实避免机械、无效训练，严禁布置重复性、惩罚性作业。

---

[*] 括号内文字为编者所加。

四、提高作业设计质量。学校要将作业设计作为校本教研重点，系统化选编、改编、创编符合学习规律、体现素质教育导向的基础性作业。教师要提高自主设计作业能力，针对学生不同情况，精准设计作业，根据实际学情，精选作业内容，合理确定作业数量，作业难度不得超过国家课程标准要求。各地教育行政部门要经常性组织开展作业设计与实施的教师培训与教研活动，定期组织开展优秀作业评选与展示交流活动，加强优质作业资源共建共享。教研机构要加强对学校作业设计与实施的研究与指导。

五、加强作业完成指导。教师要充分利用课堂教学时间和课后服务时间加强学生作业指导，培养学生自主学习和时间管理能力，指导小学生基本在校内完成书面作业，初中学生在校内完成大部分书面作业。

六、认真批改反馈作业。教师要对布置的学生作业全批全改，不得要求学生自批自改，强化作业批改与反馈的育人功能。作业批改要正确规范、评语恰当。通过作业精准分析学情，采取集体讲评、个别讲解等方式有针对性地及时反馈，特别要强化对学习有困难学生的辅导帮扶。有条件的地方，鼓励科学利用信息技术手段进行作业分析诊断。

七、不给家长布置作业。严禁给家长布置或变相布置作业，严禁要求家长批改作业。引导家长树立正确的教育观念，切实履行家庭教育主体责任，营造良好家庭育人氛围，合理安排孩子课余生活，与学校形成协同育人合力；督促孩子回家后主动完成学校布置的作业，引导孩子从事力所能及的家务劳动，激励孩子坚持进行感兴趣的体育锻炼和社会实践；不额外布置其他家庭作业。

八、严禁校外培训作业。各地要按国家有关规定，把禁止留作业作为校外培训机构日常监管的重要内容，坚决防止校外培训机构给中小学生留作业，切实避免校内减负、校外增负。

九、健全作业管理机制。各地教育行政部门要指导学校完善作业管理细则，明确具体工作要求，并在校内公示。学校要切实履行作业管理主体责任，加强作业全过程管理，每学期初要对学生作业作出规划，加强年级组、学科组作业统筹协调，合理确定各学科作业比例结构，建立作业总量审核监管和质量定期评价制度。

十、纳入督导考核评价。各地教育行政部门要将作业管理纳入县域义务教育和学校办学质量评价。督导部门要将作业管理作为规范办学行为督导检查和责任督学日常监管的重要内容。学校要把作业设计、批改和反馈情况纳入对教师专业素养和教学实绩的考核评价。各地要设立监督电话和举报平台，畅通反映问题和意见渠道，切实落实各项工作要求，确保义务教育学校作业管理工作取得实效。

——《教育部办公厅关于加强义务教育学校作业管理的通知》（教基厅函〔2021〕13 号），2021 年 4 月 8 日

推动课后服务全覆盖。各地要强化工作部署落实，不断完善政策措施，切实打通学校课后服务"最后一公里"，确保城区义务教育学校全覆盖、有需求的学生全覆盖。

保证课后服务时间。课后服务结束时间原则上不早于当地普遍的正常下班时间后半小时；学校对有特殊需要的学生，可以提供延时托管服务，切实解决好家长接学生困难问题。

提高课后服务质量。丰富课后服务内容，指导学生认真完成作业，帮助学习有困难的学生补习辅导，指导学有余力的学生拓展学习空间，开展丰富多彩的文体活动、阅读、兴趣小组以及社团活动，提高课后服务质量水平。

强化课后服务保障。完善课后服务经费保障机制，通过财政补贴、服务性收费或代收费等方式筹措经费。学校服务性收费和代收费具体政策由各省份制订，严禁以课后服务名义乱收费。建立健全以学校教师为主、校外专业人员或志愿者参与的课后服务师资队伍，完善参与教师和人

员补助政策。

　　——以上见《教育部办公厅关于推广部分地方义务教育课后服务有关创新举措和典型经验的通知》（教基厅函〔2021〕23 号），2021 年 6 月 2 日

　　鼓励学校积极承担。地方教育部门要从本地实际出发，鼓励有条件的学校积极承担学生暑期托管服务工作，并作为学党史、为人民群众办实事的重要载体。同时，积极会同共青团、妇联、工会、社区等组织，通过多种途径、多种形式提供学生暑期托管服务。

　　引导教师志愿参与。地方教育部门和学校要积极引导和鼓励教师志愿参与学生暑期托管服务，不得强制。对志愿参与的教师应给予适当补助，并将志愿服务表现作为评优评先的重要参考。要统筹合理安排教师志愿参与托管服务的时间，保障教师权益，既要保障教师暑假必要的休息时间，也要给教师参与暑期教研、培训留出时间。

　　坚持学生自愿参加。暑期托管服务主要面向确有需求的家庭和学生，并由家长学生自愿选择参加，不得强制要求学

生参加。地方教育部门和学校要主动向家长宣传告知具体安排。同时，积极引导家长关心重视孩子暑假生活，尽量抽出一定时间，加强亲子陪伴、交流互动，使孩子的暑假生活更加丰富多彩。

合理安排服务内容。托管服务应以看护为主，确保学生能够得到充分休息。提供托管服务的学校应开放教室、图书馆、运动场馆等各类资源设施，在做好看护的同时，合理组织提供一些集体游戏活动、文体活动、阅读指导、综合实践、兴趣拓展、作业辅导等服务，不得组织集体补课、讲授新课。

积极拓宽资源渠道。有条件的地方和学校在托管服务中，要充分利用当地红色教育基地、博物馆、文化馆、科技馆、青少年活动中心等社会教育资源；要积极吸纳大学生志愿者、社会专业人士等参与学校托管服务。

坚持公益普惠原则。地方教育部门要会同有关部门完善暑期托管服务经费保障机制，可参照课后服务相关政策，采取财政补贴、收取服务性收费或代收费等方式筹措经费。实行服务性收费或代收费的，收费标准由地方教育部门商有关主管部门制定，并向社会公示、做好宣传工作，学校不得违规收费。

——以上见《教育部办公厅关于支持探索开展暑期托管服务的通知》（教基厅函〔2021〕30号），2021年7月7日

2021年秋季学期起，未使用国家通用语言文字开展保教活动的民族地区、农村地区幼儿园全部使用国家通用语言文字开展保教活动，为幼儿营造良好的普通话教育环境。"十四五"期间，分期分批开展民族地区、农村地区幼儿园教师国家通用语言文字应用能力培训，基本解决幼儿园教师国家通用语言文字教育教学能力不足的问题。使民族地区、农村地区学前儿童逐步具备基本的普通话交流能力，为进入义务教育阶段学习奠定良好语言基础。

在包含学前教育专业或方向的师范院校和师范专业中，加大面向民族地区的学前教育专业地方公费师范生培养补充力度，鼓励引导毕业生回到所在民族地区履约就业。向民族地区倾斜选派国家通用语言文字教育教学能力强的支教教师。

——以上见《教育部办公厅关于实施学前儿童普通话教育"童语同音"计划的通知》（教语用厅函〔2021〕3号），

2021 年 7 月 21 日

学校教育教学质量和服务水平进一步提升，作业布置更加科学合理，学校课后服务基本满足学生需要，学生学习更好回归校园，校外培训机构培训行为全面规范。学生过重作业负担和校外培训负担、家庭教育支出和家长相应精力负担 1 年内有效减轻、3 年内成效显著，人民群众教育满意度明显提升。

建立作业校内公示制度，加强质量监督。严禁给家长布置或变相布置作业，严禁要求家长检查、批改作业。

学校要确保小学一、二年级不布置家庭书面作业，可在校内适当安排巩固练习；小学三至六年级书面作业平均完成时间不超过 60 分钟，初中书面作业平均完成时间不超过 90 分钟。

系统设计符合年龄特点和学习规律、体现素质教育导向的基础性作业。鼓励布置分层、弹性和个性化作业，坚决克服机械、无效作业，杜绝重复性、惩罚性作业。

教师要指导小学生在校内基本完成书面作业，初中生在校内完成大部分书面作业。教师要认真批改作业，及时做好反馈，加强面批讲解，认真分析学情，做好答疑辅导。不得要求学生自批自改作业。

课后服务结束时间原则上不早于当地正常下班时间；对有特殊需要的学生，学校应提供延时托管服务；初中学校工作日晚上可开设自习班。学校可统筹安排教师实行"弹性上下班制"。

学校要制定课后服务实施方案，增强课后服务的吸引力。充分用好课后服务时间，指导学生认真完成作业，对学习有困难的学生进行补习辅导与答疑，为学有余力的学生拓展学习空间，开展丰富多彩的科普、文体、艺术、劳动、阅读、兴趣小组及社团活动。不得利用课后服务时间讲新课。

课后服务一般由本校教师承担，也可聘请退休教师、具备资质的社会专业人员或志愿者提供。教育部门可组织区域内优秀教师到师资力量薄弱的学校开展课后服务。依法依规严肃查处教师校外有偿补课行为，直至撤销教师资格。充分利用社会资源，发挥好少年宫、青少年活动中心等校外活动场所在课后服务中的作用。

坚持从严审批机构。各地不再审批新的面向义务教育阶段学生的学科类校外培训机构，现有学科类培训机构统一登记为非营利性机构。对原备案的线上学科类培训机构，改为审批制。

对非学科类培训机构，各地要区分体育、文化艺术、科技等类别，明确相应主管部门，分类制定标准、严格审批。

学科类培训机构一律不得上市融资，严禁资本化运作；上市公司不得通过股票市场融资投资学科类培训机构，不得通过发行股份或支付现金等方式购买学科类培训机构资产；外资不得通过兼并收购、受托经营、加盟连锁、利用可变利益实体等方式控股或参股学科类培训机构。已违规的，要进行清理整治。

建立培训内容备案与监督制度，制定出台校外培训机构培训材料管理办法。严禁超标超前培训，严禁非学科类培训机构从事学科类培训，严禁提供境外教育课程。

校外培训机构不得占用国家法定节假日、休息日及寒暑假期组织学科类培训。

线上培训要注重保护学生视力，每课时不超过 30 分钟，课程间隔不少于 10 分钟，培训结束时间不晚于 21 点。

聘请在境内的外籍人员要符合国家有关规定，严禁聘请在境外的外籍人员开展培训活动。

省级政府要制定学校课后服务经费保障办法，明确相关标准，采取财政补贴、服务性收费或代收费等方式，确保经费筹措到位。课后服务经费主要用于参与课后服务教师和相关人员的补助。

教师参加课后服务的表现应作为职称评聘、表彰奖励和绩效工资分配的重要参考。

确保主流媒体、新媒体、公共场所、居民区各类广告牌和网络平台等不刊登、不播发校外培训广告。不得在中小学校、幼儿园内开展商业广告活动，不得利用中小学和幼儿园的教材、教辅材料、练习册、文具、教具、校服、校车等发布或变相发布广告。

课后服务不能满足部分学生发展兴趣特长等特殊需要的，可适当引进非学科类校外培训机构参与课后服务，由教育部门负责组织遴选，供学校选择使用，并建立评估退出机制。

将义务教育阶段学科类校外培训收费纳入政府指导价管理，科学合理确定计价办法，明确收费标准，坚决遏制过高收费和过度逐利行为。通过第三方托管、风险储备金等方式，对校外培训机构预收费进行风险管控，加强对培训领域贷款的监管，有效预防"退费难"、"卷钱跑路"等问题发生。

不得开展面向学龄前儿童的线上培训，严禁以学前班、幼小衔接班、思维训练班等名义面向学龄前儿童开展线下学科类（含外语）培训。不再审批新的面向学龄前儿童的校外培训机构和面向普通高中学生的学科类校外培训机构。对面向普通高中学生的学科类培训机构的管理，参照本意见有关规定执行。

——以上见《中共中央办公厅 国务院办公厅印发〈关于进一步减轻义务教育阶段学生作业负担和校外培训负担的意见〉》，2021 年 7 月

根据国家义务教育阶段课程设置的规定，在开展校外培训时，道德与法治、语文、历史、地理、数学、外语（英

语、日语、俄语）、物理、化学、生物按照学科类进行管理。对涉及以上学科国家课程标准规定的学习内容进行的校外培训，均列入学科类进行管理。

在开展校外培训时，体育（或体育与健康）、艺术（或音乐、美术）学科，以及综合实践活动（含信息技术教育、劳动与技术教育）等按照非学科类进行管理。

——以上见《教育部办公厅关于进一步明确义务教育阶段校外培训学科类和非学科类范围的通知》（教监管厅函〔2021〕3号），2021年7月28日

小学一二年级不进行纸笔考试，义务教育其他年级由学校每学期组织一次期末考试，初中年级从不同学科的实际出发，可适当安排一次期中考试。各地不得面向小学各年级和初中非毕业年级组织区域性或跨校际的考试；学校和班级不得组织周考、月考、单元考试等其他各类考试，也不得以测试、测验、限时练习、学情调研等各种名义变相组织考试。初中毕业年级为适应学生毕业和升学需要，可在下学期正常完成课程教学任务后，在总复习阶段组织1—2次模拟考试，坚决禁止抢赶教学进度、提前结课备考。初中学业水平考试仍按国家和省级教育部门有关规定执行，除初中学业水平考

试外不得组织任何与升学挂钩的选拔性考试。

学校期中期末考试实行等级评价，一般分 4 至 5 个等级。考试结果不排名、不公布，以适当方式告知学生和家长，不得将考试结果在各类家长群传播。不得按考试结果给学生调整分班、排座位、"贴标签"；初中各学期期中期末考试成绩和初三下学期模拟考试成绩不得与升学挂钩。

各地要在国家义务教育质量监测基础上，完善本地义务教育学业质量监测工作，并参照国家监测办法，采取分学科抽样方式进行，防止用统一试卷统考统测，避免给学生造成过多压力和负担；地方学业质量监测要加强统筹，防止重复进行，可在小学高年级段或初中起始年级组织一次，作为评价小学阶段教育质量重要依据，同时作为开展初中阶段教育质量增值性、发展性评价的重要基础。

严禁校外培训机构面向义务教育阶段学生开展或与学校联合开展考试。

——以上见《教育部办公厅关于加强义务教育学校考试管理的通知》（教基厅函〔2021〕34 号），2021 年 8 月 30 日民族文字教材应按照国家和地方教材管理规定审核，未经审定的教材不得出版、选用使用。

民族文字教材依据《规划》和有关规定要求编写修订、翻译（编译）。民族文字教材编写修订、翻译（编译）应符合以下要求：

（一）坚持正确政治方向。坚持以马克思列宁主义、毛泽东思想、邓小平理论、"三个代表"重要思想、科学发展观、习近平新时代中国特色社会主义思想为指导，坚持爱国主义、集体主义、社会主义，有机融入中华优秀传统文化、革命文化、社会主义先进文化，加强国家主权、国家安全教育，注重培养国家意识、公民意识、法治意识，深化民族团结进步教育。

（二）铸牢中华民族共同体意识。全面贯彻党的教育方针和民族理论与政策，落实立德树人根本任务，坚持以社会主义核心价值观为引领，注重把铸牢中华民族共同体意识融入教材，挖掘体现中华民族共同历史的典型人物和鲜活故事，教育引导各族师生牢固树立正确的国家观、历史观、民族观、文化观、宗教观，不断增进对伟大祖国、中华民族、中华文化、中国共产党、中国特色社会主义的认同。

（三）充分体现时代精神。教材内容既要保持相对稳定，又要坚持与时俱进，聚焦培养担当民族复兴大任的时代新人，生动展示人民群众在新时代的新实践、新业绩、新作为，及时反映新时代思想道德建设、经济社会发展和科学技术进步的新变化新成果新趋势，大力弘扬以改革创新为核心的时代精神。

（四）遵循教育教学规律。着眼于学生全面发展，依据核心素养，遵循学生成长规律、认知规律和语言习得规律等，注重联系学生思想、学习、生活实际，将知识、能力、情感、价值观培养有机结合，体现中小学教育教学改革的先进理念和优秀成果，体现全员、全程、全方位育人要求。

（五）注重教材编写的系统性。要确保教材体系完整，逻辑完备，章节安排和结构设计科学，各学段内容衔接贯通，各学科之间协调配合；选文篇目内容要导向正确、积极向上，选文作者（译者）历史评价正面、有良好社会形象；语言文字规范，插图设计合理、数量适当，图文配合得当，可读性强。

（民族文字）*教材编写修订、翻译（编译）队伍应保持结构合理和相对稳定，每册核心编写人员原则上不应超过 8 人。编写单位遴选的编写人员，须经人员所在单位党组织审核同

---

* 括号内文字为编者所加。

意，并由编写单位集中向社会公示。

除少数民族语文外，其他学科确需使用少数民族语言文字教学的，由省级教育行政部门从国家课程教材目录中选择版本作为母版进行少数民族语言文字翻译（编译）。

民族文字教材审核队伍应由思政专家、学科专家、课程专家、教研专家、一线优秀教师等组成，其中部分专家应兼通国家通用语言文字和少数民族语言文字。审核中根据教材涉及的专门领域内容送宣传、统战、党史研究、公安、司法、安全、科技、教育、文化和旅游、民族、宗教等部门进行专题审核。教材审核人员应依据教材审核程序、方式、标准，公正客观地进行审核，遵守政治纪律、政治规矩和有关规定。

民族文字教材审核实行编审分离制度，遵循回避原则，执行重大选题备案制度。应加强政治审核，重点审核教材的政治方向和价值导向，政治上有错误的教材不予通过。

民族文字教材出现《中小学教材管理办法》规定的退出情形的，应立即停止使用，不再列入教学用书目录。

——以上见《教育部关于印发〈中小学少数民族文字教材管理办法〉的通知》（教材〔2021〕4 号），2021 年 8 月 30 日

（"能力提升"项目规划）*要优先将乡村振兴重点帮扶县、民族县、边境县、革命老区县等纳入实施范围。

纳入"能力提升"项目规划的学校必须是长期保留的、适应新型城镇化发展和乡村振兴战略要求、符合当地国土空间规划的义务教育阶段公办学校，对于规范民办义务教育专项工作中按要求已经转为公办学校的，可纳入规划。非义务教育阶段学校、小学附设的学前班和幼儿园不纳入规划；完全中学、十二年一贯制学校的高中部不纳入规划。

建设内容

（一）校园校舍建设。主要支持建设教学及辅助用房，师生宿舍、食堂、浴室、厕所、开水（锅炉）房等生活用房，运动场地（馆），围墙、大门、护坡（坎）等附属设施，以及校园文化、绿化、硬化等建设。

办公楼、礼堂以及其他超越基本办学条件范畴的项目，不得列入项目规划。

---

* 括号内文字为编者所加。

（二）设施设备购置。支持购置教学实验仪器设备、音体美器材、课桌椅、图书，食堂设备、学生用床，配置饮水、洗浴、采暖、安全等生活必须设施设备。配备开展德育体育美育劳育和校园文化活动所需要的设施设备。

（三）信息化建设。建设学校教学资源平台，配备数字教育资源，支持专递课堂、名师课堂和名校网络课堂相关设备购置，支持学校网络设施设备购置。

教学资源平台的日常维护、学校行政管理平台及软件、教育行政部门统一组织建设的信息化平台等不得纳入规划。

存在基本办学条件缺口的地区，不得规划建设超越当地办学标准的项目。

要进一步加大财政投入力度，足额保障规划所需资金，按照轻重缓急，确定年度项目和资金安排，不留资金缺口，严禁以学校名义举债建设。

——以上见《教育部办公厅 国家发展改革委办公厅 财政部办公厅关于编制义务教育薄弱环节改善与能力提升项目规划（2021—2025 年）的通知》（教财厅函〔2021〕16 号），2021 年 9 月 13 日验证为未成年人的用户，必须纳入统一的网络游戏防沉迷管理。网络游戏企业可在周五、周六、周日和法定节假日每日 20 时至 21 时，向中小学生提供 1 小时网络游戏服务，其他时间不得以任何形式向中小学生提供网络游戏服务。

——《教育部办公厅等六部门关于进一步加强预防中小学生沉迷网络游戏管理工作的通知》（教基厅函〔2021〕41 号），2021 年 10 月 20 日

校外培训机构预收费须全部进入本机构培训收费专用账户，不得使用本机构其他账户或非本机构账户收取培训费用。面向中小学生的培训不得使用培训贷方式缴纳培训费用。校外培训收费时段与教学安排应协调一致，不得一次性收取或以充值、次卡等形式变相收取时间跨度超过 3 个月或 60 课时的费用。

校外培训机构提供培训服务收取培训费应依法履行纳税义务，并按照国家有关规定开具发票。

校外培训机构预收费监管工作实行属地监管原则。学科类和非学科类校外培训机构预收费应全额纳入监管范围，包

括本通知发布前已收取但未完成培训服务的预收费资金。各地可结合实际，采取银行托管、风险保证金的方式，对校外培训机构预收费进行风险管控。

校外培训机构要与符合条件的银行签订托管协议并报教育或其他主管部门备案，自主选择符合条件的银行，开立预收费资金托管专用账户（培训收费专用账户），将预收费资金与其自有资金分账管理。校外培训预收费须全部进入资金托管专用账户，以现金等形式收取的，应全部归集至资金托管专用账户，做到全部预收费"应托管、尽托管"。

实行银行托管前，已收取但未完成培训服务的预收费资金，应采取风险保证金方式进行监管。

采取风险保证金方式的，校外培训机构应与符合条件的银行签订协议并报教育或其他主管部门备案，开立风险保证金专用账户，存入一定金额的保证金作为其履行培训服务承诺和退费的资金保证，不得用保证金进行融资担保。保证金额度和监管要求由各地确定，最低额度不得低于培训机构收取的所有学员单个收费周期（3个月）的费用总额。保证金额度实行动态调整，须报教育或其他主管部门备案。

禁止诱导中小学生家长使用分期贷款缴纳校外培训费用。

——以上见《教育部等六部门关于加强校外培训机构预收费监管工作的通知》（教监管函〔2021〕2 号），2021 年 10 月 21 日

（《"十四五"学前教育发展提升行动计划》）*
主要目标
进一步提高学前教育普及普惠水平，到 2025 年，全国学前三年毛入园率达到 90% 以上，普惠性幼儿园覆盖率达到 85% 以上，公办园在园幼儿占比达到 50% 以上。

政策措施

（一）优化普惠性资源布局

推进教育公平，增加普惠性资源供给，充分考虑出生人口变化、乡村振兴和城镇化发展趋势，逐年做好入园需求测算，完善县（区）普惠性幼儿园布局规划，原则上每三年调

---

* 括号内文字为编者所加。

整一次。结合三孩生育政策实施和地方实际，及时修订和调整居住社区人口配套学位标准，推动城市居住社区、易地搬迁安置区配套建设与人口规模相适应的幼儿园，产权及时移交当地政府，确保提供普惠性服务，满足就近入园需要。完善农村学前教育资源布局，办好乡镇公办中心幼儿园，通过依托乡镇中心幼儿园举办分园、村独立或联合办园、巡回支教等方式满足农村适龄儿童入园需求。充分发挥乡镇中心幼儿园的辐射指导作用，实施乡（镇）、村幼儿园一体化管理。鼓励有条件的地方探索实施学前教育服务区制度。

（二）推进普惠性资源扩容增效

国家实施教育提质扩容工程和教育强国推进工程，新建改扩建一批公办幼儿园，支持人口集中流入地、农村地区、"三区三州"、原集中连片特困地区县和片区外国家扶贫开发工作重点县普及学前教育。

逐步化解和消除学前教育"大班额"现象，防止出现新的无证园。全面改善办园条件，消除园舍安全隐患。各类幼儿园按照国家和地方的有关要求配备丰富适宜的玩教具和游戏材料。对乡镇公办中心园、企事业单位和集体资产举办的幼儿园，经机构编制部门审批后，依据《事业单位登记管理暂行条例》等相关规定做好事业单位法人登记管理工作，发挥其兜底线、保普惠的重要作用。各省（区、市）要认真部署开展城镇小区配套园治理"回头看"，对治理成效进行全面复查，健全城镇小区配套园建设管理制度，完善扶持政策和监管机制，巩固治理成果，坚决防止出现反弹。

（四）提高幼儿园师资培养培训质量

在高等学校学前教育专业增加特殊教育专业课程，提高师范生的融合教育能力。各地制定幼儿园教师和教研员培训规划，加大培训力度，实施全员培训，突出实践导向，提高培训实效。鼓励高校、教科研机构和优质幼儿园结对帮扶基层、边远和欠发达地区幼儿园。

（五）保障幼儿园教师配备和工资待遇

民办园按照配备标准配足配齐教职工。落实公办园教师工资待遇保障政策，统筹工资收入政策、经费支出渠道，确保教师工资及时足额发放、同工同酬。按照政府购买服务范围的规定，可将公办园中保育、安保、食堂等服务纳入政府购买服务范围，所需资金从地方财政预算中统筹安排，公办园和承接主体应当依法保障相关劳动者权益。民办园要参照公办园教职工工资收入水平，合理确定相应教职工的工资收入。各类幼儿园教职工依法全员纳入社会保障体系，畅通缴费渠道，农村集体办园的教职工社会保险可委托乡镇中心幼儿园代缴，农村小学附属幼儿园由小学代缴。各类幼儿园依法依规足额足项为教职工缴纳社会保险和住房公积金，社会保障、医疗保障、税务等有关主管部门依法依规对幼儿园教职工缴纳社保情况组织检查，积极开展医保参保宣传进校园等活动，切实保障教职工合法权益。

（六）完善幼儿园规范管理机制

落实县级人民政府和各有关部门的监督管理责任，提升跨部门协同治理能力，完善动态监管机制，强化对幼儿园办园条件、教师资格与配备、安全防护、收费行为、卫生保健、保育教育、财务管理等方面的动态监管。完善幼儿园信息备案及公示制度，各类幼儿园的基本信息纳入区（县）政务信息系统管理，定期向社会公布幼儿园教职工配备、收费标准、质量评估等方面信息，幼儿园园长和专任教师变更要主动向教育主管部门备案，一个月内完成信息更新。加强民办园财务监管，非营利性民办园收取费用、开展活动的资金往来，要使用在教育行政部门备案的账户，确保收费主要用于保障教职工待遇、改善办园条件、提高保教质量。严禁非营利性民办幼儿园举办者通过任何方式取得办学收益、分配或转移办学结余。

（八）加大不规范办园行为治理力度

对出现虐童、体罚及变相体罚等严重师德失范行为的幼儿园，年检实行一票否决，对涉事教职工、管理者和举办者依法追究法律责任。各省（区、市）部署开展幼儿园名称规范清理行动，对冠以"中国""中华""全国""国际""世界""全球"等字样，包含外语词、外国国名、地名，使用"双语""艺术""国学""私塾"等片面强调课程特色以及带有宗教色彩的名称，以及民办园使用公办学校名称或简称等进行清理整治，2022 年 6 月前完成整改。加大校外培训机构执法检查力度，对面向学龄前儿童开展线上培训和以学前班、幼小衔接班、思维训练班、托管班等名义开展线下学科类（含外语）培训，以及其他违反儿童身心发展规律和接受能力的培训活动，一经发现，严肃查处，并追究相关人员的责任。

（九）深化幼儿园教育改革

教育部出台《幼儿园保教质量评估指南》，各省（区、市）完善幼儿园质量评估实施办法，将各类幼儿园全部纳入质量评估范围，树立科学导向，强化过程评估，引领教师专业成长，全面提高幼儿园保教质量。

（十）推动学前教育教研改革

加强学前教育教研工作，遴选优秀园长和教师充实教研岗位，每个区县至少配备一名学前教育专职教研员，形成一支专兼结合的高素质专业化学前教研队伍。完善教研指导责任区、区域教研和园本教研制度，实现各类幼儿园教研指导全覆盖。

组织实施

强化督导问责。扎实推进县域学前教育普及普惠发展督导评估工作，压实政府责任，完善督导问责机制。将推进学前教育普及普惠、深化体制机制改革、提升保教质量、完善投入保障政策等情况，纳入对省级人民政府履行教育职责评价和县域学前教育普及普惠督导评估认定重要内容，发生较大社会影响的安全责任事故、重大案事件和师德师风问题的县（市、区）2年内不得申报学前教育普及普惠督导评估认定。各省（区、市）将行动计划目标任务和政策措施落实情况纳入市县政府工作的绩效考核，促进学前教育普及普惠安全优质发展。

（《"十四五"县域普通高中发展提升行动计划》）*

主要目标

到 2025 年，县中整体办学水平显著提升，市域内县中和城区普通高中协调发展机制基本健全，统筹普通高中教育和中等职业教育发展，推动全国高中阶段教育毛入学率达到 92% 以上。公民办普通高中招生全面规范，县中生源流失现象得到根本扭转；教师补充激励机制基本健全，县中校长和教师队伍建设明显加强；教育经费投入机制基本健全，县中办学经费得到切实保障；薄弱县中办学条件基本改善，学校建设基本实现标准化；教育教学改革进一步深化，县中教育质量显著提高。

重点任务

（四）深化招生管理改革。全面推进基于初中学业水平考试成绩、结合综合素质评价考试招生录取模式，着力构建规范有序和监督有力的招生机制，坚决杜绝违规跨区域掐尖招生，防止县中生源过度流失，维护良好教育生态。

---

* 括号内文字为编者所加。

主要措施

（八）加强普通高中招生管理。强化招生管理省级统筹责任、地市主体责任、县级落实责任，全面落实公民办普通高中同步招生和属地招生政策，完善优质普通高中指标到校招生办法，规范特殊类型招生，促进县中多样化有特色发展。各地要全面建立地市级高中阶段学校统一招生录取网络平台，鼓励有条件的地方建立省级统一招生录取网络平台，加强招生工作监管，对违规招生行为加大查处力度。高校招生有关专项计划继续对基础教育薄弱地区予以支持。

（九）健全教师补充激励机制。

教育行政部门不得挤占县中教职工编制或长期借用县中教师，严禁公办学校教师在民办学校任教，并于 2022 年秋季开学前完成整改。严格按照国家有关规定和程序办理教师流动手续，严禁发达地区、城区学校到薄弱地区、县中抢挖优秀校长和教师，对未经组织人事部门和教育行政部门同意，恶意从县中学校抢挖人才的，停止学校各类评优评先资格。实施中西部欠发达地区优秀教师定向培养计划。适当提高中小学中级、高级教师岗位比例，中高级教师岗位设置适当向县中倾斜，合理核定县中绩效工资总量，绩效工资内部分配向优秀人才倾斜。

（十）提高县中教师能力素质。

要将普通高中新课程新教材实施和高考综合改革重点任务以及新方法新技术应用作为培训重要内容，注重加强政策解读和案例教学，大力实施优秀教学成果推广应用计划，不断提高校长办学治校能力和教师教育教学水平。

（十一）实施县中托管帮扶工程。通过国家引导、地方支持、双向选择的方式，开展多种形式的县中托管帮扶工作，努力使每个教育基础薄弱县都得到支持，加快整体提升县中办学水平。教育部依托举办附属中学的部属高校，面向100 个县托管 100 所县中，发挥示范引领作用；按照对口支援关系，组织东部发达地区省份，面向西部 10 省 160 个国家乡村振兴重点帮扶县开展组团式对口帮扶。各省（区、市）要组织有条件的地方高校开展县中托管帮扶工作。有关高校和地方要协商制定县中托管帮扶工作实施方案，充分发挥托管高校在县中校长选配、教师招聘、师资培训和教学管理等方面的重要作用，地方政府应给予积极支持和相应保障；托管高校要坚持教育公益性原则，不得收取"品牌费"，地方政府可给予托管高校一定管理费，用于托管工作有关支出。地市级教育行政部门要积极组织区域内优质普通高中与薄弱县中开展联合办学、对口支援，每所优质普通高中至少托管帮扶 1 所薄弱县中。按照国家有关规定，对在托管帮扶工作中表现突出的学校、团队和个人给予表彰奖励。

（十二）实施县中标准化建设工程。国家修订普通中小学校建设标准，完善普通高中学校建设要求，更好适应高考综合改革和普通高中育人方式改革需要。继续实施改善普通高中学校办学条件项目，重点支持改善县中基本办学条件。各省（区、市）要指导市县"一校一案"制订本地县中标准化建设工程实施方案，明确时间表和路线图，切实加大地方财政投入，确保如期完成县中标准化建设。原则上常住人口 5 万人以上或初中毕业生 2000 人以上的县，应建设 1 所普通高中。要严格学校建设经费管理，严禁超标建设豪华学校。实现县中网络联接全覆盖，完善线上教育教学资源建设与应用保障体系，加快提升县中教育信息化水平，更好促进优质教育资源共享。

（十三）消除大班额和有效控制大规模学校。

严禁随意撤并县中，防止出现新的大规模学校。普通高中新入学年级班额不得超过 55 人，新建普通高中学校规模不得超过 3000 人。

组织领导

（十七）强化督导考核评价。国务院教育督导委员会办公室把县中发展提升情况作为对省级人民政府履行教育职责督导评价的重要内容，重点检查普通高中招生管理、县中教师配备、生均公用经费保障、学校标准化建设、化解大班额和大规模学校、办学质量提高等方面情况。省级教育督导部门要把县中发展提升情况作为评价市级和县级人民政府履行教育职责的重要内容，建立县中发展提升情况跟踪督导机制，对督导发现的问题要限期整改、强化问责。国家开展普通高中教育质量监测试点工作，定期发布监测报告。

——以上见《教育部等九部门关于印发〈"十四五"学前教育发展提升行动计划〉和〈"十四五"县域普通高中发展提升行动计划〉的通知》（教基〔2021〕8 号），2021 年 12 月 9 日

中小学幼儿园校（园）长任期结束综合督导评估参考要点

一、幼儿园园长

1. 党建工作。主要包括履行"一岗双责"、基层党组织建设、传达学习上级党组织的决策部署、党建与业务融合、党风廉政建设等方面的情况。

2. 规范办园。主要包括招生、收费、资金管理使用、内部管理、文化建设、办园条件等方面的情况。

3. 队伍建设。主要包括师德师风，教师持证上岗，教师专业发展，教师和保育员配备，保育员、卫生保健人员、炊事员、保安等人员资质审核，聘用人员管理，教职工待遇保障，教师激励机制等方面的情况。

4. 科学保教。主要包括落实《幼儿园教育指导纲要》《3—6岁儿童学习与发展指南》，确立科学教育理念，坚持以游戏为基本活动，在教育活动组织、师幼互动、环境支持、幼小衔接、克服"小学化"等方面的情况。

5. 安全卫生。主要包括落实安全责任、健全安全卫生制度、配备安全设备设施、安全风险管控、膳食营养、健康检查、卫生消毒、疾病防控、食品饮水安全、安全教育、心理行为保健等方面的情况。

6. 家园共育。主要包括建立常态化机制，推进家庭教育和在园教育紧密结合，以及家长参与、科学育儿指导等方面的情况。

7.家长满意度。通过适当方式，开展家长满意度调查。

二、义务教育学校校长

1.党建和思想品德教育工作。主要包括履行"一岗双责"，基层党组织建设，以党建带团建队建，发展党员和党员教育，传达学习上级党组织的决策部署，做好教师思想政治工作和学生品德发展工作，加强党风廉政建设，促进党建和业务融合等方面的情况。

2.落实"五育"并举。主要包括确立科学教育理念，建立健全学校教育质量内部保障制度，落实《中小学德育工作指南》，开足开齐上好艺术（含音乐、美术）、体育与健康、劳动和综合实践活动、少先队活动等课程，关注学生体质和心理健康发展，建立健全学生综合素质评价制度等方面的情况。

3.深化课程教学改革。主要包括建立健全教学质量内控机制，执行国家课程方案和课程标准，用好国家统编教材，落实地方课程，校本课程建设，加强教研工作，使用信息化教学设施，创新教学模式等方面的情况。

4.减轻不合理学业负担。主要包括学生睡眠、手机、作业、读物、体质统筹管理，作息安排，课后服务等方面的情况。

5. 校园安全卫生。主要包括落实安全责任制、建立健全安全风险防控制度、配备安全设施设备、保安资质审核、开展安全教育、防治校园欺凌、食品饮水安全、卫生达标、培养学生健康行为和生活方式、校园安全事件处置等方面的情况。

6. 教师队伍建设。主要包括师德师风、教师持证上岗、教师专业发展、教师配备、教师激励与绩效考评、班主任工作、少先队辅导员工作、师生关系、教师身心健康等方面的情况。

7. 依法依规招生。主要包括落实免试就近入学和"公民同招"规定、均衡编班、控制大班额、加强残疾儿童随班就读、不让学生失学辍学等情况。

8. 学校内部治理。主要包括章程建设,制订学校发展规划,完善内部管理制度,执行民主集中制、教职工代表大会制度、工会制度、"三重一大"决策制度,校务公开,财务内控,家校协同,校园文化建设,特色发展等方面的情况。

9. 家校共育。建立常态化机制,加强家庭教育和学校教育有机衔接、加强随迁子女和留守儿童关爱等情况。

10. 社会满意度。通过适当方式,开展社会满意度调查。

三、普通高中学校校长

1. 党建和思政工作。主要包括履行"一岗双责",基层党组织建设,以党建带团建,发展党员、团员和党员、团员教育,传达学习上级党组织的决策部署,做好师生思想政治工作,防控意识形态风险,加强党风廉政建设,促进党建和业务融合等方面的情况。

2. 促进学生全面发展。主要包括确立科学教育理念,坚持正确评价导向,健全学校内部质量保障制度,保证德育、体育、美育、劳动教育和综合实践活动课时,建立健全学生综合素质评价制度,组织学生课外活动,学生体质和心理健康等方面的情况。

3. 规范招生办学行为。主要包括落实公民办学校同步招生和属地招生政策、严格执行招生计划、合理确定招生范围、严格遵守招生纪律程序、收费、学籍管理、合作办学等方面的情况。

4. 课程教学管理。主要包括严格落实国家课程方案和课程标准,规范使用审定教材,有序推进选课走班,规范实施中外合作办学项目等情况。

5. 学生发展指导。主要包括建立健全学生发展指导制度、明确指导机构和工作职责、建立专兼职结合的指导教师队伍、加强指导教师培训、开展学生发展指导工作、指导学生科学合理选课和报考志愿等方面的情况。

6. 教师队伍建设。主要包括师德师风、教师持证上岗、教师专业发展、教学教研、班主任工作、教师绩效评价、师生关系、教师身心健康、教师资源合理配置等方面的情况。

7. 学校内部治理。主要包括章程建设，完善内部管理制度，执行民主集中制、教职工代表大会制度、工会制度和"三重一大"决策制度，学生会和学生社团建设，校务公开，财务内控，教师绩效评价，家校关系，协同育人，校园文化建设，特色发展等方面的情况。

8. 校园安全卫生。主要包括落实安全责任制、建立健全安全风险防控制度、配备安全设施设备、保安资质审核、开展安全教育、防治校园欺凌、食品饮水安全、实验室及危险化学品安全、卫生达标、培养学生健康行为和生活方式、青春期保健、校园安全事件处置等方面的情况。

9. 家校共育。建立常态化机制，加强家庭教育和学校教育有机衔接情况。

10. 社会满意度。通过适当方式，开展社会满意度调查。

——《教育部关于开展中小学幼儿园校（园）长任期结束综合督导评估工作的意见》（教督〔2021〕3 号），2021 年12 月 27 日

评价内容

（一）办学方向。包括加强党建工作和坚持德育为先等 2 项关键指标。

（二）课程教学。包括落实课程方案、规范教学实施、优化教学方式、加强学生发展指导和完善综合素质评价等 5 项关键指标。

（三）教师发展。包括加强师德师风建设、重视教师专业成长和健全教师激励机制等 3 项关键指标。

（四）学校管理。包括完善学校内部治理、规范招生办学行为和加强校园文化建设等 3 项关键指标。

（五）学生发展。包括品德发展、学业发展、身心健康、艺术素养和劳动实践等 5 项关键指标。

评价方式

（一）坚持结果评价与增值评价相结合。

（二）坚持综合评价与特色评价相结合。

（三）坚持外部评价与自我评价相结合。

（四）坚持线上评价与线下评价相结合。

评价实施

普通高中学校办学质量评价实行学校自评、县级审核、市级全面评价、省级统筹评价和国家抽查监测。普通高中学校每年要对本校办学质量进行自评，自评报告报县级人民政府教育督导部门审核备案。市级人民政府教育督导部门在评价周期内完成辖区内所有普通高中学校办学质量评价工作，及时将评价情况向学校进行反馈，并报省级人民政府教育督导部门备案。省级人民政府教育督导部门分年度、分批次统筹开展抽样评价，确保每轮评价周期内覆盖辖区内各地市，并及时将年度抽样评价情况向各地市进行反馈，同时报国务院教育督导部门备案。国务院教育督导部门对各地评价情况进行抽查，对学校办学质量和学生发展质量进行监测。

——以上见《教育部关于印发〈普通高中学校办学质量评价指南〉的通知》（教基〔2021〕9号），2021年12月31日

三、职业教育与继续教育

第十条　设置本科层次职业教育专业须有完成专业人才培养所必需的教师队伍，具体应具备以下条件：

（一）全校师生比不低于1∶18；所依托专业专任教师与该专业全日制在校生人数之比不低于1∶20，高级职称专任教师比例不低于30%，具有研究生学位专任教师比例不低于50%，具有博士研究生学位专任教师比例不低于15%。

（二）本专业的专任教师中，"双师型"教师占比不低于50%。来自行业企业一线的兼职教师占一定比例并有实质性专业教学任务，其所承担的专业课教学任务授课课时一般不少于专业课总课时的20%。

（三）有省级及以上教育行政部门等认定的高水平教师教学（科研）创新团队，或省级及以上教学名师、高层次人才担任专业带头人，或专业教师获省级及以上教学领域有关奖励两项以上。

第十一条　设置本科层次职业教育专业需有科学规范的专业人才培养方案，具体应具备以下条件：

（一）培养方案应校企共同制订，需遵循技术技能人才成长规律，突出知识与技能的高层次，使毕业生能够从事科技成果、实验成果转化，生产加工中高端产品、提供中高端服务，能够解决较复杂问题和进行较复杂操作。

（二）实践教学课时占总课时的比例不低于50%，实验实训项目（任务）开出率达到100%。

第十二条　设置本科层次职业教育专业需具备开办专业所必需的合作企业、经费、校舍、仪器设备、实习实训场所等办学条件：

（一）应与相关领域产教融合型企业等优质企业建立稳定合作关系。积极探索现代学徒制等培养模式，促进学历证书与职业技能等级证书互通衔接。

（二）有稳定的、可持续使用的专业建设经费并逐年增长。专业生均教学科研仪器设备值原则上不低于1万元。

（三）有稳定的、数量够用的实训基地，满足师生实习实训（培训）需求。

第十三条　设置本科层次职业教育专业需在技术研发与社会服务上有较好的工作基础，具体应具备以下条件：

（一）有省级及以上技术研发推广平台（工程研究中心、协同创新中心、重点实验室或技术技能大师工作室、实验实训基地等）。

（二）能够面向区域、行业企业开展科研、技术研发、社会服务等项目，并产生明显的经济和社会效益。

（三）专业面向行业企业和社会开展职业培训人次每年不少于本专业在校生人数的 2 倍。

第十四条 设置本科层次职业教育专业需有较高的培养质量基础和良好的社会声誉，具体应具备以下条件：

（一）所依托专业招生计划完成率一般不低于 90%，新生报到率一般不低于 85%。

（二）所依托专业应届毕业生就业率不低于本省域内高校平均水平。

——《教育部办公厅关于印发〈本科层次职业教育专业设置管理办法（试行）〉的通知》（教职成厅〔2021〕1 号），2021 年 1 月 22 日

习近平总书记作出重要指示强调职业教育前途广阔、大有可为，要坚持党的领导，坚持正确办学方向，坚持立德树人，优化职业教育类型定位，深化产教融合、校企合作，深入推进育人方式、办学模式、管理体制、保障机制改革，稳步发展职业本科教育，建设一批高水平职业院校和专业，推动职普融通，增强职业教育适应性，加快构建现代职业教育体系，培养更多高素质技术技能人才、能工巧匠、大国工匠，并对各级党委和政府提出明确要求。习近平总书记关于

职业教育的重要指示为新时代职业教育改革发展指明了前进方向、提供了根本遵循。李克强总理作出批示，强调了职业教育的重要作用，明确要求建设高水平、高层次的技术技能人才培养体系，注重学生工匠精神和精益求精习惯的养成，努力培养数以亿计的高素质技术技能人才，为全面建设社会主义现代化国家提供坚实的支撑。

——《教育部关于学习宣传贯彻习近平总书记重要指示和全国职业教育大会精神的通知》（教职成〔2021〕3号），2021年4月26日

指导社会成人教育培训机构严格按照民办学校办学许可证或法人登记证照确定的经营范围开展教育培训，不得以教育咨询、科技咨询、技术咨询、企业管理咨询等各种咨询名义开展教育培训。

加强对社会成人教育培训机构招生管理，不得进行虚假广告和宣传，不得隐瞒或混淆机构性质。社会成人教育培训机构在招生广告（简章）中使用简称的，应当同时在显著位置标明机构属性和全称。指导社会成人教育培训机构合理设置学员遴选条件，不得以性别、民族、宗教、身份、资产规模等设置歧视性条件，招生规模应与办学能力相匹配。严禁

以教育培训名义搞"小圈子""小团体"。

社会成人教育培训机构从业人员应当遵守法律法规、具有良好思想品德和相应的专业能力，对从业资格有特殊要求的还应具备相应的任职条件。聘用外籍人员须符合国家有关规定。

督促社会成人教育培训机构依法建立财务、会计、资产管理和第三方审计制度，规范收费和退费行为。各地教育行政部门要会同有关部门健全社会成人教育培训机构资金监管机制，进一步降低预收资金风险。

——以上见《教育部办公厅关于加强社会成人教育培训管理的通知》（教职成厅函〔2021〕14 号），2021 年 7 月 5 日

各地教育行政部门要将"开展老年人智能技术教育、加强应用培训"作为社区教育、老年教育的一项重要内容，列入"十四五"教育相关规划和年度工作计划等政策文件，强化政策引导与统筹协调。

——《教育部办公厅关于广泛开展老年人运用智能技术

教育培训的通知》(教职成厅函〔2021〕15 号), 2021 年 7 月 13 日

到 2025 年，职业教育类型特色更加鲜明，现代职业教育体系基本建成，技能型社会建设全面推进。办学格局更加优化，办学条件大幅改善，职业本科教育招生规模不低于高等职业教育招生规模的 10%，职业教育吸引力和培养质量显著提高。

到 2035 年，职业教育整体水平进入世界前列，技能型社会基本建成。技术技能人才社会地位大幅提升，职业教育供给与经济社会发展需求高度匹配，在全面建设社会主义现代化国家中的作用显著增强。

——《中共中央办公厅 国务院办公厅印发〈关于推动现代职业教育高质量发展的意见〉》，2021 年 10 月

本规定所称非学历教育是指高校在学历教育之外面向社会举办的，以提升受教育者专业素质、职业技能、文化水平或者满足个人兴趣等为目的的各类培训、进修、研修、辅导等教育活动。以获得高等教育自学考试毕业证书为目的的自学考试辅导不在本规定的适用范围内。

高校应按照"管办分离"原则，明确归口管理部门，对非学历教育实施归口管理。归口管理部门不得设立在实际举办非学历教育的院系或部门（以下统称办学部门）。

校内非实体性质的单位、职能管理部门、群团组织及教职员工个人不得以高校名义举办非学历教育。高校独资、挂靠、参股、合作举办的独立法人单位，不得以高校名义举办非学历教育；法人名称中带有高校全称或简称的，如举办非学历教育应纳入高校统一管理。

高校不得以"研究生""硕士、博士学位"等名义举办课程进修班。面向社会举办的非学历教育不得冠以"领导干部""总裁""精英""领袖"等名义，不得出现招收领导干部的宣传。

高校应严格规范非学历教育招生行为，自行组织招生，严禁委托校外机构进行代理招生。

高校应严格控制非学历教育合作办学，确需与校外机构开展课程设计、教学实施等方面合作办学的，应对合作方背景、资质进行严格审查。如合作方涉及本校教职员工及其特定关系人的，应在立项申报时主动申明。

合作办学要坚持高校主体地位，严禁转移、下放、出让学校的管理权、办学权、招生权和教学权，严禁项目整体外包。脱产学习超过一个月的非学历教育、受委托的领导干部培训项目，一律不得委托给社会培训机构，或与社会培训机构联合举办。

非学历教育合作办学合同须经归口管理部门统一审批并由学校法定代表人或授权签字人签字，加盖学校公章。高校要重点对合同中合作模式、校名校誉使用、合作期限、权利义务、收益分配、违约责任等条款进行审核。

对没有明确政府定价或政府指导价的项目，高校应根据当地经济社会发展水平和培养成本合理确定收费标准。面向社会公开招生的项目，收费标准应向社会公示，自觉接受监督。涉及收费减免的，应严格履行收费减免审批程序。

非学历教育办学所有收入纳入学校预算，统一核算，统一管理，任何单位或个人不得隐瞒、截留、占用、挪用和坐支。高校不得授权任何单位或个人代收费，不得以接受捐赠等名义乱收费。严禁合作方以任何名义收取费用。

——以上见《教育部办公厅关于印发〈普通高等学校举办非学历教育管理规定（试行）〉的通知》（教职成厅函〔2021〕23 号），2021 年 11 月 11 日

实习单位应当合理确定岗位实习学生占在岗人数的比例，岗位实习学生的人数一般不超过实习单位在岗职工总数的 10%，在具体岗位实习的学生人数一般不高于同类岗位在岗职工总人数的 20%。

任何单位或部门不得干预职业学校正常安排和实施实习方案，不得强制职业学校安排学生到指定单位实习，严禁以营利为目的违规组织实习。

原则上应不低于本单位相同岗位工资标准的 80% 或最低档工资标准，并按照实习协议约定，以货币形式及时、足额、直接支付给学生，原则上支付周期不得超过 1 个月，不得以物品或代金券等代替货币支付或经过第三方转发。

——以上见《教育部等八部门关于印发〈职业学校学生实习管理规定〉的通知》（教职成〔2021〕4 号），2021 年 12 月 31 日

四、高等教育

第二学士学位招生计划在国家普通本科总规模内单列下达，重点向上一年度计划执行情况较好的高校、国家急需紧缺学科专业领域倾斜。各地各高校要严格执行教育部核定的第二学士学位招生计划，任何高校均不得不经批准擅自招生和授予学历学位。

第二学士学位招生范围和报考条件由高校自主确定，可以只招收本校学生，也可以跨学校招生。

第二学士学位考试招生办法由高校自主确定。对本校毕业生可根据在校期间学业成绩等情况，灵活制定考评办法；对跨校报考的学生应通过考试录取。

教育部建设"全国普通高校第二学士学位招生信息平台"。高校在平台发布招生简章，开展政策宣传、录取名单公示等工作。

——以上见《教育部办公厅关于进一步做好第二学士学位教育有关工作的通知》（教高厅函〔2021〕8 号），2021 年 2 月 25 日

将习近平法治思想贯穿法学类专业课程。

开好"习近平法治思想概论"专门课程。

开展面向全体学生的习近平法治思想学习教育。

——以上见《教育部办公厅关于推进习近平法治思想纳入高校法治理论教学体系的通知》（教高厅函〔2021〕17 号），2021 年 5 月 19 日

推进碳中和未来技术学院和示范性能源学院建设，布局一批适应未来技术研究所需的科教资源和数字化资源平台，打造引领未来科技发展和有效培养复合型、创新型人才的教学科研高地。

——《教育部关于印发〈高等学校碳中和科技创新行动计划〉的通知》（教科信函〔2021〕30 号），2021 年 7 月

12 日

高校应将大学生参加革命场馆志愿服务、实习实践计入实践总学分（学时）。

鼓励高校将红色文化优秀作品成果纳入科研成果统计、列为教师职务职称评聘条件、作为师生评奖评优的依据。

——以上见《教育部 国家文物局关于充分运用革命文物资源加强新时代高校思想政治工作的意见》（文物革发〔2021〕25 号），2021 年 7 月 27 日

对于不具备相关师资、设备、场地等组队条件、退队率超过 20% 的高校，和非奥运会或世界大学生运动会项目、未设运动员技术等级标准、生源严重不足且连续两年录取数为零的相关项目，不再安排高水平运动队招生。本校运动训练、武术与民族传统体育专业已涉及的运动项目，不安排高水平运动队招生。

建立完善招生高校和项目准入退出机制，将参加奥运会、世界大学生运动会等重大体育比赛情况作为重要评估指标，原则上连续三届奥运会、世界大学生运动会没有学生参

赛的项目，不再安排高水平运动队招生。

2024 年起，符合生源省份高考报名条件，获得国家一级运动员（含）以上技术等级称号者方可以报考高水平运动队。2027 年起，符合生源省份高考报名条件，获得国家一级运动员（含）以上技术等级称号且近三年在国家体育总局、教育部规定的全国性比赛中获得前八名者方可以报考高水平运动队。

2024 年起，高水平运动队考生文化考试成绩全部使用全国统一高考文化课考试成绩。专业测试全部纳入全国统考，由国家体育总局牵头组织实施，高校不再组织相关校考。

2024 年前，高水平运动队尚未纳入全国统考的项目专业测试，原则上应采用国家体育总局审定的运动训练、武术与民族传统体育专业考试方法与评分标准。

2024 年起，招收高水平运动队的"世界一流大学建设高校"，对考生的高考成绩要求须达到生源省份本科录取最低控制分数线；其他高校对考生的高考成绩要求须达到生源省份本科录取最低控制分数线的80%。对于体育专业成绩突出、具有特殊培养潜质的考生，允许高校探索建立文化课成绩破格录取机制。

2024 年起，高水平运动队录取学生中，高考文化课成绩不低于招生高校相关专业在生源省份录取分数线下 20 分的学生，可申请就读相应的普通专业；其余学生限定就读体育学类专业，原则上不得转到其他类专业就读。对兴奋剂违规考生，取消当年高考报名、考试和录取资格，计入考生诚信档案。

——以上见《教育部 国家体育总局关于进一步完善和规范高校高水平运动队考试招生工作的指导意见》（教学〔2021〕2 号），2021 年 9 月 7 日

到 2024 年基本实现艺术类专业省级统考全覆盖。对于生源极少或考试组织确有困难的个别专业，可通过省际间联合组织或"考评分离"等方式实施。

严格控制校考范围和规模。建立健全校考高校和专业准入退出机制，严格控制校考的高校及专业范围。对于少数专业特色鲜明、人才培养质量较高的艺术院校，对考生艺术天赋、专业技能或基本功有较高要求的高水平艺术类专业，可按程序申请在省级统考基础上组织校考。

要积极采取线上考试或使用省级统考成绩进行初选等方式，严格控制现场校考人数，原则上不超过相关专业招生计划的 6—8 倍。2024 年起，不再跨省设置校考考点，所有高校艺术类专业校考工作均在学校所在地组织。

高校破格录取办法须经学校党委常委会审议通过并报所在地省级教育行政部门备案，提前在招生章程中向社会公布。高校破格录取考生名单须经学校招生工作领导小组审议通过，报生源所在地省级高校招生委员会（以下简称省级招委）核准后予以录取，并在学校招生网站进行公示。

——以上见《教育部关于进一步加强和改进普通高等学校艺术类专业考试招生工作的指导意见》（教学〔2021〕3 号），2021 年 9 月 16 日

高等学历继续教育（含成人教育、网络教育、开放教育和高等教育自学考试等形式）* 广告发布须遵守国家广告监管和教育管理有关法律法规和制度。未经高校法人书面授权或省级自学考试管理机构审查备案，企事业单位、社会组织或个人不得发布或以教育咨询、学历提升服务等名义变相发布

---

*　括号内文字为编者所加。

涉及具体高校的高等学历继续教育和自学考试助学活动广告。

高等学历继续教育广告内容特别是有关入学条件、最低学习年限、学费标准及收取方式、报名途径、高校招生网站地址、毕业证书和学位证书获取条件等信息必须真实、准确、合法，不得出现"无需学习""无需上课"等虚假违规内容，不得出现"快速取证""免考包过""考不过退款"等对教育效果作出明示或者暗示的保证性承诺；不得模糊自学考试助学活动与主考学校学历教育的关系区别；不得混淆技师学院，专修学院、研修学院等非学历高等教育机构与开展学历教育高校的性质区别。

——以上见《教育部办公厅等五部门关于加强高等学历继续教育广告发布管理的通知》（教职成厅函〔2021〕21号），2021年9月30日

每校每年选拔3—10名优秀博士生进入专项，实行学科交叉、校所（院）协同培养。专项实施周期为4年（2022—2025年）。

——《教育部办公厅 国家文物局办公室关于实施考古学国家急需高层次人才培养专项的通知》（教研厅函〔2021〕13

号），2021 年 12 月 28 日

第五条　国际学生校内外勤工助学，原则上每周不超过 8 小时，每月不超过 40 小时。寒暑假期间，原则上每周不超过 16 小时，每月不超过 80 小时。

第七条　国际学生校内勤工助学，岗位设置应以校内教学助理、科研助理、行政管理助理和学校公共服务等为主。岗位设置既要满足学生需求，又要避免占用正常学习时间。国际学生校内勤工助学活动的薪酬支出由学校统筹安排。

第八条　国际学生勤工助学按以下标准计酬：校内固定岗位按月计酬。每月 40 个工时的酬金原则上不低于当地居民最低生活保障标准，可适当上下浮动。

校内临时岗位按小时计酬。每小时酬金可参照学校所在地人民政府规定的最低小时工资标准合理确定。

校外勤工助学酬金标准不应低于学校所在地人民政府或有关部门规定的最低工资标准，由用人单位与学生协商确定，并在聘用协议中写明酬金数额。

第九条　国际学生从事校外勤工助学活动，需满足以下基本条件：

（一）年满 18 周岁，符合勤工助学岗位所需的身体条件；

（二）在中国境内持有有效学习类居留证件，且剩余有效居留时间为六个月以上；

（三）遵守中国法律法规和校纪校规，品行端正、表现良好，无违法犯罪记录和违规违纪行为；

（四）已在当前学校连续学习一年以上的本专科生、研究生、进修生、研究学者；

（五）学业进展和出勤率达到学校要求；

（六）学校规定的其他条件。

——以上见《教育部办公厅等四部门关于印发〈高等学校国际学生勤工助学管理办法〉的通知》（教外厅〔2021〕2号），2021年12月29日

五、民办教育

第三条　各级人民政府应当依法支持和规范社会力量举办民办教育，保障民办学校依法办学、自主管理，鼓励、引导民办学校提高质量、办出特色，满足多样化教育需求。

第四条　民办学校应当坚持中国共产党的领导，坚持社会主义办学方向，坚持教育公益性，对受教育者加强社会主义核心价值观教育，落实立德树人根本任务。

民办学校中的中国共产党基层组织贯彻党的方针政策，依照法律、行政法规和国家有关规定参与学校重大决策并实施监督。

第五条　国家机构以外的社会组织或者个人可以单独或者联合举办民办学校。联合举办民办学校的，应当签订联合办学协议，明确合作方式、各方权利义务和争议解决方式等。

国家鼓励以捐资、设立基金会等方式依法举办民办学校。以捐资等方式举办民办学校，无举办者的，其办学过程中的举办者权责由发起人履行。

在中国境内设立的外商投资企业以及外方为实际控制人的社会组织不得举办、参与举办或者实际控制实施义务教育的民办学校；举办其他类型民办学校的，应当符合国家有关外商投资的规定。

第六条　举办民办学校的社会组织或者个人应当有良好的信用状况。举办民办学校可以用货币出资，也可以用实物、建设用地使用权、知识产权等可以用货币估价并可以依法转让的非货币财产作价出资；但是，法律、行政法规规定不得作为出资的财产除外。

第七条　实施义务教育的公办学校不得举办或者参与举办民办学校，也不得转为民办学校。其他公办学校不得举办或者参与举办营利性民办学校。但是，实施职业教育的公办学校可以吸引企业的资本、技术、管理等要素，举办或者参与举办实施职业教育的营利性民办学校。

公办学校举办或者参与举办民办学校，不得利用国家财政性经费，不得影响公办学校教学活动，不得仅以品牌输出方式参与办学，并应当经其主管部门批准。公办学校举办或者参与举办非营利性民办学校，不得以管理费等方式取得或者变相取得办学收益。

公办学校举办或者参与举办的民办学校应当具有独立的法人资格，具有与公办学校相分离的校园、基本教育教学设施和独立的专任教师队伍，按照国家统一的会计制度独立进行会计核算，独立招生，独立颁发学业证书。

举办或者参与举办民办学校的公办学校依法享有举办者权益，依法履行国有资产管理义务。

第八条　地方人民政府不得利用国有企业、公办教育资源举办或者参与举办实施义务教育的民办学校。

第九条　国家鼓励企业以独资、合资、合作等方式依法举办或者参与举办实施职业教育的民办学校。

举办者可以依法募集资金举办营利性民办学校，所募集资金应当主要用于办学，不得擅自改变用途，并按规定履行信息披露义务。民办学校及其举办者不得以赞助费等名目向学生、学生家长收取或者变相收取与入学关联的费用。

举办者可以依据法律、法规和学校章程规定的程序和要求参加或者委派代表参加理事会、董事会或者其他形式决策机构，并依据学校章程规定的权限行使相应的决策权、管理权。

第十二条　民办学校举办者变更的，应当签订变更协议，但不得涉及学校的法人财产，也不得影响学校发展，不得损害师生权益；现有民办学校的举办者变更的，可以根据其依法享有的合法权益与继任举办者协议约定变更收益。

民办学校的举办者不再具备法定条件的，应当在 6 个月内向审批机关提出变更；逾期不变更的，由审批机关责令变更。

举办者为法人的，其控股股东和实际控制人应当符合法律、行政法规规定的举办民办学校的条件，控股股东和实际控制人变更的，应当报主管部门备案并公示。

举办者变更，符合法定条件的，审批机关应当在规定的期限内予以办理。

第十三条　同时举办或者实际控制多所民办学校的，举办者或者实际控制人应当具备与其所开展办学活动相适应的资金、人员、组织机构等条件与能力，并对所举办民办学校承担管理和监督职责。

同时举办或者实际控制多所民办学校的举办者或者实际控制人向所举办或者实际控制的民办学校提供教材、课程、技术支持等服务以及组织教育教学活动，应当符合国家有关规定并建立相应的质量标准和保障机制。

同时举办或者实际控制多所民办学校的，应当保障所举办或者实际控制的民办学校依法独立开展办学活动，存续期间所有资产由学校依法管理和使用；不得改变所举办或者实际控制的非营利性民办学校的性质，直接或者间接取得办学收益；也不得滥用市场支配地位，排除、限制竞争。

任何社会组织和个人不得通过兼并收购、协议控制等方式控制实施义务教育的民办学校、实施学前教育的非营利性民办学校。

第十四条　实施国家认可的教育考试、职业资格考试和职业技能等级考试等考试的机构，举办或者参与举办与其所实施的考试相关的民办学校应当符合国家有关规定。

地方人民政府及其有关部门应当依法履行实施义务教育的职责。设立实施义务教育的民办学校，应当符合当地义务教育发展规划。

第十六条　国家鼓励民办学校利用互联网技术在线实施教育活动。

利用互联网技术在线实施教育活动应当符合国家互联网管理有关法律、行政法规的规定。利用互联网技术在线实施教育活动的民办学校应当取得相应的办学许可。

民办学校利用互联网技术在线实施教育活动，应当依法建立并落实互联网安全管理制度和安全保护技术措施，发现法律、行政法规禁止发布或者传输的信息的，应当立即停止传输，采取消除等处置措施，防止信息扩散，保存有关记录，并向有关主管部门报告。

外籍人员利用互联网技术在线实施教育活动，应当遵守教育和外国人在华工作管理等有关法律、行政法规的规定。

民办学校在筹设期内不得招生。

第十九条　民办学校的章程应当规定下列主要事项：

（一）学校的名称、住所、办学地址、法人属性；

（二）举办者的权利义务，举办者变更、权益转让的办法；

（三）办学宗旨、发展定位、层次、类型、规模、形式等；

（四）学校开办资金、注册资本，资产的来源、性质等；

（五）理事会、董事会或者其他形式决策机构和监督机构的产生方法、人员构成、任期、议事规则等；

（六）学校党组织负责人或者代表进入学校决策机构和监督机构的程序；

（七）学校的法定代表人；

（八）学校自行终止的事由，剩余资产处置的办法与程序；

（九）章程修改程序。

民办学校应当将章程向社会公示，修订章程应当事先公告，征求利益相关方意见。完成修订后，报主管部门备案或者核准。

第二十条　民办学校只能使用一个名称。

民办学校的名称应当符合有关法律、行政法规的规定，不得损害社会公共利益，不得含有可能引发歧义的文字或者含有可能误导公众的其他法人名称。营利性民办学校可以在学校牌匾、成绩单、毕业证书、结业证书、学位证书及相关证明、招生广告和简章上使用经审批机关批准的法人简称。

第二十一条　民办学校开办资金、注册资本应当与学校类型、层次、办学规模相适应。民办学校正式设立时，开办资金、注册资本应当缴足。

办学许可的期限应当与民办学校的办学层次和类型相适应。民办学校在许可期限内无违法违规行为的，有效期届满可以自动延续、换领新证。

第二十三条　民办学校增设校区应当向审批机关申请地址变更；设立分校应当向分校所在地审批机关单独申请办学许可，并报原审批机关备案。

第二十四条　民办学校依照有关法律、行政法规的规定申请法人登记，登记机关应当依法予以办理。

第二十五条　民办学校理事会、董事会或者其他形式决策机构的负责人应当具有中华人民共和国国籍，具有政治权利和完全民事行为能力，在中国境内定居，品行良好，无故意犯罪记录或者教育领域不良从业记录。

民办学校法定代表人应当由民办学校决策机构负责人或者校长担任。

第二十六条　民办学校的理事会、董事会或者其他形式决策机构应当由举办者或者其代表、校长、党组织负责人、教职工代表等共同组成。鼓励民办学校理事会、董事会或者其他形式决策机构吸收社会公众代表，根据需要设独立理事或者独立董事。实施义务教育的民办学校理事会、董事会或者其他形式决策机构组成人员应当具有中华人民共和国国籍，且应当有审批机关委派的代表。

民办学校的理事会、董事会或者其他形式决策机构每年至少召开 2 次会议。经 1/3 以上组成人员提议，可以召开理事会、董事会或者其他形式决策机构临时会议。讨论下列重大事项，应当经 2/3 以上组成人员同意方可通过：

（一）变更举办者；

（二）聘任、解聘校长；

（三）修改学校章程；

（四）制定发展规划；

（五）审核预算、决算；

（六）决定学校的分立、合并、终止；

（七）学校章程规定的其他重大事项。

第二十七条 民办学校应当设立监督机构。监督机构应当有党的基层组织代表，且教职工代表不少于 1/3。教职工人数少于 20 人的民办学校可以只设 1 至 2 名监事。

监督机构依据国家有关规定和学校章程对学校办学行为进行监督。监督机构负责人或者监事应当列席学校决策机构会议。

理事会、董事会或者其他形式决策机构组成人员及其近亲属不得兼任、担任监督机构组成人员或者监事。

使用境外教材的，应当符合国家有关规定。

实施义务教育的民办学校不得使用境外教材。

实施以职业技能为主的职业资格培训、职业技能培训的民办学校可以按照与培训专业（职业、工种）相对应的国家职业标准及相关职业培训要求开展培训活动，不得教唆、组织学员规避监管，以不正当手段获取职业资格证书、成绩证明等。

第三十一条 实施学前教育、学历教育的民办学校享有与同级同类公办学校同等的招生权，可以在审批机关核定的办学规模内，自主确定招生的标准和方式，与公办学校同期招生。

实施义务教育的民办学校应当在审批机关管辖的区域内招生，纳入审批机关所在地统一管理。实施普通高中教育的民办学校应当主要在学校所在设区的市范围内招生，符合省、自治区、直辖市人民政府教育行政部门有关规定的可以跨区域招生。招收接受高等学历教育学生的应当遵守国家有关规定。

实施义务教育的民办学校不得组织或者变相组织学科知识类入学考试，不得提前招生。

第三十三条　民办学校聘任的教师或者教学人员应当具备相应的教师资格或者其他相应的专业资格、资质。

民办学校应当有一定数量的专任教师；其中，实施学前教育、学历教育的民办学校应当按照国家有关规定配备专任教师。

鼓励民办学校创新教师聘任方式，利用信息技术等手段提高教学效率和水平。

民办学校聘任专任教师，在合同中除依法约定必备条款外，还应当对教师岗位及其职责要求、师德和业务考核办法、福利待遇、培训和继续教育等事项作出约定。

公办学校教师未经所在学校同意不得在民办学校兼职。

第三十六条　民办学校应当依法保障教职工待遇，按照学校登记的法人类型，按时足额支付工资，足额缴纳社会保险费和住房公积金。国家鼓励民办学校按照有关规定为教职工建立职业年金或者企业年金等补充养老保险。

实施学前教育、学历教育的民办学校应当从学费收入中提取一定比例建立专项资金或者基金，由学校管理，用于教职工职业激励或者增加待遇保障。

第三十七条　教育行政部门应当会同有关部门建立民办幼儿园、中小学专任教师劳动、聘用合同备案制度，建立统一档案，记录教师的教龄、工龄，在培训、考核、专业技术职务评聘、表彰奖励、权利保护等方面，统筹规划、统一管理，与公办幼儿园、中小学聘任的教师平等对待。

民办职业学校、高等学校按照国家有关规定自主开展教师专业技术职务评聘。

教育行政部门应当会同有关部门完善管理制度，保证教师在公办学校和民办学校之间的合理流动；指导和监督民办学校建立健全教职工代表大会制度。

第三十八条　实施学历教育的民办学校应当依法建立学籍和教学管理制度，并报主管部门备案。

第三十九条　民办学校及其教师、职员、受教育者申请政府设立的有关科研项目、课题等，享有与同级同类公办学校及其教师、职员、受教育者同等的权利。相关项目管理部门应当按规定及时足额拨付科研项目、课题资金。

各级人民政府应当保障民办学校的受教育者在升学、就业、社会优待、参加先进评选，以及获得助学贷款、奖助学金等国家资助等方面，享有与同级同类公办学校的受教育者同等的权利。

实施学历教育的民办学校应当建立学生资助、奖励制度，并按照不低于当地同级同类公办学校的标准，从学费收入中提取相应资金用于资助、奖励学生。

第四十二条 民办学校应当建立办学成本核算制度，基于办学成本和市场需求等因素，遵循公平、合法和诚实信用原则，考虑经济效益与社会效益，合理确定收费项目和标准。对公办学校参与举办、使用国有资产或者接受政府生均经费补助的非营利性民办学校，省、自治区、直辖市人民政府可以对其收费制定最高限价。

第四十四条 非营利性民办学校收取费用、开展活动的资金往来，应当使用在有关主管部门备案的账户。有关主管部门应当对该账户实施监督。

营利性民办学校收入应当全部纳入学校开设的银行结算

账户，办学结余分配应当在年度财务结算后进行。

第四十五条 实施义务教育的民办学校不得与利益关联方进行交易。其他民办学校与利益关联方进行交易的，应当遵循公开、公平、公允的原则，合理定价、规范决策，不得损害国家利益、学校利益和师生权益。

民办学校应当建立利益关联方交易的信息披露制度。教育、人力资源社会保障以及财政等有关部门应当加强对非营利性民办学校与利益关联方签订协议的监管，并按年度对关联交易进行审查。

前款所称利益关联方是指民办学校的举办者、实际控制人、校长、理事、董事、监事、财务负责人等以及与上述组织或者个人之间存在互相控制和影响关系、可能导致民办学校利益被转移的组织或者个人。

第四十六条 在每个会计年度结束时，民办学校应当委托会计师事务所对年度财务报告进行审计。非营利性民办学校应当从经审计的年度非限定性净资产增加额中，营利性民办学校应当从经审计的年度净收益中，按不低于年度非限定性净资产增加额或者净收益的 10% 的比例提取发展基金，用于学校的发展。

第四十七条 县级以上地方人民政府应当建立民办教育工作联席会议制度。教育、人力资源社会保障、民政、市场监督管理等部门应当根据职责会同有关部门建立民办学校年度检查和年度报告制度，健全日常监管机制。

教育行政部门、人力资源社会保障行政部门及有关部门应当建立民办学校信用档案和举办者、校长执业信用制度，对民办学校进行执法监督的情况和处罚、处理结果应当予以记录，由执法、监督人员签字后归档，并依法依规公开执法监督结果。相关信用档案和信用记录依法纳入全国信用信息共享平台、国家企业信用信息公示系统。

第四十八条　审批机关应当及时公开民办学校举办者情况、办学条件等审批信息。

教育行政部门、人力资源社会保障行政部门应当依据职责分工，定期组织或者委托第三方机构对民办学校的办学水平和教育质量进行评估，评估结果应当向社会公开。

第四十九条　教育行政部门及有关部门应当制定实施学前教育、学历教育民办学校的信息公示清单，监督民办学校定期向社会公开办学条件、教育质量等有关信息。

营利性民办学校应当通过全国信用信息共享平台、国家企业信用信息公示系统公示相关信息。

有关部门应当支持和鼓励民办学校依法建立行业组织，研究制定相应的质量标准，建立认证体系，制定推广反映行业规律和特色要求的合同示范文本。

第五十条　民办学校终止的，应当交回办学许可证，向登记机关办理注销登记，并向社会公告。

民办学校自己要求终止的，应当提前 6 个月发布拟终止公告，依法依章程制定终止方案。

民办学校无实际招生、办学行为的，办学许可证到期后自然废止，由审批机关予以公告。民办学校自行组织清算后，向登记机关办理注销登记。

对于因资不抵债无法继续办学而被终止的民办学校，应当向人民法院申请破产清算。

第五十一条　国务院教育督导机构及省、自治区、直辖市人民政府负责教育督导的机构应当对县级以上地方人民政府及其有关部门落实支持和规范民办教育发展法定职责的情况进行督导、检查。

县级以上人民政府负责教育督导的机构依法对民办学校进行督导并公布督导结果，建立民办中小学、幼儿园责任督学制度。

第五十二条　各级人民政府及有关部门应当依法健全对民办学校的支持政策，优先扶持办学质量高、特色明显、社会效益显著的民办学校。

县级以上地方人民政府可以参照同级同类公办学校生均经费等相关经费标准和支持政策，对非营利性民办学校给予适当补助。

地方人民政府出租、转让闲置的国有资产应当优先扶持非营利性民办学校。

第五十四条　民办学校享受国家规定的税收优惠政策；其中，非营利性民办学校享受与公办学校同等的税收优惠政策。

第五十五条　地方人民政府在制定闲置校园综合利用方案时，应当考虑当地民办教育发展需求。

新建、扩建非营利性民办学校，地方人民政府应当按照与公办学校同等原则，以划拨等方式给予用地优惠。

实施学前教育、学历教育的民办学校使用土地，地方人民政府可以依法以协议、招标、拍卖等方式供应土地，也可以采取长期租赁、先租后让、租让结合的方式供应土地，土地出让价款和租金可以在规定期限内按合同约定分期缴纳。

第五十七条　县级以上地方人民政府可以根据本行政区域的具体情况，设立民办教育发展专项资金，用于支持民办学校提高教育质量和办学水平、奖励举办者等。

国家鼓励社会力量依法设立民办教育发展方面的基金会或者专项基金，用于支持民办教育发展。

第五十八条　县级人民政府根据本行政区域实施学前教育、义务教育或者其他公共教育服务的需要，可以与民办学校签订协议，以购买服务等方式，委托其承担相应教育任务。

委托民办学校承担普惠性学前教育、义务教育或者其他公共教育任务的，应当根据当地相关教育阶段的委托协议，拨付相应的教育经费。

第五十九条　县级以上地方人民政府可以采取政府补贴、以奖代补等方式鼓励、支持非营利性民办学校保障教师待遇。

第六十条　国家鼓励、支持保险机构设立适合民办学校的保险产品，探索建立行业互助保险等机制，为民办学校重大事故处理、终止善后、教职工权益保障等事项提供风险保障。

金融机构可以在风险可控前提下开发适合民办学校特点的金融产品。民办学校可以以未来经营收入、知识产权等进行融资。

各级人民政府及有关部门在对现有民办学校实施分类管理改革时，应当充分考虑有关历史和现实情况，保障受教育者、教职工和举办者的合法权益，确保民办学校分类管理改革平稳有序推进。

第六十二条　民办学校举办者及实际控制人、决策机构或者监督机构组成人员有下列情形之一的，由县级以上人民政府教育行政部门、人力资源社会保障行政部门或者其他有关部门依据职责分工责令限期改正，有违法所得的，退还所收费用后没收违法所得；情节严重的，1 至 5 年内不得新成为民办学校举办者或实际控制人、决策机构或者监督机构组成人员；情节特别严重、社会影响恶劣的，永久不得新成为民办学校举办者或实际控制人、决策机构或者监督机构组成人员；构成违反治安管理行为的，由公安机关依法给予治安管理处罚；构成犯罪的，依法追究刑事责任：

（一）利用办学非法集资，或者收取与入学关联的费用的；

（二）未按时、足额履行出资义务，或者抽逃出资、挪用办学经费的；

（三）侵占学校法人财产或者非法从学校获取利益的；

（四）与实施义务教育的民办学校进行关联交易，或者与其他民办学校进行关联交易损害国家利益、学校利益和师生权益的；

（五）伪造、变造、买卖、出租、出借办学许可证的；

（六）干扰学校办学秩序或者非法干预学校决策、管理的；

（七）擅自变更学校名称、层次、类型和举办者的；

（八）有其他危害学校稳定和安全、侵犯学校法人权利或者损害教职工、受教育者权益的行为的。

第六十三条 民办学校有下列情形之一的，依照民办教育促进法第六十二条规定给予处罚：

（一）违背国家教育方针，偏离社会主义办学方向，或者未保障学校党组织履行职责的；

（二）违反法律、行政法规和国家有关规定开展教育教学活动的；

（三）理事会、董事会或者其他形式决策机构未依法履行职责的；

（四）教学条件明显不能满足教学要求、教育教学质量低下，未及时采取措施的；

（五）校舍、其他教育教学设施设备存在重大安全隐患，未及时采取措施的；

（六）侵犯受教育者的合法权益，产生恶劣社会影响的；

（七）违反国家规定聘任、解聘教师，或者未依法保障教职工待遇的；

（八）违反规定招生，或者在招生过程中弄虚作假的；

（九）超出办学许可范围，擅自改变办学地址或者设立分校的；

（十）未依法履行公示办学条件和教育质量有关材料、财务状况等信息披露义务，或者公示的材料不真实的；

（十一）未按照国家统一的会计制度进行会计核算、编制财务会计报告，财务、资产管理混乱，或者违反法律、法规增加收费项目、提高收费标准的；

（十二）有其他管理混乱严重影响教育教学的行为的。

法律、行政法规对前款规定情形的处罚另有规定的，从其规定。

第六十四条　民办学校有民办教育促进法第六十二条或者本条例第六十三条规定的违法情形的，由县级以上人民政府教育行政部门、人力资源社会保障行政部门或者其他有关部门依据职责分工对学校决策机构负责人、校长及直接责任人予以警告；情节严重的，1 至 5 年内不得新成为民办学校决策机构负责人或者校长；情节特别严重、社会影响恶劣的，永久不得新成为民办学校决策机构负责人或者校长。

同时举办或者实际控制多所民办学校的举办者或者实际控制人违反本条例规定，对所举办或者实际控制的民办学校疏于管理，造成恶劣影响的，由县级以上教育行政部门、人力资源社会保障行政部门或者其他有关部门依据职责分工责令限期整顿；拒不整改或者整改后仍发生同类问题的，1 至 5 年内不得举办新的民办学校，情节严重的，10 年内不得举办新的民办学校。

第六十五条　违反本条例规定举办、参与举办民办学校或者在民办学校筹设期内招生的，依照民办教育促进法第六十四条规定给予处罚。

第六十六条　本条例所称现有民办学校，是指 2016 年 11 月 7 日《全国人民代表大会常务委员会关于修改〈中华人民共和国民办教育促进法〉的决定》公布前设立的民办学校。

——以上见《中华人民共和国民办教育促进法实施条例》（2004 年 3 月 5 日中华人民共和国国务院令第 399 号公布　2021 年 4 月 7 日中华人民共和国国务院令第 741 号修订），2021 年 4 月 7 日

大学、学院是具有特定功能和作用的法人组织，应按照法律法规和国家规定的标准、程序审批设立，其名称经批准方可使用。大学由国务院教育行政部门依法审批或备案；学院根据办学层次、类型、法人性质等，由中央和国家有关部门或省级人民政府及其有关部门依法审批。冠"大学"或"学院"、具有独立法人地位的事业单位，涉及机构编制事项的，按照机构编制管理权限和规定程序，报机构编制部门审批。

经审批设立的大学、学院，以及由其发起并依法设立的其他法人组织，在机构编制、民政、市场监管部门登记时可以对应使用"大学""学院"字样。其他组织机构在登记时不

得使用"大学""学院"字样。

除经批准设立的大学、学院以及由其设立的内部机构或由其发起并依法登记的组织机构外，其他组织机构不得在牌匾、广告等对外宣传以及其他各类活动中使用"大学""学院"字样。

对企业设立的、无需审批登记的内设培训机构，有关部门要指导和督促其规范名称使用行为，不得使用"大学""学院"字样的名称及简称开展任何形式的宣传等活动。举办机构属于国有企业的，由履行出资人职责的机构负责规范；举办机构属于银行保险机构的，由银行保险监管部门负责规范；其他的由其举办机构的业务主管部门负责规范，无业务主管部门的由教育部门会同市场监管等部门负责规范。

经有关部门批准设立，面向特定人群开展非学历教育培训的老年大学、社区学院，不得单独使用"大学""学院"字样，可以使用"××老年大学""××社区学院"等专有名称。

本意见发布后，各地各相关部门应于6个月内组织开展清理整顿，对逾期仍违规使用"大学""学院"字样开展活动的，按照主管和属地原则，由教育、机构编制、人力资源社会保障、民政、市场监管等部门依法责令改正或予以查处；涉及虚假违法广告或宣传的，由市场监管部门责令停止，并依法处罚；构成违反治安管理行为的，依法给予治安管理处罚；构成犯罪的，依法追究刑事责任。

——以上见《教育部等八部门关于规范"大学""学院"名称登记使用的意见》（教发〔2021〕5 号），2021 年 5 月 13 日

"公参民"学校主要包括以下三类：公办学校单独举办的义务教育学校；公办学校与地方政府及相关机构（含具有财政经常性经费关系的其他单位、政府国有投资平台、政府发起设立的基金会、国有企业等，下同）合作举办的义务教育学校；公办学校与其他社会组织、个人合作举办（含公办学校以品牌、管理等无形资产参与办学）的义务教育学校。

公办学校单独举办、公办学校与地方政府及相关机构合作举办的义务教育学校，应办为公办学校，按照属地原则，划归市、县级地方政府教育行政部门统一管理；但对于优质教育资源缺乏的地区，由地方政府引进区域外公办学校合作举办的义务教育学校，应坚持公有属性，完善管理模式。

公办学校与其他社会组织、个人合作举办的民办义务教育学校，符合"六独立"要求（即独立法人资格、校园校舍及设备、专任教师队伍、财会核算、招生、毕业证发放）的，可继续举办民办学校，但应在履行财务清算等程序，并对民办学校及相关单位、企业等使用公办学校校名或校名简称进行清理后，公办学校逐步退出；经协商一致且条件成熟的，也可转为公办学校。不符合"六独立"要求的，地方政府要限期整改；整改不到位的，可视情况将其转为公办学校或终止办学。

新建居住社区配套建设的义务教育学校，应当建为公办学校。既有居住社区配套建设的"公参民"学校，在条件允许的情况下转为公办学校，也可通过承接政府购买服务方式提供学位、继续办学。

各地要因地制宜、审慎推进，一省一方案，力争用两年左右时间，理顺体制机制，实现平稳过渡。

不得再审批设立新的"公参民"学校。公办学校也不得以举办者变更、集团办学、品牌输出等方式变相举办民办义务教育学校。

公办学校将土地、校舍、教学仪器设备等国有资产租赁给民办义务教育学校使用的，应当签订租赁协议，明确期限、价格和双方责任等。租赁价格需按照国有资产管理要求，评估作价、合理确定。公办学校将以划拨方式取得的土地租赁给民办义务教育学校使用的，应当限期纠正，收回自用，或由市、县人民政府收回划拨土地使用权、重新安排供应；公办学校将以划拨方式取得的土地上建成的房屋租赁给民办义务教育学校使用的，应当依法上缴租金中所含的土地收益。

地方政府和公办学校不得向民办义务教育学校新增派具有事业编制的教职工。已经派出的，分阶段分步骤有序引导退出。

公办学校向民办义务教育学校提供服务的，应当按照国家有关规定履行审批程序后签订协议，有偿服务费收入按照"收支两条线"管理，防止坐收坐支或私设"小金库"。公办学校应当增强品牌保护意识，规范学校名称、简称的使用，不得违规输出品牌。民办义务教育学校也不得利用公办学校品牌开展宣传或其他活动。

公办学校不得以民办义务教育学校的名义开展选拔招生或考试招生，民办义务教育学校不得以公办学校或者公办学校校区、分校的名义招生，也不得以借读、挂靠等名义变相违规招生。

——以上见《教育部等八部门关于规范公办学校举办或者参与举办民办义务教育学校的通知》（教发〔2021〕9号），2021年7月8日

校外培训材料（以下简称培训材料），是指经审批登记的校外培训机构自主编写的面向中小学生的学习材料，包括用于线上、线下的按照学科类进行管理的培训材料（以下简称学科类培训材料）和按照非学科类进行管理的培训材料（以下简称非学科类培训材料）。

加强全程把控。加强培训材料编写、审核、选用、备案等全流程管理，明确内容要求和标准，健全管理机制，细化违规处罚规定，强化日常监管，突出全流程把控、检视。

校外培训机构应当建立培训材料编写研发、审核、选用使用及人员资质审查等内部管理制度，明确责任部门、责任人、工作职责、标准、流程以及责任追究办法。

培训材料编写研发人员应符合以下要求：

（一）政治立场坚定，拥护中国共产党的领导和中国特

色社会主义制度，具有正确的世界观、人生观、价值观；

（二）全面贯彻党的教育方针，熟悉中小学教育教学规律和学生身心发展特点，从事教育教学相关工作 3 年及以上；

（三）学科类培训材料的编写研发人员应准确理解和把握课程方案、学科课程标准，具备相应教师资格证书；非学科类培训材料的编写研发人员，应具备相关行业资质证书或专业能力证明；

（四）遵纪守法，有良好的思想品德、社会形象，无失德、失信、违纪、违法等不良记录。

培训材料应符合以下要求：

（一）以习近平新时代中国特色社会主义思想为指导，体现社会主义核心价值观，继承和弘扬中华优秀传统文化、革命文化和社会主义先进文化，传播科学精神，引导学生树立正确的世界观、人生观和价值观，促进学生身心健康发展；

（二）内容科学准确，容量、难度适宜，与国家课程相关的内容应符合相应课程标准要求，不得超标超前；

（三）符合学生成长规律，满足多层次、多样化学习需求，有利于激发学习兴趣、鼓励探究创新。

培训材料不得存在下列情形：

（一）丑化党和国家形象，或者诋毁、污蔑党和国家领导人、英雄模范，或者歪曲党的历史、中华人民共和国历史、人民军队历史；

（二）污蔑攻击中国共产党领导、中国特色社会主义制度，违背社会主义核心价值观；

（三）损害国家统一、主权和领土完整；

（四）损害国家荣誉和利益，有反华、辱华、丑华等内容；

（五）煽动民族仇恨、民族歧视，破坏民族团结，侵犯民族风俗习惯；

（六）宣扬宗教教理、教义、教规以及邪教、封建迷信思想等；

（七）含有暴力、恐怖、赌博、毒品、性侵害、淫秽、教唆犯罪等内容；

（八）不符合知识产权保护等国家法律、行政法规；

（九）植入商业广告或者变相的商业广告；

（十）超出相应的国家课程标准；

（十一）含有误导中小学生产生不良行为的内容；

（十二）存在其他违法违规情形。

建立培训材料内部审核和外部审核制度，坚持凡编必审、凡用必审。校外培训机构负责培训材料的内部全面审核，须按照审核人员资质要求遴选组建内部审核队伍。

各地教育行政部门负责培训材料的外部审核，须按照审核人员资质要求组建由相关学科专家、课程专家、教研专家、一线教师等组成的审核队伍，明确审核流程和时限，重点对意识形态属性较强的内容和执行课程标准情况进行把关。

学科类培训材料采取校外培训机构内部审核和教育行政部门外部审核相结合的方式进行双审核。

非学科类培训材料在校外培训机构内部审核基础上，由各地教育行政部门协助相应主管部门开展抽查、巡查。

对于已通过审核的、在多个地区使用的同一培训材料，可由培训机构提供已通过审核的证明，供其他地区审核时参考。

校外培训机构应规范培训材料选用程序。选用的培训材料须为审核通过的培训材料或正式出版物。校外培训机构选用境外教材，应参照《中小学教材管理办法》等国家有关规定执行。

校外培训机构对所有培训材料存档保管、备查，保管期限不少于相应培训材料使用完毕后 3 年。培训材料及编写研发人员信息须向相应教育行政部门备案。备案材料产生变更时，应及时提交变更内容说明和变更材料。

（一）线上培训保管材料应包括线上学习资源、开发者信息、下载网站、资源主题、资源简介、适用对象及图文来源等；

（二）线下培训保管材料应包括编写者信息、材料简介、材料内容及适用对象等。

——以上见《教育部办公厅关于印发〈中小学生校外培训材料管理办法（试行）〉的通知》（教监管厅函〔2021〕6号），2021 年 8 月 25 日

2021 年底前完成面向义务教育阶段学生的学科类校外培训机构统一登记为非营利性机构的行政审批及法人登记工作，培训机构在完成非营利性机构登记前，应暂停招生及收费行为。

对于现有线上和线下面向义务教育阶段学生的学科类校外培训机构，根据不同情况，分别采取以下办法办理。

（一）关于现有线下非营利性学科类培训机构的办理。

已取得办学许可证，且在民政部门登记为民办非企业单位法人的培训机构，根据"双减"文件规定，相应修改章程、完善管理制度，依法依规继续开展培训活动。

（二）关于现有线下营利性学科类培训机构的办理。已取得办学许可证，且在市场监管部门登记的从事义务教育阶段学科类培训业务的营利性机构，需要注销营利性机构主体，或者向原审批机关申请变更许可范围，剥离义务教育阶段学科类培训业务后继续依法从事其他培训活动。继续开展义务教育阶段学科类培训活动的，向原审批机关申请换发办学许可证，到民政部门登记为民办非企业单位法人。

（三）关于现有线上学科类培训机构的办理。已向教育行政部门进行备案的线上培训机构，按标准重新办理审批手续时，其法人类型登记参照以上线下培训机构的操作路径处理。对在规定时限内整改不到位、未通过审批的线上培训机构，取消原有备案登记和互联网信息服务业经营许可证（ICP），依法依规停止其线上培训活动。

（四）关于终止培训机构的办理。现有线上或线下培训机构决定解散机构的，应当按相关法律法规的规定，经该培训机构的决策机构决议后，向原审批机关提出申请。原审批机关应及时予以核准，同时指导培训机构依法清算财产，及时向登记管理机关申请注销。

——以上见《教育部办公厅等三部门关于将面向义务教育阶段学生的学科类校外培训机构统一登记为非营利性机构的通知》（教监管厅〔2021〕1号），2021年8月30日

实行政府指导价管理。义务教育阶段线上和线下学科类校外培训收费属于非营利性机构收费，依法实行政府指导价管理，由政府制定基准收费标准和浮动幅度，并按程序纳入地方定价目录。按照属地管理原则，线下学科类校外培训的基准收费标准和浮动幅度，由省级发展改革部门会同教育部门制定，或经省级人民政府授权由地级及以上人民政府制定；线上学科类校外培训的基准收费标准和浮动幅度，由培训机构办学许可审批地省级发展改革部门会同教育部门制定。各地制定的浮动幅度，上浮不得超过10%，下浮可不限。培训机构在政府制定的基准收费标准和浮动幅度内，确定具体收费标准。

要区分线上和线下以及不同班型，分类制定标准课程时长的基准收费标准。班型主要可分为10人以下、10~35人、35人以上三种类型。各地可根据实际情况，确定本地区具体的分类标准。标准课程时长，线上为30分钟，线下为45分钟，实际时长不一样的，按比例折算。要建立收费政策评估和动态调整机制，适时对收费标准进行调整完善。

各地要根据相关规定，加强对培训机构的学科类校外培训成本调查，严格核减不合理成本。培训成本包括培训机构人员薪酬、培训场地租金、宣传费、研发费用、固定资产折旧费以及其他费用。其中，培训机构人员平均工资水平应正常合理，不得明显高于统计部门公布的当地教育行业城镇非私营单位就业人员平均工资；培训场地租金和固定资产折旧费等，应当根据学科类校外培训实际利用时长等因素，按合理方法和公允水平分摊核算；宣传费按不超过学科类校外培训销售收入的 3% 据实核算。要加强关联交易审核，对明显不符合公允水平的关联交易，可开展延伸调查。各地要推动培训机构加快建立健全财务会计核算等制度，完整准确记录线上、线下学科类校外培训各项成本和收入，以及培训人次、课时量、教师数量等经营情况。

各地要于 2021 年底前出台义务教育阶段学科类校外培训收费政府指导价管理政策，明确基准收费标准和浮动幅度，以及具体实施时间，并做好政策衔接，加强预期引导和宣传解读，及时回应社会关切，确保政策平稳落地。对面向普通高中学生的学科类校外培训收费的管理，参照执行。

——以上见《关于加强义务教育阶段学科类校外培训收费监管的通知》（发改价格〔2021〕1279 号），2021 年 9 月 2 日具有下列情形之一的学科类培训行为，应依法依规予以查处：

1. 违反培训主体有关规定，证照不全的机构或个人，以咨询、文化传播、"家政服务""住家教师""众筹私教"等名义违规开展学科类培训。

2. 违反培训人员有关规定，不具备教师资格的人员违规开展学科类培训，在职中小学教师违规开展有偿补课。

3. 违反培训时间有关规定，通过"直播变录播"等方式违规开展学科类培训。

4. 违反培训地点有关规定，组织异地培训，在居民楼、酒店、咖啡厅等场所，化整为零在登记场所之外开展"一对一""一对多"等学科类培训。

5. 违反培训内容有关规定，以游学、研学、夏令营、思维素养、国学素养等名义，或者在科技、体育、文化艺术等非学科类培训中，违规开展学科类培训。

6. 违反培训方式有关规定，线下机构通过即时通讯、网络会议、直播平台等方式违规开展线上学科类培训。

7. 其他违反相关规定的隐形变异学科类培训。

——《教育部办公厅关于坚决查处变相违规开展学科类

校外培训问题的通知》（教监管厅函〔2021〕8 号），2021 年 9 月 3 日

校外培训机构从业人员是指按规定面向中小学生及 3 周岁以上学龄前儿童开展校外培训的机构中的工作人员，包括：教学人员、教研人员和其他人员。其中，教学人员是指承担培训授课的人员，教研人员是指培训研究的人员；助教、带班人员等辅助人员按照其他人员进行管理。

校外培训机构从业人员应当符合下列要求：

（一）坚持以习近平新时代中国特色社会主义思想为指导，拥护中国共产党的领导和中国特色社会主义制度，全面贯彻党的教育方针，落实立德树人根本任务；

（二）爱国守法，恪守宪法原则，遵守法律法规，依法履行各项职责；

（三）具备良好的思想品德和职业道德，举止文明，关心爱护学生；教学、教研人员还应为人师表，仁爱敬业；

（四）教学、教研人员应熟悉教育教学规律和学生身心发展特点，从事按照学科类管理培训的须具备相应教师资格证书，从事按照非学科类管理培训的须具备相应的职业（专业）能力证明；

（五）非中小学、幼儿园在职教师。

校外培训机构从业人员不得为以下人员：

（一）纳入"校外培训机构从业人员黑名单"管理的；

（二）受到剥夺政治权利或者故意犯罪受到有期徒刑以上刑事处罚的。

校外培训机构专职教学、教研人员原则上不低于机构从业人员总数的 50%。面向中小学生的线下培训，每班次专职教学人员原则上不低于学生人数的 2%；面向 3 周岁以上学龄前儿童的线下培训，每班次专职培训人员原则上不低于儿童人数的 6%。

校外培训机构应当规范从业人员管理：

（一）校外培训机构应对拟招用人员和劳务派遣单位拟派遣至机构场所工作的人员进行性侵等违法犯罪信息查询；

（二）校外培训机构应当依法与招用人员签订书面劳动合同，明确工作内容、工作地点、工作时间、岗位职责、劳动合同期限、劳动报酬、社会保险、考核办法等；

（三）对初次招用人员，应当开展岗位培训，内容应当包括法律法规、职业道德和有关政策文件要求等；

（四）教学、教研人员的基本信息（姓名、照片等）、教师资格、从教经历、任教课程等信息应在机构培训场所及平台、网站显著位置公示，并及时在全国统一监管平台备案。其他从业人员信息应在机构内部进行公示。

校外培训机构从业人员不得有下列情形：

（一）有损害党中央权威、违背党的路线方针政策的言行；

（二）损害国家利益，损害社会公共利益，或违背社会公序良俗；

（三）通过课堂、论坛、讲座、信息网络及其他渠道发表、转发错误观点，或编造散布虚假信息、不良信息；

（四）歧视、侮辱学生，存在虐待、伤害、体罚或变相体罚未成年人行为；

（五）在教学、培训等活动中遇突发事件、面临危险时，不顾学生安危，擅离职守，自行逃离；

（六）与学生发生不正当关系，存在猥亵、性骚扰等行为；

（七）向学生及家长索要、收受不正当财物或利益；

（八）被依法追究刑事责任；

（九）吸食毒品等违反治安管理法律法规行为；

（十）违法传教或者开展宗教活动；

（十一）宣扬或从事邪教。

——以上见《教育部办公厅 人力资源社会保障部办公厅关于印发〈校外培训机构从业人员管理办法（试行）〉的通知》（教监管厅函〔2021〕9号），2021年9月9日

面向义务教育阶段学生的学科类线上培训机构，一律登记为非营利性法人。

（线上学科类培训机构）*统一设置要求

1.基本条件。（1）办公场所。必须在机构注册地设立固定线下办公场所。（2）线下实体培训场所。线上培训机构需在注册地设置固定的线下实体培训场所，并应符合当地线下校外培训机构设置标准。（3）开办资金。必须具备与培训层次、类型、规模相适应的资金实力。（4）名称。机构名称应当符合教育、民政、市场监管部门关于名称审核的有关规定。（5）服务器。具备自有或租用的性能可靠的服务器，且服务器必须设置在中国内地。（6）人员。机构负责人必须具有中华人民共和国国籍，在境内居住；教学和教研人员须取得中小学教师资格考试合格证明，聘用外籍人员须符合国家有关规定。（7）网络安全标准。严格落实《中华人民共和国网络安全法》和《中华人民共和国数据安全法》等法律法规要求，达到网络安全保护三级（含）以上防护标准。（8）教

---

* 括号内文字为编者所加。

育移动互联网应用程序（教育 APP）管理。教育移动应用提供者应当建立覆盖个人信息收集、储存、传输、使用等环节的数据保障机制，储存 100 万人以上个人信息的线上校外培训 APP，应通过个人信息保护影响评估、认证或合规审计。

2. 培训规定。（1）内容健康。所实施的培训内容符合党的教育方针和立德树人根本要求。维护意识形态安全，坚持教育与宗教相分离，不得包含淫秽、暴力、恐怖、赌博以及与学习无关的网络游戏等内容及链接等，不得出版、印刷、复制、发行非法出版物，不得从事侵权盗版活动。（2）教学合规。要在培训平台和课程界面的显著位置公示培训人员姓名、照片和教师资格等信息。课程难度及进度适宜，不得超出相应的国家课程标准，且须与招生对象所处年级相匹配、与学生个体能力相适应；义务教育阶段学科类培训不得引进国际课程、使用境外教材。（3）课时恰当。培训时长应综合考虑学生年龄及所处年级等因素合理设置，每节课持续时间不得超过 30 分钟，课程间隔不少于 10 分钟，且直播培训时间不得与中小学校教学时间相冲突；面向义务教育阶段学生的直播课结束时间不得晚于 21：00。（4）平台可控。培训机构需向主管教育行政部门提供具备相应权限的内容审查账号。校外线上培训平台应当具备护眼功能和家长监管功能，且平台上的培训内容及相关数据信息须留存 1 年以上（其中直播教学的影像须留存至少 6 个月）。

3. 管理要求。（1）重视党建。线上机构设置时必须坚持和加强党的领导，做到党的建设同步谋划、党的组织同步设置、党的工作同步开展，确保正确的办学方向。（2）制定章程。线上机构设置时必须制定规范的章程，明确培训宗旨、业务范围、议事决策机制、资金管理、保障条件和服务承诺等事项。（3）明确收退费管理。线上机构设置时必须严格执行国家层面有关机构收退费管理及风险防控的规定，建立健全财务资产管理制度以及相应的收退费办法，接受相关部门依法对机构学杂费专用账户实施监管；登记为非营利性法人的线上机构必须实行《民间非营利组织会计制度》。（4）规范合同签订。线上机构设置时应同时提供拟采用的合同文本，所提供的格式合同（服务协议）应当遵循公平原则确定当事人之间的权利和义务，并切实履行相关提醒和说明义务，不得包含排除或限制消费者权利、减轻或免除经营者责任、加重消费者责任等不公平、不合理的条款。（5）规范营销宣传。线上学科类培训机构进行营销宣传应当符合相关法律法规规定，不得违反"双减"文件要求。

——《教育部办公厅等六部门关于做好现有线上学科类培训机构由备案改为审批工作的通知》（教监管厅〔2021〕2号），2021 年 9 月 10 日主要从培训目的、培训内容、培训方式、评价方式等维度进行综合考量，如符合以下特征，即判定为学科类培训项目。

（一）培训目的：以学科知识与技能培训为导向，主要为提升学科学习成绩服务。

（二）培训内容：主要涉及道德与法治、语文、历史、地理、数学、外语（英语、日语、俄语）、物理、化学、生物等学科学习内容。

（三）培训方式：重在进行学科知识讲解、听说读写算等学科能力训练，以预习、授课和巩固练习等为主要过程，以教师（包括虚拟者、人工智能等）讲授示范、互动等为主要形式。

（四）结果评价：对学生的评价侧重甄别与选拔，以学习成绩、考试结果等作为主要评价依据。

避免出现同类培训项目在不同地区给出差异鉴别结果。当出现较大争议或难以鉴别时，下级教育行政部门应提请上级教育行政部门进行研究裁决。

在其他主管部门开展非学科类培训管理过程中，根据工作需要，教育行政部门可协助提供有关培训项目分类鉴别意见，并对"学科类"鉴别有最终决定权。

地方各级教育行政部门应根据相应管理需要，组建专家组或者委托专业机构对无法直接判断的培训项目开展分类鉴别，作出鉴别决定。鉴别专家组应包括相关学科、课程、教学等方面专家，且相关人员及其直系亲属未在培训机构中任职或兼职、属于非利益相关方。接受委托的专业机构，须按照规范要求组织符合条件的专家队伍开展鉴别工作。

——以上见《教育部办公厅关于印发〈义务教育阶段校外培训项目分类鉴别指南〉的通知》（教监管厅函〔2021〕16号），2021 年 11 月 8 日

六、体育卫生与艺术教育

　　明确学生睡眠时间要求。根据不同年龄段学生身心发展特点，小学生每天睡眠时间应达到 10 小时，初中生应达到 9 小时，高中生应达到 8 小时。学校、家庭及有关方面应共同努力，确保中小学生充足睡眠时间。

　　统筹安排学校作息时间。省级教育行政部门要从保证学生充足睡眠需要出发，结合实际情况合理确定中小学作息时间。小学上午上课时间一般不早于 8：20，中学一般不早于 8：00；学校不得要求学生提前到校参加统一的教育教学活动，对于个别因家庭特殊情况提前到校学生，学校应提前开门、妥善安置；合理安排课间休息和下午上课时间，有条件的地方和学校应保障学生必要的午休时间；寄宿制学校要合理安排作息时间，确保学生达到规定睡眠时间要求。

　　防止学业过重挤占睡眠时间。中小学校要提升课堂教学实效，加强作业统筹管理，严格按照有关规定要求，合理调控学生书面作业总量，指导学生充分利用自习课或课后服务时间，使小学生在校内基本完成书面作业、中学生在校内完成大部分书面作业，避免学生回家后作业时间过长，挤占正常睡眠时间。校外培训机构培训结束时间不得晚于20：30，不得以课前预习、课后巩固、作业练习、微信群打卡等任何形式布置作业。

合理安排学生就寝时间。中小学校要指导家长和学生，制订学生作息时间表，在保证学生睡眠时间要求前提下，结合学生个体睡眠状况、午休时间等实际，合理确定学生晚上就寝时间，促进学生自主管理、规律作息、按时就寝。小学生就寝时间一般不晚于21：20；初中生一般不晚于22：00；高中生一般不晚于23：00。个别学生经努力到就寝时间仍未完成作业的，家长应督促按时就寝不熬夜，确保充足睡眠；教师应有针对性帮助学生分析原因，加强学业辅导，提出改进策略，如有必要可调整作业内容和作业量。各地教育部门要会同相关部门切实加强对辖区内注册登记或备案的线上培训网课平台、网络游戏的规范管理，采取技术手段进行监管，确保线上直播类培训活动结束时间不得晚于21：00，每日22：00到次日8：00不得为未成年人提供游戏服务。

——以上见《教育部办公厅关于进一步加强中小学生睡

眠管理工作的通知》（教基厅函〔2021〕11 号），2021 年 3 月 30 日

开齐开足体育与健康课程。中小学校要严格落实国家规定的体育与健康课程刚性要求，小学一至二年级每周 4 课时，小学三至六年级和初中每周 3 课时，高中每周 2 课时，有条件的学校每天开设 1 节体育课，确保不以任何理由挤占体育与健康课程和学生校园体育活动。

保证体育活动时间。合理安排学生校内、校外体育活动时间，着力保障学生每天校内、校外各 1 小时体育活动时间。全面落实大课间体育活动制度，中小学校每天统一安排 30 分钟的大课间体育活动，每节课间应安排学生走出教室适量活动和放松。大力推广家庭体育锻炼活动，有锻炼内容、锻炼强度和时长等方面的要求，不提倡安排大强度练习。学校要对体育家庭作业加强指导，提供优质的锻炼资源，及时和家长保持沟通。

——以上见《教育部办公厅关于进一步加强中小学生体质健康管理工作的通知》（教体艺厅函〔2021〕16 号），2021 年 4 月 19 日

2025 年，政府主导、部门协作、学校实施、社会参与的新时代学校卫生与健康教育工作格局更加完善。学校健康教育时间切实保证，健康教育教学效果明显提升。办学条件达到国家学校卫生基本标准。学校应对突发公共卫生事件预测研判、精准管控、应急处置等能力显著增强。学生健康素养普遍提高，防病意识和健康管理能力显著增强，体质健康水平明显提升。

2035 年，学校卫生条件、体育设施、健康教育和健康素养水平基本实现现代化，达到建成教育强国和健康中国要求，形成高质量的新时代学校卫生与健康教育体系。

提升学生健康素养。

健全学生健康素养评价机制，纳入教育评价改革。

落实课程课时要求。

鼓励普通高校开设健康教育必修课或选修课，师范类、体育类普通高校应开设健康教育必修课和教法课。落实各学段健康教育教学时间，中小学校每学期应在体育与健康课程总课时中安排 4 个健康教育课时。

拓展健康教育渠道。构建学科教学与实践活动相结合、课内教育与课外教育相结合、经常性宣传教育与集中式宣传教育相结合的健康教育模式。

保障食品营养健康。

学校配备有资质的专（兼）职营养指导人员和食品安全管理人员。

增加体育锻炼时间。

提倡中小学生到校后先进行 20 分钟左右的身体活动。保障学生每天校内、校外各 1 个小时体育活动时间。

强化心理健康教育。

加大学校心理健康人才队伍建设，2022 年配备专（兼）职心理健康工作人员的中小学校比例达到 80%，2030 年达到 90%。

健全疾病预防体系。

修订《中小学生健康体检管理办法》，将脊柱健康检查纳入中小学生体检项目。加强学生健康体检管理和数据分析应用。

实施体质健康监测。每年开展学生体质健康测试，每 3 年开展一次国家义务教育阶段学生体质健康监测，每 5 年开展一次全国学生体质健康监测与调研。

优化组织机构设置。

2022 年，中小学配备专职卫生技术人员、专（兼）职保健教师或卫生专业技术人员比例达到 70%，2030 年达到 90%。

加大人才培养力度。鼓励具备条件的高校开设健康教育等相关专业，支持高校设立健康教育学院，培养健康教育师资。加大全科医学人才培养力度，探索订单定向免费医学生培养、医疗机构派驻等方式解决校医和健康教育师资配备问题，或通过政府购买服务提供相关服务。实施学校健康教育教师培训计划，加强健康教育师资培训，建立定期轮训制度。把健康教育作为教师继续教育培训重要内容，纳入"国培计划"。把健康教育作为学校卫生专业技术人员、专（兼）职保健教师、健康教育教师、体育教师职前教育和职后培训重要内容。利用大数据、云平台提高校医医疗服务能力和健康教育水平。

完善激励保障机制。

校医参与学校健康教育、传染病防控、值班值守等计入工作量，依标准核发薪酬。

健全协作机制。

将具备医疗机构执业许可证的中小学校医室建设纳入政府公共卫生体系。推广医务托管、医校协同等经验做法，或通过政府购买服务提供学校医务服务。

——以上见《教育部等五部门关于全面加强和改进新时代学校卫生与健康教育工作的意见》（教体艺〔2021〕7 号），2021 年 8 月 2 日

（全国学校急救教育试点工作）* 首批拟组织 150 所高中和高校参与试点工作，在校园内配备相关急救设施设备与物品，并对学校教师、学生进行急救知识教育和技能培训，研

---

* 括号内文字为编者所加。

制急救设施设备配备规范（试行）和急救技能培训方案（试行），探索校园急救技能证书开发试点建设工作，形成可复制、可推广的急救教育经验做法，推动各级各类学校强化急救教育。

——《教育部办公厅关于开展全国学校急救教育试点工作的通知》（教体艺厅函〔2021〕43号），2021年10月8日

七、教师队伍

加强义务教育新课程标准培训，强化道德与法治、语文、历史三科统编教材培训，加大体育、音乐、美术、劳动、科学等紧缺学科教师培训力度，提升教师促进学生全面发展能力。将国家安全、法治教育、生态教育、国家通用语言文字、幼小衔接、少先队工作、预防校园欺凌等内容纳入教师校园长培训。

开展教师自主选学试点，根据教师专业发展不同阶段制定个性化、周期性的发展规划，建设选学服务平台，教师自主选择培训项目，探索教师自主发展机制。开展教师培训整校研修模式改革探索。

建立师范院校、地方政府、中小学幼儿园协同开展师范生培养、教师专业发展和教育教学改革的机制，建设国家教师教育改革实验区。

支持有条件的地方、高校和机构探索"智能＋教师培训",建立基于大数据的教师专业发展测量与评估机制,对教师精准测评、指导,实施智能化、个性化、交互性、伴随性培训,形成人工智能支持教师终身学习、持续发展的机制。

市县教师发展机构为基础,师范院校为主体,高水平大学、专业机构、优质中小学幼儿园共同参与,建设一大批专业、引领、创新型培训机构。支持市县教师发展机构发挥好示范性作用。

改进师范院校评价,将服务基础教育教师专业发展作为重要指标,引导师范院校与中小学幼儿园合作开展教师专业发展模式探索。

加大培训者、管理者培训力度,提高培训队伍专业化水平。针对性地遴选一批名师、学科带头人、教研骨干等作为教师培训储备力量进行培养,持续打造省市县三级教师培训专家库。

通过大数据评估、参训学员网络匿名评估、专家抽查评估和第三方评估等对项目实施过程及成效进行监管评估。

——以上见《教育部 财政部关于实施中小学幼儿园教师国家级培训计划（2021—2025 年）的通知》（教师函〔2021〕4 号），2021 年 4 月 30 日

从 2021 年起，教育部直属师范大学与地方师范院校采取定向方式，每年为 832 个脱贫县（原集中连片特困地区县、国家扶贫开发工作重点县）和中西部陆地边境县（以下统称定向县）中小学校培养 1 万名左右师范生，从源头上改善中西部欠发达地区中小学教师队伍质量，培养造就大批优秀教师。

优师计划由教育部和省级教育行政部门在全国年度招生计划中统筹安排，在高校年度招生总规模内单列下达。6 所教育部直属师范大学承担国家优师专项培养任务，发挥示范引领作用，面向中西部省份招生。中西部省级教育行政部门确定的本科层次师范院校，承担相关省份地方优师专项培养任务。

报考优师计划的考生均须参加当年全国统一高考，在本科提前批次录取。

国家优师专项师范生在录取后、获得录取通知书前，须与培养学校和生源所在省份省级教育行政部门、乡村振兴工

作部门签订协议，承诺毕业后到生源所在省份定向县中小学履约任教不少于 6 年。对拒签协议的录取学生，有关高校应取消其优师专项录取资格。国家优师专项师范生录取后，户籍仍保留在原户籍所在地，毕业后可按有关规定迁入定向就业所在地区。

地方优师专项师范生由省级教育行政部门统筹，在入学前做好相关协议签订工作。

国家优师专项师范生未按规定履约的，按照协议约定承担相应责任，违约记录归入人事档案，依法依规纳入社会信用体系。

优师计划师范生在校学习期间免除学费，免缴住宿费，并补助生活费。中央财政参照师范生公费教育补助标准，根据教育部直属师范大学每年实际录取优师计划师范生人数，按年度拨付相关经费并将优师专项培养情况作为中央高校有关专项资金分配参考因素。地方财政根据地方师范院校优师计划师范生人数，承担相关经费。中央财政根据各省（区、市）地方师范院校每年实际录取优师计划师范生人数，通过"支持地方高校改革发展资金"予以奖补，由省（区、市）负责组织实施。

　　各地要加强履约就业的优师计划师范生周转宿舍建设，将符合条件的优师计划师范生纳入当地住房保障范围。

　　——以上见《教育部等九部门关于印发〈中西部欠发达地区优秀教师定向培养计划〉的通知》（教师〔2021〕4 号），2021 年 7 月 26 日

八、教育经费

简化预算编制。进一步精简合并预算编制科目，按设备费、业务费、劳务费三大类编制直接费用预算。直接费用中除 50 万元以上的设备费外，其他费用只提供基本测算说明，不需要提供明细。

下放预算调剂权。设备费预算调剂权全部下放给项目承担单位，不再由项目管理部门审批其预算调增。

扩大经费包干制实施范围。在人才类和基础研究类科研项目中推行经费包干制，不再编制项目预算。项目负责人在承诺遵守科研伦理道德和作风学风诚信要求、经费全部用于与本项目研究工作相关支出的基础上，自主决定项目经费使用。

首笔资金拨付比例要充分尊重项目负责人意见，切实保障科研活动需要。

财政部、项目管理部门可在部门预算批复前预拨科研经费。项目管理部门要加强经费拨付与项目立项的衔接，在项目任务书签订后 30 日内，将经费拨付至项目承担单位。项目牵头单位要根据项目负责人意见，及时将经费拨付至项目参与单位。

项目完成任务目标并通过综合绩效评价后，结余资金留归项目承担单位使用。

提高间接费用比例。间接费用按照直接费用扣除设备购置费后的一定比例核定，由项目承担单位统筹安排使用。其中，500 万元以下的部分，间接费用比例为不超过 30%，500 万元至 1000 万元的部分为不超过 25%，1000 万元以上的部分为不超过 20%；对数学等纯理论基础研究项目，间接费用比例进一步提高到不超过 60%。项目承担单位可将间接费用全部用于绩效支出，并向创新绩效突出的团队和个人倾斜。

将稳定支持科研经费提取奖励经费试点范围扩大到所有中央级科研院所。允许中央级科研院所从基本科研业务费、中科院战略性先导科技专项经费、有关科研院所创新工程等稳定支持科研经费中提取不超过 20% 作为奖励经费，由单位探索完善科研项目资金激励引导机制，激发科研人员创新活力。奖励经费的使用范围和标准由试点单位自主决定，在单位内部公示。

扩大劳务费开支范围。项目聘用人员的劳务费开支标准，参照当地科学研究和技术服务业从业人员平均工资水平，根据其在项目研究中承担的工作任务确定，其由单位缴纳的社会保险补助、住房公积金等纳入劳务费科目列支。

探索对急需紧缺、业内认可、业绩突出的极少数高层次人才实行年薪制。

对职务科技成果完成人和为科技成果转化作出重要贡献的人员给予奖励和报酬，剩余部分留归项目承担单位用于科技研发与成果转化等相关工作，科技成果转化收益具体分配方式和比例在充分听取本单位科研人员意见基础上进行约定。科技成果转化现金奖励计入所在单位绩效工资总量，但不受核定的绩效工资总量限制，不作为核定下一年度绩效工资总量的基数。

项目承担单位要确保每个项目配有相对固定的科研财务助理，为科研人员在预算编制、经费报销等方面提供专业化服务。科研财务助理所需人力成本费用（含社会保险补助、住房公积金），可由项目承担单位根据情况通过科研项目经费等渠道统筹解决。

允许项目承担单位对国内差旅费中的伙食补助费、市内交通费和难以取得发票的住宿费实行包干制。

优化科研仪器设备采购。

对科研急需的设备和耗材采用特事特办、随到随办的采购机制，可不进行招标投标程序。

对科研人员因公出国（境）开展国际合作与交流的管理应与行政人员有所区别。

从科研经费中列支的国际合作与交流费用不纳入"三公"经费统计范围，不受零增长要求限制。

支持新型研发机构实行"预算＋负面清单"管理模式。

除特殊规定外，财政资金支持产生的科技成果及知识产权由新型研发机构依法取得、自主决定转化及推广应用。

——以上见《国务院办公厅关于改革完善中央财政科研经费管理的若干意见》（国办发〔2021〕32号），2021年8月5日

九、党建思政

有条件的高校要开设以党史教育为重点的"四史"思政课程。全国重点马克思主义学院根据本校实际情况，至少开设 1 门"四史"类思政课选择性必修课，所在高校本科生至少修读 1 门该课程。具有马克思主义理论学科点的高校面向马克思主义理论学科学生开设"四史"类必修课。

各地中小学校要积极组织开展"从小学党史 永远跟党走"主题教育活动。围绕"图话百年"宣传教育活动、"学习新思想，做好接班人"阅读活动、百年先锋学习活动、"童心向党"班会活动、"寻访红色足迹"红色教育实践活动等，通过组织学生学习阅读反映党史重大事件、杰出人物的视频、文章，深入开展党史学习教育，坚持学习党史与学习新中国史、改革开放史、社会主义发展史相贯通，将主题教育活动与思政课教育教学、班团队活动、校园文化建设等相结合，引导中小学生坚定不移听党话、跟党走，传承红色基因，延续红色血脉。

用好"读本"读物。用好教育部组织编写的"四史"大学生读本、《习近平新时代中国特色社会主义思想学生读本》、"读懂新时代"丛书——《道路何以自信》《理论何以自信》《制度何以自信》《文化何以自信》等读本读物，作为学校开展"四史"学习教育的辅助读物。

科学设计教学内容。

研究生阶段重在开展探究性学习，本专科阶段重在开展理论性学习，高中阶段重在开展常识性学习，初中阶段重在开展体验性学习，小学阶段重在开展启蒙性学习。

落实各学段学习教育要求。大学阶段重在增强使命担当，引导学生矢志不渝听党话跟党走。高中阶段重在提升政治素养，引导学生衷心拥护党的领导和我国社会主义制度。初中阶段重在打牢思想基础，引导学生把党、祖国、人民装在心中，强化做社会主义建设者和接班人的思想意识。小学阶段重在启蒙道德情感，引导学生形成爱党、爱国、爱社会主义、爱人民、爱集体的情感，具有做社会主义建设者和接班人的美好愿望。

——以上见《教育部办公厅关于在思政课中加强以党史教育为重点的"四史"教育的通知》（教社科厅函〔2021〕8号），2021 年 4 月 16 日

附　录

2021 年重要教育政策文件目录

综合政策

1.《中共中央关于全面加强新时代少先队工作的意见》，2021 年 1 月 31 日

2.《中共中央办公厅 国务院办公厅印发〈关于加快推进乡村人才振兴的意见〉》，2021 年 2 月

3.《教育部关于加强新时代教育管理信息化工作的通知》（教科信函〔2021〕13 号），2021 年 3 月 10 日

4.《全国人民代表大会常务委员会关于修改〈中华人民共和国教育法〉的决定》（2021 年 4 月 29 日第十三届全国人民代表大会常务委员会第二十八次会议通过）

5.《教育部等四部门关于实现巩固拓展教育脱贫攻坚成果同乡村振兴有效衔接的意见》（教发〔2021〕4 号），2021 年 4 月 30 日

6.《教育部办公厅关于学习宣传贯彻实施新修订的教育

法的通知》(教政法厅函〔2021〕12号),2021年5月14日

7.《未成年人学校保护规定》(中华人民共和国教育部令第50号),2021年6月1日

8.《教育部办公厅关于成立校外教育培训监管司的通知》(教人厅〔2021〕2号),2021年6月9日

9.《教育部等六部门关于推进教育新型基础设施建设构建高质量教育支撑体系的指导意见》(教科信〔2021〕2号),2021年7月1日

10.《十部门关于印发〈5G应用"扬帆"行动计划(2021—2023年)〉的通知》(工信部联通信〔2021〕77号),2021年7月5日

11.《教育部办公厅关于加强学生心理健康管理工作的通知》(教思政厅函〔2021〕10号),2021年7月7日

12.《国家教材委员会关于印发〈习近平新时代中国特色社会主义思想进课程教材指南〉的通知》(国教材〔2021〕2号),2021年7月21日

13.《关于调整国家教材委员会副主任和部门委员的通知》(国教材〔2021〕3号),2021年9月13日

14.《国家教材委员会关于印发〈"党的领导"相关内容进大中小学课程教材指南〉的通知》(国教材〔2021〕5号),2021年9月26日

15.《教育部办公厅关于印发〈深化"证照分离"改革实

施方案〉的通知》（教政法厅函〔2021〕18号），2021年11月3日

16.《教育部关于印发〈全国教育系统开展法治宣传教育的第八个五年规划（2021—2025年）〉的通知》（教政法〔2021〕13号），2021年11月3日

17.《国家语委关于印发〈中华经典诵写讲大赛管理办法（试行）〉的通知》（国语〔2021〕2号），2021年12月2日

基础教育

1.《教育部办公厅关于加强中小学生手机管理工作的通知》（教基厅函〔2021〕3号），2021年1月15日

2.《教育部办公厅关于印发〈防范中小学生欺凌专项治理行动工作方案〉的通知》（教基厅函〔2021〕5号），2021年1月20日

3.《教育部办公厅关于做好2021年中小学幼儿园安全管理工作的通知》（教基厅函〔2021〕4号），2021年1月20日

4.《教育部等六部门关于印发〈义务教育质量评价指南〉的通知》（教基〔2021〕3号），2021年3月1日

5.《教育部关于大力推进幼儿园与小学科学衔接的指导意见》（教基〔2021〕4号），2021年3月30日

6.《教育部关于印发〈中小学生课外读物进校园管理办法〉的通知》（教材〔2021〕2号），2021年3月31日

7.《教育部办公厅关于印发 2021 年中小学教学用书目录的通知》（教材厅函〔2021〕2 号），2021 年 4 月 7 日

8.《教育部办公厅关于加强义务教育学校作业管理的通知》（教基厅函〔2021〕13 号），2021 年 4 月 8 日

9.《教育部办公厅关于公布全国中小学劳动教育实验区名单的通知》（教基厅函〔2021〕19 号），2021 年 5 月 14 日

10.《教育部办公厅关于做好预防中小学生溺水事故工作的通知》（教基厅函〔2021〕20 号），2021 年 5 月 21 日

11.《教育部办公厅关于印发〈教育部基础教育教学指导委员会章程〉的通知》（教基厅函〔2021〕22 号），2021 年 6 月 1 日

12.《教育部办公厅关于推广部分地方义务教育课后服务有关创新举措和典型经验的通知》（教基厅函〔2021〕23 号），2021 年 6 月 2 日

13.《教育部办公厅关于开展 2021 年教育系统"安全生产月"活动的通知》（教发厅函〔2021〕19 号），2021 年 6 月 2 日

14.《教育部办公厅 住房和城乡建设部办公厅关于加强城镇小区配套幼儿园校舍安全管理工作的通知》（教基厅函〔2021〕26 号），2021 年 6 月 4 日

15.《教育部 国家发展改革委 财政部关于深入推进义务教育薄弱环节改善与能力提升工作的意见》（教财〔2021〕3

号），2021 年 6 月 23 日

16.《教育部办公厅转发〈山东省教育厅关于建立健全普通中小学规范办学工作制度的通知〉的通知》（教基厅函〔2021〕29 号），2021 年 7 月 6 日

17.《教育部办公厅关于支持探索开展暑期托管服务的通知》（教基厅函〔2021〕30 号），2021 年 7 月 7 日

18.《教育部办公厅关于开展中小学有偿补课和教师违规收受礼品礼金问题专项整治工作的通知》（教师厅函〔2021〕17 号），2021 年 7 月 14 日

19.《教育部办公厅关于实施学前儿童普通话教育"童语同音"计划的通知》（教语用厅函〔2021〕3 号），2021 年 7 月 21 日

20.《中共中央办公厅 国务院办公厅印发〈关于进一步减轻义务教育阶段学生作业负担和校外培训负担的意见〉》，2021 年 7 月

21.《教育部办公厅关于进一步明确义务教育阶段校外培训学科类和非学科类范围的通知》（教监管厅函〔2021〕3 号），2021 年 7 月 28 日

22.《教育部办公厅关于开展"基础教育精品课"遴选工作的通知》（教基厅函〔2021〕33 号），2021 年 8 月 12 日

23.《教育部办公厅关于加强义务教育学校考试管理的通知》（教基厅函〔2021〕34 号），2021 年 8 月 30 日

24.《教育部关于印发〈中小学少数民族文字教材管理办法〉的通知》（教材〔2021〕4号），2021年8月30日

25.《教育部办公厅关于公布2021—2022学年面向中小学生的全国性竞赛活动的通知》（教监管厅函〔2021〕7号），2021年9月1日

26.《教育部办公厅 国家发展改革委办公厅 财政部办公厅关于编制义务教育薄弱环节改善与能力提升项目规划（2021—2025年）的通知》（教财厅函〔2021〕16号），2021年9月13日

27.《教育部办公厅 中共中央宣传部办公厅关于印发〈第40批向全国中小学生推荐优秀影片片目〉的通知》（教基厅函〔2021〕36号），2021年9月16日

28.《教育部办公厅关于推广学校落实"双减"典型案例的通知》（教基厅函〔2021〕37号），2021年9月17日

29.《教育部办公厅关于设立教育部基础教育综合改革实验区的通知》（教基厅函〔2021〕38号），2021年9月24日

30.《教育部办公厅等六部门关于进一步加强预防中小学生沉迷网络游戏管理工作的通知》（教基厅函〔2021〕41号），2021年10月20日

31.《教育部等六部门关于加强校外培训机构预收费监管工作的通知》（教监管函〔2021〕2号），2021年10月21日

32.《教育部关于印发〈生命安全与健康教育进中小学课

程教材指南〉的通知》（教材函〔2021〕3 号），2021 年 10 月 26 日

33.《教育部办公厅关于开展县域义务教育优质均衡创建工作的通知》（教基厅函〔2021〕43 号），2021 年 11 月 25 日

34.《教育部办公厅 中国科协办公厅关于利用科普资源助推"双减"工作的通知》（教基厅函〔2021〕45 号），2021 年 11 月 25 日

35.《教育部办公厅关于学习宣传贯彻〈中华人民共和国家庭教育促进法〉的通知》（教基厅函〔2021〕46 号），2021 年 12 月 6 日

36.《教育部等九部门关于印发〈"十四五"学前教育发展提升行动计划〉和〈"十四五"县域普通高中发展提升行动计划〉的通知》（教基〔2021〕8 号），2021 年 12 月 9 日

37.《教育部关于开展中小学幼儿园校（园）长任期结束综合督导评估工作的意见》（教督〔2021〕3 号），2021 年 12 月 27 日

38.《教育部关于印发〈普通高中学校办学质量评价指南〉的通知》（教基〔2021〕9 号），2021 年 12 月 31 日

职业教育与继续教育

1.《教育部办公厅关于印发〈本科层次职业教育专业设置管理办法（试行）〉的通知》（教职成厅〔2021〕1 号），

2021 年 1 月 22 日

2.《教育部关于印发〈职业教育专业目录（2021 年）〉的通知》（教职成〔2021〕2 号），2021 年 3 月 12 日

3.《教育部办公厅关于做好 2021 年中等职业学校招生工作的通知》（教职成厅函〔2021〕3 号），2021 年 3 月 23 日

4.《教育部办公厅关于印发高等职业教育专科英语、信息技术课程标准（2021 年版）的通知》（教职成厅函〔2021〕4 号），2021 年 3 月 23 日

5.《教育部关于学习宣传贯彻习近平总书记重要指示和全国职业教育大会精神的通知》（教职成〔2021〕3 号），2021 年 4 月 26 日

6.《教育部关于公布 2021 年高等职业教育专科专业设置备案结果的通知》（教职成函〔2021〕6 号），2021 年 5 月 7 日

7.《教育部关于举办 2021 年全国职业院校技能大赛的通知》（教职成函〔2021〕7 号），2021 年 5 月 12 日

8.《教育部办公厅关于印发〈高等教育自学考试开考专业清单（2021 年）〉和〈高等教育自学考试专业基本规范（2021 年）〉的通知》（教职成厅〔2021〕2 号），2021 年 5 月 13 日

9.《教育部办公厅关于推荐第八届全国高等教育自学考试指导委员会副主任委员人选的函》（教职成厅函〔2021〕10

号），2021 年 6 月 15 日

10.《教育部办公厅等六部门关于做好 2021 年高职扩招专项工作的通知》（教职成厅函〔2021〕9 号），2021 年 6 月 15 日

11.《教育部办公厅关于公布〈高等职业学校电子信息工程技术专业实训教学条件建设标准〉等 32 项职业教育教学标准的通知》（教职成厅函〔2021〕12 号），2021 年 6 月 24 日

12.《教育部关于做好全国中等职业学校管理信息系统建设工作的通知》（教职成函〔2021〕8 号），2021 年 6 月 30 日

13.《教育部办公厅关于加强社会成人教育培训管理的通知》（教职成厅函〔2021〕14 号），2021 年 7 月 5 日

14.《教育部关于公布 2021 年高等学历继续教育拟招生专业备案结果的通知》（教职成函〔2021〕9 号），2021 年 7 月 6 日

15.《教育部办公厅关于开展中德先进职业教育合作项目遴选工作的通知》（教外厅函〔2021〕16 号），2021 年 7 月 7 日

16.《教育部办公厅关于广泛开展老年人运用智能技术教育培训的通知》（教职成厅函〔2021〕15 号），2021 年 7 月 13 日

17.《国家发展改革委办公厅、教育部办公厅关于印发产教融合型企业和产教融合试点城市名单的通知》（发改办社会

〔2021〕573 号），2021 年 7 月 16 日

18.《教育部办公厅关于做好中等职业学校公共基础课程教材使用的通知》（教职成厅函〔2021〕16 号），2021 年 7 月 26 日

19.《教育部办公厅关于举办 2021 年全国职业院校技能大赛中等职业学校班主任能力比赛的通知》（教职成厅函〔2021〕18 号），2021 年 8 月 9 日

20.《教育部办公厅关于做好 2021 年全国成人高校招生工作的通知》（教学厅〔2021〕5 号），2021 年 8 月 13 日

21.《教育部关于同意浙江广厦建设职业技术大学变更举办者的批复》（教发函〔2021〕112 号），2021 年 8 月 16 日

22.《教育部办公厅关于举办 2021 年全民终身学习活动周的通知》（教职成厅函〔2021〕20 号），2021 年 9 月 8 日

23.《关于公布现代学徒制第三批试点验收结果的通知》（教职成司函〔2021〕40 号），2021 年 9 月 30 日

24.《教育部关于公布 2021 年全国职业院校技能大赛获奖名单的通知》（教职成函〔2021〕10 号），2021 年 10 月 8 日

25.《中共中央办公厅 国务院办公厅印发〈关于推动现代职业教育高质量发展的意见〉》，2021 年 10 月

26.《关于开展社区教育"能者为师"特色课程推介共享行动的通知》（教职成司函〔2021〕43 号），2021 年 10 月

26 日

27.《关于组织开展"智慧助老"优质工作案例、教育培训项目及课程资源推介工作的通知》（教职成司函〔2021〕44号），2021 年 10 月 26 日

28.《教育部办公厅关于开展现代远程教育（网络教育）试点总结性评估的通知》（教职成厅函〔2021〕22 号），2021 年 10 月 28 日

29.《教育部关于成立第八届全国高等教育自学考试指导委员会的通知》（教职成函〔2021〕12 号），2021 年 11 月 8 日

30.《关于印发〈现代职业教育质量提升计划资金管理办法〉的通知》（财教〔2021〕270 号），2021 年 11 月 9 日

31.《教育部办公厅关于印发〈普通高等学校举办非学历教育管理规定（试行）〉的通知》（教职成厅函〔2021〕23号），2021 年 11 月 11 日

32.《教育部办公厅关于举办 2021 年全民终身学习活动周全国总开幕式的通知》（教职成厅函〔2021〕24 号），2021年 11 月 19 日

33.《教育部办公厅关于组织开展"十四五"首批职业教育国家规划教材遴选工作的通知》（教职成厅函〔2021〕25号），2021 年 12 月 3 日

34.《教育部办公厅关于做好普通高等学校非学历教育对

照检查整改工作的通知》（教职成厅函〔2021〕26 号），2021
年 12 月 8 日

35.《教育部等八部门关于印发〈职业学校学生实习管理
规定〉的通知》（教职成〔2021〕4 号），2021 年 12 月 31 日

高等教育

1.《教育部办公厅关于开展 2020 届全国普通高校毕业
生就业创业工作典型案例总结宣传工作的通知》（教学厅函
〔2021〕4 号），2021 年 1 月 13 日

2.《教育部办公厅关于做好 2021 年高校思想政治工作
骨干在职攻读博士学位专项计划工作的通知》（教思政厅函
〔2021〕1 号），2021 年 1 月 13 日

3.《教育部关于同意海口经济学院变更举办者的批复》
（教发函〔2021〕1 号），2021 年 1 月 14 日

4.《教育部关于同意哈尔滨石油学院变更举办者的批复》
（教发函〔2021〕2 号），2021 年 1 月 14 日

5.《教育部关于印发〈普通高等学校本科教育教学审核
评估实施方案（2021—2025 年）〉的通知》（教督〔2021〕1
号），2021 年 1 月 21 日

6.《教育部关于同意中国石油大学胜利学院转设为山东
石油化工学院的函》（教发函〔2021〕5 号），2021 年 1 月
25 日

7.《教育部关于同意新疆医科大学厚博学院转设为新疆第二医学院的函》(教发函〔2021〕6 号),2021 年 1 月 25 日

8.《教育部关于同意河北工业大学城市学院转设为河北石油职业技术大学的函》(教发函〔2021〕8 号),2021 年 1 月 25 日

9.《教育部关于同意华北电力大学科技学院转设为河北科技工程职业技术大学的函》(教发函〔2021〕9 号),2021 年 1 月 25 日

10.《教育部关于同意太原理工大学现代科技学院转设为山西工学院的函》(教发函〔2021〕10 号),2021 年 1 月 25 日

11.《教育部关于同意江西中医药大学科技学院转设为南昌医学院的函》(教发函〔2021〕11 号),2021 年 1 月 25 日

12.《教育部关于同意南京信息工程大学滨江学院转设为无锡学院的函》(教发函〔2021〕12 号),2021 年 1 月 25 日

13.《教育部关于同意东华理工大学长江学院转设为赣东学院的函》(教发函〔2021〕13 号),2021 年 1 月 25 日

14.《教育部关于同意湖州师范学院求真学院转设为湖州学院的函》(教发函〔2021〕15 号),2021 年 1 月 25 日

15.《教育部关于同意河北科技大学理工学院转设为河北工业职业技术大学的函》(教发函〔2021〕17 号),2021 年 1 月 26 日

16.《教育部关于同意石河子大学科技学院转设为新疆政法学院的函》（教发函〔2021〕18 号），2021 年 1 月 26 日

17.《教育部关于同意中山大学新华学院转设为广州新华学院的函》（教发函〔2021〕22 号），2021 年 2 月 2 日

18.《教育部关于同意广东海洋大学寸金学院转设为湛江科技学院的函》（教发函〔2021〕23 号），2021 年 2 月 2 日

19.《教育部关于同意河南师范大学新联学院转设为中原科技学院的函》（教发函〔2021〕24 号），2021 年 2 月 2 日

20.《教育部关于同意华南理工大学广州学院转设为广州城市理工学院的函》（教发函〔2021〕25 号），2021 年 2 月 2 日

21.《教育部关于同意青岛理工大学琴岛学院转设为青岛城市学院的函》（教发函〔2021〕26 号），2021 年 2 月 2 日

22.《教育部关于同意河南大学民生学院转设为河南开封科技传媒学院的函》（教发函〔2021〕27 号），2021 年 2 月 2 日

23.《教育部关于同意云南师范大学文理学院转设为昆明文理学院的函》（教发函〔2021〕28 号），2021 年 2 月 2 日

24.《教育部关于同意兰州财经大学陇桥学院转设为兰州工商学院的函》（教发函〔2021〕29 号），2021 年 2 月 2 日

25.《教育部关于同意中北大学信息商务学院转设为山西晋中理工学院的函》（教发函〔2021〕30 号），2021 年 2

月 2 日

26.《教育部关于同意江西科技师范大学理工学院转设为南昌应用技术师范学院的函》（教发函〔2021〕31 号），2021 年 2 月 2 日

27.《教育部关于同意烟台大学文经学院转设为烟台理工学院的函》（教发函〔2021〕32 号），2021 年 2 月 2 日

28.《教育部关于同意武汉科技大学城市学院转设为武汉城市学院的函》（教发函〔2021〕36 号），2021 年 2 月 2 日

29.《教育部关于同意湖北民族大学科技学院转设为湖北恩施学院的函》（教发函〔2021〕37 号），2021 年 2 月 2 日

30.《教育部关于同意天津体育学院运动与文化艺术学院转设为天津传媒学院的函》（教发函〔2021〕38 号），2021 年 2 月 2 日

31.《教育部关于同意兰州理工大学技术工程学院转设为兰州信息科技学院的函》（教发函〔2021〕39 号），2021 年 2 月 2 日

32.《教育部关于同意天津大学仁爱学院转设为天津仁爱学院的函》（教发函〔2021〕40 号），2021 年 2 月 2 日

33.《教育部关于同意江西科技学院变更举办者的批复》（教发函〔2021〕42 号），2021 年 2 月 7 日

34.《教育部关于同意东莞理工学院城市学院变更举办者的批复》（教发函〔2021〕45 号），2021 年 2 月 7 日

35.《教育部关于同意郑州科技学院变更举办者的批复》（教发函〔2021〕46号），2021年2月7日

36.《教育部办公厅关于进一步做好第二学士学位教育有关工作的通知》（教高厅函〔2021〕8号），2021年2月25日

37.《教育部办公厅关于2021年度基础学科拔尖学生培养基地建设工作的通知》（教高厅函〔2021〕9号），2021年3月2日

38.《教育部办公厅关于推荐新文科研究与改革实践项目的通知》（教高厅函〔2021〕10号），2021年3月2日

39.《教育部关于发布〈高等学校数字校园建设规范（试行）〉的通知》（教科信函〔2021〕14号），2021年3月12日

40.《教育部关于同意内蒙古大学创业学院变更举办者的批复》（教发函〔2021〕51号），2021年3月22日

41.《教育部关于同意云南艺术学院文华学院变更举办者和办学地址的批复》（教发函〔2021〕52号），2021年3月22日

42.《教育部关于同意淮北师范大学信息学院变更举办者的批复》（教发函〔2021〕53号），2021年3月22日

43.《教育部关于同意南宁师范大学师园学院变更举办者的批复》（教发函〔2021〕54号），2021年3月22日

44.《教育部办公厅关于印发〈高等学校法治工作测评指标〉的通知》（教政法厅〔2021〕1号），2021年3月29日

45.《教育部关于同意济南大学泉城学院变更举办者的批复》（教发函〔2021〕56 号），2021 年 4 月 1 日

46.《教育部办公厅关于开展第二批国家级一流本科课程认定工作的通知》（教高厅函〔2021〕13 号），2021 年 4 月 6 日

47.《教育部办公厅关于开展 2021 届高校毕业生就业促进周活动的通知》（教学厅函〔2021〕17 号），2021 年 5 月 6 日

48.《教育部办公厅 国务院国资委办公厅关于举办战略性新兴产业面向 2021 届高校毕业生网络招聘会的通知》（教学厅函〔2021〕21 号），2021 年 5 月 7 日

49.《教育部办公厅 国务院国资委办公厅关于举办全国大中型企业面向 2021 届高校毕业生网上双选月活动的通知》（教学厅函〔2021〕20 号），2021 年 5 月 7 日

50.《教育部办公厅关于公布实施专科教育高等学校和成人高等学校备案名单的函》（教发厅函〔2021〕16 号），2021 年 5 月 10 日

51.《教育部办公厅关于成立 2021—2025 年全国普通高校毕业生就业创业指导委员会的通知》（教学厅函〔2021〕22 号），2021 年 5 月 13 日

52.《教育部关于同意湖南软件职业学院（本科）更名为湖南软件职业技术大学的函》（教发函〔2021〕66 号），2021

年 5 月 14 日

53.《教育部关于同意桂林理工大学博文管理学院变更举办者的批复》（教发函〔2021〕67 号），2021 年 5 月 14 日

54.《教育部关于同意安徽师范大学皖江学院变更举办者的批复》（教发函〔2021〕68 号），2021 年 5 月 14 日

55.《教育部关于同意云南师范大学商学院变更举办者的批复》（教发函〔2021〕69 号），2021 年 5 月 14 日

56.《教育部关于同意长江大学工程技术学院变更举办者的批复》（教发函〔2021〕70 号），2021 年 5 月 14 日

57.《教育部办公厅关于公布首批未来技术学院名单的通知》（教高厅函〔2021〕16 号），2021 年 5 月 17 日

58.《教育部办公厅关于推进习近平法治思想纳入高校法治理论教学体系的通知》（教高厅函〔2021〕17 号），2021 年 5 月 19 日

59.《科技部 教育部关于公布第十一批国家大学科技园认定结果的通知》（国科发区〔2021〕127 号），2021 年 5 月 27 日

60.《教育部关于公布课程思政示范项目名单的通知》（教高函〔2021〕7 号），2021 年 5 月 28 日

61.《教育部关于同意新乡医学院三全学院变更举办者的批复》（教发函〔2021〕104 号），2021 年 7 月 2 日

62.《教育部关于同意河北工程大学科信学院变更举办者

的批复》（教发函〔2021〕105 号），2021 年 7 月 2 日

63.《教育部关于同意江西工程学院变更举办者的批复》（教发函〔2021〕106 号），2021 年 7 月 2 日

64.《教育部关于印发〈高等学校碳中和科技创新行动计划〉的通知》（教科信函〔2021〕30 号），2021 年 7 月 12 日

65.《教育部办公厅关于开展第十三届"高校辅导员年度人物"暨 2021 年"最美高校辅导员"推选展示活动的通知》（教思政厅函〔2021〕12 号），2021 年 7 月 16 日

66.《教育部 国家文物局关于充分运用革命文物资源加强新时代高校思想政治工作的意见》（文物革发〔2021〕25 号），2021 年 7 月 27 日

67.《教育部办公厅关于调整普通高等学校学生心理健康教育专家指导委员会组成人员的通知》（教思政厅函〔2021〕13 号），2021 年 8 月 6 日

68.《教育部办公厅关于公布第二批全国高校"百个研究生样板党支部"和"百名研究生党员标兵"创建名单的通知》（教思政厅函〔2021〕14 号），2021 年 8 月 11 日

69.《教育部关于同意广东理工学院增加办学地址的批复》（教发函〔2021〕110 号），2021 年 8 月 16 日

70.《教育部关于同意西安理工大学高科学院变更举办者的批复》（教发函〔2021〕113 号），2021 年 8 月 16 日

71.《教育部关于印发〈2022 年全国硕士研究生招生工

作管理规定〉的通知》（教学函〔2021〕2 号），2021 年 8 月
30 日

72.《教育部办公厅关于公布第十届中国大学生医学技术
技能大赛总决赛获奖高校名单的通知》（教高厅函〔2021〕28
号），2021 年 9 月 2 日

73.《教育部 国家体育总局关于进一步完善和规范高校
高水平运动队考试招生工作的指导意见》（教学〔2021〕2
号），2021 年 9 月 7 日

74.《教育部办公厅关于切实做好 2021 年秋季学期高校
学生资助工作的通知》（教财厅函〔2021〕15 号），2021 年 9
月 7 日

75.《教育部办公厅关于开展全国高校毕业生就业能力培
训基地遴选工作的通知》（教学厅函〔2021〕29 号），2021 年
9 月 13 日

76.《教育部关于进一步加强和改进普通高等学校艺术类
专业考试招生工作的指导意见》（教学〔2021〕3 号），2021
年 9 月 16 日

77.《国务院办公厅关于进一步支持大学生创新创业的指
导意见》（国办发〔2021〕35 号），2021 年 9 月 22 日

78.《教育部办公厅等五部门关于加强高等学历继续教育
广告发布管理的通知》（教职成厅函〔2021〕21 号），2021 年
9 月 30 日

79.《教育部办公厅关于印发〈高校"形势与政策"课教学要点（2021年下辑）〉的通知》（教社科厅函〔2021〕18号），2021年9月30日

80.《教育部科学技术与信息化司关于组织填报2020年度研究开发机构和高等院校科技成果转化年度报告的通知》（教科信司〔2021〕211号），2020年10月11日

81.《教育部办公厅关于做好2021年高校信息公开年度报告工作的通知》（教办厅函〔2021〕37号），2021年10月12日

82.《教育部办公厅关于印发全国普通高校毕业生就业创业指导委员会章程的通知》（教学厅函〔2021〕31号），2021年10月13日

83.《教育部办公厅关于开展第三批新时代高校党建示范创建和质量创优工作的通知》（教思政厅函〔2021〕16号），2021年10月18日

84.《教育部关于同意山东外事职业大学变更举办者的批复》（教发函〔2021〕131号），2021年10月19日

85.《教育部关于同意黑龙江财经学院变更举办者的批复》（教发函〔2021〕132号），2021年10月19日

86.《教育部关于同意湖南中医药大学湘杏学院变更举办者的批复》（教发函〔2021〕133号），2021年10月19日

87.《教育部关于同意大连理工大学城市学院变更举办者

和办学地址的批复》（教发函〔2021〕134号），2021年10月19日

88.《教育部关于同意遵义医科大学医学与科技学院变更举办者的批复》（教发函〔2021〕135号），2021年10月19日

89.《教育部关于同意辽宁师范大学海华学院变更办学地址的批复》（教发函〔2021〕136号），2021年10月19日

90.《教育部关于同意大连工业大学艺术与信息工程学院变更办学地址的批复》（教发函〔2021〕137号），2021年10月25日

91.《国家教材委员会办公室关于公布首批中国经济学教材编写入选学校及团队的通知》（国教材办函〔2021〕20号），2021年10月28日

92.《教育部办公厅　工业和信息化部办公厅关于提高高等学校网络管理和服务质量的通知》（教科信厅函〔2021〕33号），2021年10月28日

93.《教育部办公厅关于公布首批新文科研究与改革实践项目的通知》（教高厅函〔2021〕31号），2021年10月28日

94.《教育部办公厅关于印发〈普通高等学校宪法学教学重点指南〉的通知》（教高厅函〔2021〕33号），2021年10月29日

95.《教育部办公厅关于组织申报第二批国家教材建设重

点研究基地的通知》（教材厅函〔2021〕8号），2021年11月5日

96.《教育部办公厅关于公布2021年度第二批专科层次高等学校备案名单的函》（教发厅函〔2021〕39号），2021年11月11日

97.《教育部办公厅关于开展2022届高校毕业生校园招聘月系列活动的通知》（教学厅函〔2021〕34号），2021年11月12日

98.《教育部关于做好2022届全国普通高校毕业生就业创业工作的通知》（教学〔2021〕5号），2021年11月15日

99.《教育部办公厅关于推荐教育部高等学校课程思政教学指导委员会委员的通知》（教高厅函〔2021〕35号），2021年11月16日

100.《国务院学位委员会关于印发〈交叉学科设置与管理办法（试行）〉的通知》（学位〔2021〕21号），2021年11月17日

101.《教育部关于印发〈高等学校思想政治理论课建设标准（2021年本）〉的通知》（教社科〔2021〕2号），2021年11月30日

102.《教育部办公厅关于开展加强高校实验室安全专项行动的通知》（教科信厅函〔2021〕38号），2021年12月8日

103.《教育部关于公布 2021 年度普通高等学校本科专业备案和审批结果的通知》（教高函〔2021〕14 号），2021 年 12 月 10 日

104.《教育部办公厅关于加强高等学历继续教育专业设置与管理有关工作的通知》（教职成厅函〔2021〕27 号），2021 年 12 月 10 日

105.《教育部办公厅等四部门关于开展高水平公共卫生学院建设的通知》（教高厅函〔2021〕38 号），2021 年 12 月 16 日

106.《教育部办公厅 国家文物局办公室关于实施考古学国家急需高层次人才培养专项的通知》（教研厅函〔2021〕13 号），2021 年 12 月 28 日

107.《教育部办公厅等四部门关于印发〈高等学校国际学生勤工助学管理办法〉的通知》（教外厅〔2021〕2 号），2021 年 12 月 29 日

108.《教育部办公厅 工业和信息化部办公厅关于公布首批特色化示范性软件学院名单的通知》（教高厅函〔2021〕40 号），2021 年 12 月 30 日

109.《教育部关于印发〈教育部直属高校基本建设项目竣工财务决算管理办法〉的通知》（教发〔2021〕14 号），2021 年 12 月 31 日

民办教育

1.《中华人民共和国民办教育促进法实施条例》（2004年3月5日中华人民共和国国务院令第399号公布　2021年4月7日中华人民共和国国务院令第741号修订），2021年4月7日

2.《关于开展2021年托幼机构、校外培训机构、学校采光照明"双随机"抽检工作的通知》（国卫办监督函〔2021〕270号），2021年5月11日

3.《教育部等八部门关于规范公办学校举办或者参与举办民办义务教育学校的通知》（教发〔2021〕9号），2021年7月8日

4.《教育部办公厅关于印发〈中小学生校外培训材料管理办法（试行）〉的通知》（教监管厅函〔2021〕6号），2021年8月25日

5.《教育部办公厅等三部门关于将面向义务教育阶段学生的学科类校外培训机构统一登记为非营利性机构的通知》（教监管厅〔2021〕1号），2021年8月30日

6.《关于加强义务教育阶段学科类校外培训收费监管的通知》（发改价格〔2021〕1279号），2021年9月2日

7.《教育部办公厅关于坚决查处变相违规开展学科类校外培训问题的通知》（教监管厅函〔2021〕8号），2021年9月3日

8.《教育部办公厅 人力资源社会保障部办公厅关于印发〈校外培训机构从业人员管理办法（试行）〉的通知》（教监管厅函〔2021〕9号），2021年9月9日

9.《教育部办公厅等六部门关于做好现有线上学科类培训机构由备案改为审批工作的通知》（教监管厅〔2021〕2号），2021年9月10日

10.《教育部办公厅关于印发〈义务教育阶段校外培训项目分类鉴别指南〉的通知》（教监管厅函〔2021〕16号），2021年11月8日

体育卫生与艺术教育

1.《教育部办公厅关于公布2020年全国青少年校园足球特色学校、试点县（区）、"满天星"训练营和足球特色幼儿园名单的通知》（教体艺厅函〔2021〕1号），2021年1月15日

2.《教育部办公厅关于组织开展全国青少年校园足球教练员国家级专项培训的通知》（教体艺厅函〔2021〕2号），2021年1月25日

3.《市场监管总局办公厅 教育部办公厅 国家卫生健康委办公厅 公安部办公厅关于做好2021年春季学期学校食品安

全工作的通知》(市监食经函〔2021〕357号),2021年3月5日

4.《教育部办公厅关于开展第四届〈传承的力量〉学校体育艺术教育弘扬中华优秀传统文化成果展示活动的通知》(教体艺厅函〔2021〕4号),2021年3月9日

5.《教育部 中央军委国防动员部关于印发〈高中阶段学校学生军事训练教学大纲〉的通知》(教体艺〔2021〕4号),2021年3月26日

6.《教育部办公厅关于进一步加强中小学生睡眠管理工作的通知》(教基厅函〔2021〕11号),2021年3月30日

7.《教育部办公厅关于进一步加强中小学生体质健康管理工作的通知》(教体艺厅函〔2021〕16号),2021年4月19日

8.《教育部办公厅等十五部门关于印发〈儿童青少年近视防控光明行动工作方案(2021—2025年)〉的通知》(教体艺厅函〔2021〕19号),2021年4月28日

9.《教育部办公厅关于公布2020年全国儿童青少年近视防控试点县(市、区)和改革试验区遴选结果名单的通知》(教体艺厅函〔2021〕20号),2021年4月29日

10.《教育部办公厅关于成立全国学校预防艾滋病教育专家组的通知》(教体艺厅函〔2021〕21号),2021年4月30日

11.《教育部办公厅　文化和旅游部办公厅　财政部办公厅关于开展 2021 年高雅艺术进校园活动的通知》（教体艺厅〔2021〕1 号），2021 年 5 月 6 日

12.《教育部办公厅　中国红十字会总会办公室关于进一步推进学校应急救护工作的通知》（教体艺厅函〔2021〕22 号），2021 年 5 月 7 日

13.《教育部办公厅关于做好教育系统 2021 年全国"爱眼日"宣传教育工作的通知》（教体艺厅函〔2021〕23 号），2021 年 5 月 19 日

14.《教育部办公厅关于印发〈学前、小学、中学等不同学段近视防控指引〉的通知》（教体艺厅函〔2021〕24 号），2021 年 5 月 21 日

15.《教育部办公厅关于公布全国青少年校园足球改革试验区名单的通知》（教体艺厅函〔2021〕25 号），2021 年 5 月 27 日

16.《教育部　中央军委国防动员部关于举办第七届全国学生军事训练营的通知》（教体艺函〔2021〕5 号），2021 年 5 月 31 日

17.《教育部办公厅关于做好中小学生定期视力监测主要信息报送工作的通知》（教体艺厅函〔2021〕26 号），2021 年 6 月 3 日

18.《教育部办公厅　市场监管总局办公厅　国家卫生健康

委办公厅关于报送落实〈学校食品安全与营养健康管理规定〉有关情况的通知》（教体艺厅函〔2021〕27号），2021年6月3日

19.《关于印发营养与健康学校建设指南的通知》（国卫办食品函〔2021〕316号），2021年6月7日

20.《教育部办公厅关于开展2021年全国足球特色幼儿园创建工作的通知》（教体艺厅函〔2021〕29号），2021年6月23日

21.《教育部办公厅关于公布全国第六届大学生艺术展演活动优秀组织奖及各项目评选结果的通知》（教体艺厅函〔2021〕31号），2021年7月7日

22.《教育部办公厅关于遴选全国儿童青少年健康教育专家宣讲团成员的通知》（教体艺厅函〔2021〕32号），2021年7月7日

23.《教育部办公厅关于举办2021年全国普通高等学校音乐教育专业、美术教育专业本科学生和教师基本功展示的通知》（教体艺厅函〔2021〕30号），2021年7月8日

24.《教育部办公厅 国家卫生健康委办公厅关于进一步加强新冠肺炎疫情防控常态化下学校卫生管理工作的通知》（教体艺厅函〔2021〕34号），2021年7月16日

25.《教育部办公厅关于开展2021年全国青少年校园足球特色学校、试点县（区）、"满天星"训练营和改革试验区

申报工作的通知》（教体艺厅函〔2021〕35 号），2021 年 7 月 29 日

26.《教育部等五部门关于全面加强和改进新时代学校卫生与健康教育工作的意见》（教体艺〔2021〕7 号），2021 年 8 月 2 日

27.《教育部办公厅 市场监管总局办公厅 国家卫生健康委办公厅关于加强学校食堂卫生安全与营养健康管理工作的通知》（教体艺厅函〔2021〕38 号），2021 年 8 月 6 日

28.《教育部办公厅关于遴选第二届全国儿童青少年近视防控宣讲团成员的通知》（教体艺厅函〔2021〕40 号），2021 年 8 月 20 日

29.《教育部办公厅关于开展第 3 个近视防控宣传教育月活动的通知》（教体艺厅函〔2021〕41 号），2021 年 8 月 20 日

30.《教育部办公厅 科技部办公厅关于组织申报 2021 年校园足球外籍教师支持项目的通知》（教体艺厅函〔2021〕42 号），2021 年 9 月 27 日

31.《关于印发中小学生健康体检管理办法（2021 年版）的通知》（国卫医发〔2021〕29 号），2021 年 9 月 30 日

32.《教育部办公厅关于开展全国学校急救教育试点工作的通知》（教体艺厅函〔2021〕43 号），2021 年 10 月 8 日

33.《教育部办公厅关于举办 2021 年度学校体育艺术

教育工作专题研讨班的通知》（教体艺厅函〔2021〕44号），2021年10月9日

34.《教育部办公厅关于开展第三届全国学校国防教育典型案例推荐遴选工作的通知》（教体艺厅函〔2021〕46号），2021年11月3日

35.《教育部办公厅关于做好2021年"世界艾滋病日"宣传教育活动的通知》（教体艺厅函〔2021〕47号），2021年11月5日

36.《教育部办公厅关于组织开展2022年度军事课教学展示的通知》（教体艺厅函〔2021〕48号），2021年11月12日

37.《教育部办公厅关于开展第五届〈传承的力量〉学校体育艺术教育弘扬中华优秀传统文化成果展示活动的通知》（教体艺厅函〔2021〕49号），2021年11月17日

38.《教育部办公厅关于征集全国儿童青少年近视防控试点县（市、区）经验做法和特色案例的通知》（教体艺厅函〔2021〕54号），2021年12月3日

招生考试

1.《关于做好2021年同等学力人员申请硕士学位外国语水平和学科综合水平全国统一考试工作的通知》（学位办〔2021〕2号），2021年1月27日

2.《教育部关于做好 2021 年普通高校招生工作的通知》（教学〔2021〕1 号），2021 年 1 月 31 日

3.《教育部办公厅关于做好 2021 年中央财政支持中西部农村订单定向免费本科医学生招生培养工作的通知》（教高厅函〔2021〕18 号），2021 年 5 月 25 日

4.《教育部办公厅关于下达 2022 年"退役大学生士兵"专项硕士研究生招生计划的通知》（教学厅函〔2021〕32 号），2021 年 10 月 19 日

5.《教育部办公厅关于做好 2022 年普通高等学校部分特殊类型招生工作的通知》（教学厅〔2021〕7 号），2021 年 10 月 26 日

教师队伍

1.《教育部办公厅关于做好 2021 届教育类研究生和公费师范生免试认定中小学教师资格改革工作的通知》（教师厅函〔2021〕2 号），2021 年 1 月 18 日

2.《教育部办公厅 财政部办公厅关于做好 2021 年农村义务教育阶段学校教师特设岗位计划实施工作的通知》（教师厅〔2021〕1 号），2021 年 3 月 8 日

3.《教育部办公厅关于印发〈中学教育专业师范生教师职业能力标准（试行）〉等五个文件的通知》（教师厅〔2021〕2 号），2021 年 4 月 2 日

4.《教育部办公厅关于开展第二批人工智能助推教师队伍建设试点推荐遴选工作的通知》（教师厅函〔2021〕7号），2021年4月15日

5.《人力资源社会保障部办公厅 教育部办公厅关于做好2021年中小学幼儿园教师公开招聘工作的通知》（人社厅发〔2021〕27号），2021年4月25日

6.《教育部办公厅关于召开教师思想政治和师德师风建设经验交流暨师德专题教育启动部署会的通知》（教师厅函〔2021〕8号），2021年4月26日

7.《教育部关于在教育系统开展师德专题教育的通知》（教师函〔2021〕3号），2021年4月29日

8.《教育部 财政部关于实施中小学幼儿园教师国家级培训计划（2021—2025年）的通知》（教师函〔2021〕4号），2021年4月30日

9.《教育部关于追授王红旭同志"全国优秀教师"荣誉称号的决定》（教师〔2021〕2号），2021年6月9日

10.《教育部办公厅 财政部办公厅关于做好2021年"三区"人才支持计划教师专项计划有关实施工作的通知》（教师厅函〔2021〕12号），2021年6月11日

11.《教育部关于在教育系统深入开展向王红旭同志学习的通知》（教师函〔2021〕5号），2021年6月17日

12.《教育部办公厅 财政部办公厅关于做好2021年银龄

讲学计划有关实施工作的通知》（教师厅函〔2021〕14号），2021年6月17日

13.《教育部等九部门关于印发〈中西部欠发达地区优秀教师定向培养计划〉的通知》（教师〔2021〕4号），2021年7月26日

14.《教育部办公厅关于做好2021—2022学年高校银龄教师支援西部计划有关实施工作的通知》（教师厅函〔2021〕18号），2021年8月6日

15.《教育部关于做好庆祝2021年教师节有关工作的通知》（教师函〔2021〕8号），2021年8月10日

16.《教育部关于实施第二批人工智能助推教师队伍建设行动试点工作的通知》（教师函〔2021〕13号），2021年9月7日

17.《教育部关于学习贯彻习近平总书记给全国高校黄大年式教师团队代表重要回信精神的通知》（教师〔2021〕6号），2021年9月12日

18.《教育部办公厅关于公布2021年通过普通高等学校师范类专业认证专业名单的通知》（教师厅函〔2021〕22号），2021年9月30日

19.《教育部办公厅关于编制2021—2025年普通高等学校师范类专业认证工作安排的通知》（教师厅函〔2021〕25号），2021年11月1日

20.《教育部办公厅关于召开师德专题教育总结交流暨师德师风建设重点工作落实推进会的通知》（教师厅函〔2021〕26号），2021年11月4日

教育经费

《国务院办公厅关于改革完善中央财政科研经费管理的若干意见》（国办发〔2021〕32号），2021年8月5日

教育督导

1.《国务院教育督导委员会办公室关于印发〈2021年对省级人民政府履行教育职责的评价方案〉的通知》（国教督办〔2021〕2号），2021年7月16日

2.《国务院教育督导委员会关于印发〈教育督导问责办法〉的通知》（国教督〔2021〕2号），2021年7月20日

教育信息化

1.《教育部关于设立教育部教育信息化战略研究基地（北京、西北）的通知》（教科技函〔2021〕4号），2021年1月1日

2.《教育部办公厅关于举办2021年边远民族地区教育信息化专题研讨班的通知》（教科信厅函〔2021〕23号），2021年7月26日

3.《教育部办公厅关于公布 2020 年度网络学习空间应用普及活动优秀区域和优秀学校名单的通知》（教科信厅函〔2021〕24 号），2021 年 7 月 30 日

4.《教育部办公厅关于组织开展 2021 年度省部共建协同创新中心申报工作的通知》（教科信厅函〔2021〕26 号），2021 年 8 月 18 日

5.《教育部办公厅关于组织开展 2021 年国家网络安全宣传周校园日活动的通知》（教思政厅函〔2021〕15 号），2021 年 10 月 9 日

6.《教育部科学技术与信息化司关于做好 2021 年度教育信息化教学应用实践共同体项目推荐遴选工作的通知》（教科信司〔2021〕213 号），2021 年 10 月 18 日

党建思政

1.《教育部办公厅关于开展课程思政示范项目建设工作的通知》（教高厅函〔2021〕11 号），2021 年 3 月 11 日

2.《教育部办公厅关于在思政课中加强以党史教育为重点的"四史"教育的通知》（教社科厅函〔2021〕8 号），2021 年 4 月 16 日

3.《中共教育部党组关于教育系统深入学习贯彻习近平总书记在清华大学考察时重要讲话精神的通知》（教党〔2021〕29 号），2021 年 4 月 21 日

4.《中共教育部党组关于加强新时代全国教育系统关心下一代工作委员会工作的意见》（教党〔2021〕34号），2021年4月25日

5.《中共教育部党组关于学习贯彻习近平总书记给〈文史哲〉编辑部全体编辑人员重要回信精神的通知》（教党〔2021〕37号），2021年5月24日

6.《教育部办公厅关于做好"音乐党史"系列活动有关工作的通知》（教思政厅函〔2021〕7号），2021年5月24日

7.《教育部关于学习贯彻习近平总书记给江苏省淮安市新安小学少先队员重要回信精神的通知》（教基〔2021〕5号），2021年6月3日

8.《中共教育部党组关于教育系统深入学习贯彻习近平总书记在两院院士大会、中国科协第十次全国代表大会上重要讲话精神的通知》（教党〔2021〕43号），2021年6月8日

9.《教育部办公厅关于开展2021年"小我融入大我，青春献给祖国"党史学习教育实践活动的通知》（教思政厅函〔2021〕9号），2021年6月9日

10.《中共教育部党组关于教育系统认真学习贯彻习近平总书记在庆祝中国共产党成立100周年大会上的重要讲话精神的通知》（教党〔2021〕50号），2021年7月7日

其他

1.《教育部办公厅关于开展第六届全国教育科学研究优秀成果评选奖励活动的通知》（教办厅函〔2021〕7号），2021年3月2日

2.《教育部办公厅关于开展部业务主管慈善组织（基金会）2020年度年报年检工作的通知》，2021年3月3日

3.《国务院学位委员会 教育部关于开展2021年学位授权点专项合格评估工作的通知》（学位〔2021〕1号），2021年3月11日

4.《教育部等八部门关于规范"大学""学院"名称登记使用的意见》（教发〔2021〕5号），2021年5月13日

5.《国家教材委员会办公室关于开展马克思、恩格斯、列宁关于哲学社会科学及各学科重要论述摘编申报工作的通知》（国教材办〔2021〕2号），2021年6月10日

6.《教育部办公厅关于启用校外教育培训监管司发文代字及新印章的通知》（教办厅函〔2021〕27号），2021年6月29日

7.《教育部等九部门关于开展第24届全国推广普通话宣传周活动的通知》（教语用函〔2021〕1号），2021年7月7日

8.《教育部办公厅关于组织学生收看2021年下半年征兵宣传片的通知》（教学厅函〔2021〕26号），2021年7月

13 日

9.《教育部办公厅 中央宣传部办公厅 中国记协办公室关于建立中国新闻传播大讲堂长效机制的通知》（教高厅函〔2021〕30 号），2021 年 9 月 13 日

10.《教育部关于印发〈国家义务教育质量监测方案（2021 年修订版）〉的通知》（教督〔2021〕2 号），2021 年 9 月 15 日

11.《教育部办公厅关于切实做好"中秋"和"国庆"期间学校安全工作的通知》（教发厅函〔2021〕31 号），2021 年 9 月 16 日

12.《关于印发〈关于加强互联网信息服务算法综合治理的指导意见〉的通知》（国信办发文〔2021〕7 号），2021 年 9 月 17 日

13.《教育部关于公布第六届全国教育科学研究优秀成果奖评选结果的通知》（教办函〔2021〕12 号），2021 年 9 月 24 日

14.《国家教材委员会关于首届全国教材建设奖奖励的决定》（国教材〔2021〕6 号），2021 年 9 月 26 日

15.《国家教材委员会办公室关于印发〈首届全国教材建设奖专用标志使用管理办法〉的通知》（国教材办〔2021〕7 号），2021 年 10 月 20 日

16.《教育部办公厅关于开展 2021 年度网络学习空间应

用普及活动的通知》（教科信厅函〔2021〕31 号），2021 年
10 月 28 日

17.《教育部办公厅关于做好北方地区农村学校冬季取暖
工作的通知》（教发厅函〔2021〕36 号）2021 年 11 月 5 日

后　记

本书编写组人员名单如下。

主编：吴霓。

编写人员（按姓氏笔画排序）：王帅、王珏、王学男、朱富言、闫佳蔓、李楠、杨柳、杨立昌、杨定玉、吴霓、吴景松、陈耿庆、罗媛、郑庆贤、赵倩倩、黄颖、彭妮娅、蒋志峰、魏晓东。

吴霓、蒋志峰进行了全书统稿。

本书编写组

2022 年 2 月

出 版 人　郑豪杰
责任编辑　李宗喜　熊　瑶
版式设计　沈晓萌
责任校对　贾静芳
责任印制　叶小峰

图书在版编目（CIP）数据

重大教育政策述评及要点摘编. 2021 / 中国教育科
学研究院编著. —北京：教育科学出版社，2023.9
　ISBN 978-7-5191-3561-4

Ⅰ. ①重… Ⅱ. ①中… Ⅲ. ①教育政策—中国—
2021 Ⅳ. ①G520

中国国家版本馆CIP数据核字（2023）第171156号

重大教育政策述评及要点摘编2021
ZHONGDA JIAOYU ZHENGCE SHUPING JI YAODIAN ZHAIBIAN 2021

出 版 发 行	教育科学出版社				
社　　　址	北京·朝阳区安慧北里安园甲9号		邮　　　编	100101	
总编室电话	010-64981290		编辑部电话	010-64981259	
出版部电话	010-64989487		市场部电话	010-64989009	
传　　　真	010-64891796		网　　　址	http://www.esph.com.cn	
经　　　销	各地新华书店				
制　　　作	北京京久科创文化有限公司				
印　　　刷	保定市中画美凯印刷有限公司				
开　　　本	720毫米×1020毫米　1/16		版　　　次	2023年9月第1版	
印　　　张	25.5		印　　　次	2023年9月第1次印刷	
字　　　数	215千		定　　　价	55.00元	

图书出现印装质量问题，本社负责调换。